KB076521

김학렬의 부동산 투자

절대 원칙

김학렬의 부동산 투자
절대 원칙

최강 인플루언서 빠숑과 함께하는 나의 평생 부동산 교과서

김학렬 지음

에프엔미디어

부동산도 주식도
비법보다 나만의 원칙으로

능력이란 '감당할 수 있는 힘'이다. 누구나 잘하는 영역이 있고, 여러 분야의 일을 두루 잘하는 사람도 있다. 하지만 한 분야에서 특별한 능력을 발휘한 사람이 다른 일 또한 '감당할 수 있는 힘'을 갖고 있는 것은 아니다. 그런데 문제는 한 영역을 잘 안다고, 다른 영역을 쉽게 말할 때 생긴다. 어설픈 주식 투자자들은 부동산을 아는 척한다. 성공적 주식 투자자가 부동산에도 밝은 경우는 많이 보지 못했다. 반대의 경우도 마찬가지다. 부동산 투자자들이 증시에 몰려올 때, 주가는 대개 상투권이다.

굳이 주식 투자에 뛰어들지 않아도 먹고살 수 있다. 그러나 부동산은 우리의 일상, 의식주와 깊게 연결된다. 대부분의 대한민국 사람들은 평생을 걸려서라도 집을 갖고자 한다. 영혼까지 끌어 대출을 받아 집을 매수한다. 투자의 개념보다는 기본 욕구인 의식주를 해결하고 싶은 근원적 욕망이다. 주식과 부동산의 본질적 차이는 여기에 있다. 여유 자금으로 하는 주식 투자와 대출이든 뭐든 돈을 모아 주거를 해야 하는 부동산 투자는 접근 자체가 다를 수밖에 없다. 저자는 그 미묘한 차이를 가감 없이 지적한다. "부동산 시장과 주식시장은 아예 다르다. 주식은 정량적인 가치 분석이 유용하지만, 부동산은 숫자보다 사람들의 주택 관련 의사결정을 이해해야 한다."

동네 식당에서 김학렬 대표를 만나 식사하던 때가 떠올랐다. 부동산을 잘 알지 못하는 내가 저자 앞에서 주절주절 부동산에 대해 떠들었다. 사람 좋은 웃음을 짓던 김 대표에게 내가 얼마나 우스웠을까? 이 책은 선한 웃음의 저자를 달리 보이게 한다. 그는 그냥 그런 부동산 전문가들이 언론과 책에 내비치는 것처럼 부동산 절대 상승론자도 아니고, 주기적으로 부동산 폭락론을 외치는 매크로 기반의 분석가도 아니다. 엄밀하게 데이터와 입지를 분석하지만, 더하여 경험과 관찰을 통해 한국 부동산의 실체를 알려 준다. 이 책은 그의 전문성이 오롯이 드러나는 귀한 책이다.

이 책은 7부로 구성되어 있다.

부동산 투자의 관점과 기준, 그리고 선택의 핵심 포인트를 정리한 1부~3부는, 부동산을 잘 알지 못하면서 부동산이나 주식 투자나 거기서 거기라고 착각하는 분들은 최소 두세 번 정독해야 할 내용이다. 읽다 보면 여기저기에서 저자의 뼈 때리는 팩트·폭격을 발견할 수 있다. "여러분이 관심 있어 하는 곳은 지금보다 오를 가능성이 높고, 그렇지 않은 곳은 떨어질 가능성이 큽니다." "지금도 지방에는 빈 땅이 많다고 대답한다. 중요한 것은 '사람들이 살고 싶어 하는 지역의 땅이 한정적'이라는 점이다." 한마디로 저자는 모든 지역이 좋다고 하지 않는다. 그는 부동산이 오른다고 하지 않는다. 오히려 반대로 오르지 않는 지역이 꽤 많을 것이니, 그럴수록 부동산을 공부해야 한다고 강조한다. 소액 지방 갭 투자는 위험하고, 재건축·재개발도 알면 투자하기 어렵다. 그는 냉철하다. '교통, 상권, 교육, 자연'이라는 4가지가 부합된 부동산에 투자해야, 시간과 함께 커지는 가치를 보유할 수 있음을 강조한다.

4부와 5부는 좀 더 전문적이다. 가수요 시장과 실수요 시장을 이해해야 투기가 아닌 투자자가 될 수 있다. 결국 얼마에 샀든 매수한 가격보다 비싸게 매도할 수 있는가가 핵심임을 역설한다. 단순히 급매물이 좋은 게 아니라 좋은 매물을 찾는 게 우선이다. 싸다고 사서도 안 되고, 비싸도 더 비싸게 팔릴 수 있다면 관심을 거두지 말라고 저자는 말한다. "좋은 부동산이라도 나쁜 시점에 나쁜 가격으로 매수하면 손실을 크게 볼 수 있다. 나쁜 부동산은 좋은 시점에 사면 더 큰 손실을 볼 수 있다"는 저자의 주장에 귀 기울여야 한다.

금리에 대한 부분에서는 저자의 유니크함도 보인다. 부동산 가격 상승은 저금리 때문이 아니라 오히려 LTV-DTI-DSR 축소, 양도세 중과, 분양가 상한제 때문이라는 게 저자의 주장이다. 어설픈 전문가들이 떠드는 저금리 고착화로 인한 부동산 활황 논리, 또는 금리 인상에 따른 가계 부채 붕괴 시나리오로 부동산 시장을 단순화해서는 안 된다. 금리 인하나 인상으로 부동산이 좌우되지 않는다는 것을 아는 것만으로도 좋은 부동산을 적절한 가격에 살 수 있는 용기를 얻게 될 것이다. 부동산 투자의 적기는 오히려 금리가 올라 다들 부동산에 투자하기를 꺼릴 때였다. 6부와 7부는 실무를 다룬다. 영끌에는 어떤 요령이 필요한지, 미분양 통계를 어떻게 제대로 이해할지, 내 집 마련 관련 이슈는 무엇인지 등 주제 하나하나가 알차다.

주식과 부동산 투자는 다르다. 좋은 물건에 다가서는 방식이 다르고, 무엇보다 투자자의 성향이 다르다. 무엇이 더 부로 가는 지름길인지는 알 수 없다. 각자 아는 만큼 보일 것이다. 하지만 주식이든 부동산이든 투기가 아닌 투자를 원한다면, 두 투자 사이의 연결고리도 알아야 한다. "모든 시점에서의 여론조사는 미신과 잘못된 정보와 선입견의 혼돈이다." 심리학자 고어 비달의 말이 떠오른다. 하루하루 뉴스에 일희일비하기보다, 내가 지금 어떤 이유로 부동산을 사야 하는지, 팔아야 하는지에 집중해야 한다는 말이다. 저자는 위대한 투자자 피터 린치를 자주 인용한다. "모르는 기업에만 투자하지 않으면 된다"는 투자 대가의 말은 부동산과도 연결된다. 뉴스를 보고 쫓아다니는 투자를 할 게 아니라 나만의 기준을 세우는 게 중요하다는 저자의 주장이다.

주식이든 부동산이든 투자로 부를 이루지 못한 이들의 공통점은 하나다. 소수의 편에 서기보다 다수가 열광하는 극단적 논리를 추종한다. 부동산 폭락만을 기다리다가 아직 집 한 채 마련 못 한 40~50대도 넘쳐나지만, 반대편에 서서 투기의 끝을 향해 영끌로 갭 투자에 나서는 20~30대도 차고 넘치는 이유다. 투자 세상은 훨씬 더 복잡하다. 극단 논리에 빠져 다른 가능성을 애써 피하기보다, 다양한 시선에 마음을 열고 스스로 보는 눈을 키워야 한다. 이 책은 그러한 힘을 키워 준다. 편견에 얽매이지 말아야 스스로 사고할 수 있고, 그래야만 투자자로 생존할 수 있다. 이전보다 더 다양한 경우의 수를 생각하게 되었다면, 당신은 이전보다 더 나은 투자자가 된 것이다. 성공하는 투자자는 주식이든 부동산이든 다르지 않다.

윤지호 이베스트투자증권 리서치센터장

기초를 튼튼히 다져 주는,
변치 않을 부동산 교과서

거의 매일 언론사 인터뷰를 한다. 인터뷰 내용은 대동소이하다. "○○ 이슈가 발생했습니다. 이 이슈로 인해 시세가 오를까요? 내릴까요?" 답변은 비슷하다. "입지에 따라 다릅니다. 상품에 따라 다르고요. 대세 상승기라도 하락하는 아파트가 있고, 대세 하락기라도 상승하는 아파트가 있습니다."

그렇다. 하락기라도 사야 할 아파트가 있고, 상승기라도 팔아야 할 아파트가 있다. 전략적으로 이야기하면 하락기이기 때문에 매수해야 할 아파트가 있고, 상승기이기 때문에 매도해야 할 아파트가 있다는 것이다.

이 두 문장의 미묘한 차이를 이해한다면 이미 부동산 의사결정 능력이 중수 이상은 되는 것이다. 전혀 이해가 되지 않는다면 이 책을 3번 이상 읽으시기 바란다. 처음 읽을 때는 입지가 보일 것이고, 두 번째 읽을 때는 상품이 보일 것이며, 세 번째 읽으면 매수 타이밍이 보일 것이다.

부동산에서 가장 중요한 것은 입지를 이해하는 것이고, 그다음은 그 입지를 선택한 사람들이 어떤 상품을 선택하는지 아는 것이다. 그리고 이 단계들의 궁극적인 목적은 현재 이 타이밍에는 어떤 의사결정을 해야 하는지를 아는 것이다.

부동산 초보자라면 이 순서를 이해할 때까지 공부를 해야 한다. 부동산 중수라면 이 순서대로 이해하고 행동하고 있는지 스스로 평가를 해 보기 바란다. 부동산 고수라면 이 책에서 제안한 원칙들을 나만의 방법으로 업그레이드하면 된다.

하나씩 확인해 보자. 부동산에서 입지를 공부하는 것은 좋은 입지를 찾기 위해서가 아니다. 좋은 입지는 누구나 다 안다. 왜 입지가 좋은지 구체적으로 설명할 수는 없어도(이 책을 다 읽고 나면 좋은 입지가 무엇인지 입지별로 평가를 할 수 있을 것이다) 좋은 입지는 초등학생도 안다. 좋은 입지를 찾는 것이 목적이었다면 이렇게 두꺼운 책을 쓰지 않았을 것이다.

우리가 입지 공부를 하는 것은 그 입지 안에 어떤 수요가 있는지를 확인하기 위해서다. 결국 그 입지 안에 있는 사람들을 알아야 한다. 어떤 직업을 가지고 있고, 경제적 수준이 어떠하며, 이 입지를 왜 선택했는지, 앞으로도 계속 이 입지에서 거주하려고 하는지, 그래서 이 입지에 얼마나 많은 비용을 지불할 수 있는지 등을 파악하는 것이다.

이렇게 많은 것을 어떻게 파악하느냐고? 걱정할 필요 전혀 없다. 이 책을 읽고 나면 누구나 다 알 수 있다. 이 책을 읽고 나면 그 입지 내의 수요뿐 아니라 입지 밖의 수요까지 알 수 있다. 소위 대기 수요다. 이 대기 수요까지 파악할 수 있어야 입지를 완벽하게 분석하는 것이다. 대한민국에서 수요가 가장 많은 광역 지자체는 서울이다. 절대 인구수는 경기도가 압도적으로 많지만 절대 수요량은 서울이 경기도보다 압도적으로 많다. 이 수요의 원칙만 이해하면 부동산 공부의 시작은 확실하게 된 것이다.

수요가 많으면 가격이 높아진다. 그런데 인구가 많다고 가격이 높은 것은 아니다. 결국 가격은 눈에 보이는 인구수가 아니라 오히려 그 입지 안에 있는 사람들의 경제력 및 영역 확보 의지와, 그 한정된 영역을 확보하려는 대기 수요층의 지불 능력 사이의 경쟁의 결과다. 이 경쟁이 심화되면 될수록 시세는 더 많이 올라간다. 이 경쟁의 결과 가장 고가 지역이 된 게 강남구와 서초구다. 여기까지 이해되었으면 다음 단계로 넘어가 보자.

강남구와 서초구의 시세는 상품 가치 + 입지 가치다. 이 지역은 기본적으로 입지 가치가 월등히 높다. 무엇보다 일자리가 많다. 대한민국에서 일자리 많은 지자체를 시·군·구 단위로 자리매김하면 강남구와 서초구가 1, 2위를 차지한다. 여기서부터 부동산의 위계가 발생한다. 결론은 일자리다! 일자리가 많다 보니 인근에 거주하고 싶어 하는 사람이 많고 부지는 한정되어 있기 때문에 역시 한정된 아파트를 두고 소유 경쟁을 해야 한다. 소득 높은 세대가 거주하다 보니 교육에 대한 관여도가 높다. 상업 시설에 대한 욕망도 크다. 결국 학군도 좋아지고 상권도 고급화된다. 학군과 상권에 대한 욕망이 해소되면 환경 쾌적성에도 관심을 가지게 된다. 결국 환경까지 갖춘 완벽한 입지가 된다. 그 결과가 강남구와 서초구다. 현시점에 이 두 입지와 경쟁할 입지는 없다.

결국 사업으로 크게 성공을 하거나 부모가 부자거나 특별한 능력이 있는 경우가 아니면 선진입한 기존 거주민들을 밀어 내고 들어갈 수 없다. 여기서부터 부동산의 문제가 시작된다. 강남구와 서초구의 가격을 임의로 내릴 수 있다고 생각하는 사람들이 생긴다. 규제를 한다. 하지만 규제를 하면 할수록 강남구와 서초구 시세는 더 올라 버리고 만다. 지금 그 결과가 우리 눈앞에 있다.

오히려 강남구와 서초구를 대체할, 혹은 강남구와 서초구로 몰려드는 수요층들을 분산시켜 줄 입지를 추가로 개발하는 것이 더 좋은 전략이었다. 1기 신도시로 분당신도시를 개발하여 분산시켰고, 2기 신도시로 판교신도시를 개발하여 또 분산시켰다. 베드타운으로서 위례신도시도 꽤 큰 역할을 했다. 거리는 조금 더 멀지만 광교신도시 역시 이 역할을 했다. 성격은 조금 다르지만 하남 미사강변신도시도 그 역할을 하고 있고, 남양주 별내신도시, 다산신도시도 이 역할을 분산하고 있다. 모두 강남권 일자리 출퇴근 가능 입지다.

현재 이 역할을 더 많이 할 입지를 만들어 내고 있다. 바로 3기 신도시다.

그리고 강남 일자리 출퇴근 수요를 기존 2기 신도시와 1기 신도시로 더 분산시키기 위해 광역 교통망을 개발하고 있다. GTX-A와 C가 바로 그것이다. 이 교통망의 설계 이전까지 파주시와 고양시는 강남 출퇴근 권역이 아니었다. 양주, 의정부 역시 마찬가지다. 그러나 이제 남쪽으로 수원, 군포, 안양도 강남 출퇴근 권역으로 확보되었고, 화성과 용인도 본격적인 역할을 할 수 있게 되었다.

입지와 수요에 대한 큰 틀은 이와 같다. 어떤 방향성을 가지고 입지 공부를 해야 하는지 감을 잡기 바란다. 여기까지가 1단계다. 2단계부터는 상품이 보여야 한다.

아파트만 놓고 보자. 아파트에는 신규 아파트가 있고 구축 아파트가 있다. 몇 년 차까지 신규 아파트라 하고 몇 년 차부터 구축 아파트라고 할까? 정확한 기준은 없다. 어떤 지역에 가면 10년 넘은 아파트도 신축으로 보는 경우가 있고 5년만 넘어도 구축으로 평가하는 지역이 있다. 그렇다면 상품성으로 이해해 보자. 이것은 재건축 가능 연한으로 따져 보면 명쾌하다. 준공되어 입주한 지 30년 차가 되면 재건축 단계가 시작된다. 그렇다면 30년 차 이상 아파트부터는 완전히 구축으로 봐도 된다는 뜻이다.

최근에는 리모델링으로 신규 아파트가 되기도 한다. 재건축이 유리한지 리모델링이 더 좋은지는 일단 논외로 하자. 중요한 것은 준공 15년 차가 되면 리모델링 추진이 가능하다는 것이다. 결국 15년 차는 신규 아파트로 평가하기에 무리라는 법적 기준을 만든 것이나 다름없다. 그렇다면 15년 차부터도 구축 아파트다. 역으로 이야기하면 신규 입주 아파트부터 15년 차 아파트까지는 구축이라고 규정 짓지 않아도 된다는 것이다. 결국 15년 차 이상은 구축 아파트로 볼 수 있고, 1년 차~15년 차는 신규 아파트가 될 수도 있고 아닐 수도 있다.

당연히 신축 아파트가 인기가 많다. 구축 아파트와는 상품이 다르기 때문이다. 세대 내부가 얼마나 낡았느냐는 논외로 하고 비교해 보자. 먼저 주차장이다. 1980년대 아파트들은 일단 주차 가능 대수가 적다. 세대당 한 대가 안 된다. 1990년대 아파트들은 지하 주차장이 없는 단지가 꽤 많다. 2000년 전후 아파트들은 지하 주차장이 있어도 엘리베이터로 연결이 안 되는 경우가 꽤 많다. 주차장 컨디션만 해도 이렇게 4단계로 구분할 수 있다.

다음은 지상 조경 공간이다. 2000년대 중반 아파트까지는 조경 공간이라고 할 수 있는 공간이 거의 없었다. 지상 조경 공간은 지상 주차장이 없어야 가능하다. 결국 지상 주차장이 완벽하게 없어진 2009년(래미안퍼스티지, 반포자이) 이후에만 지상 조경 공간의 비교가 가능하다. 결국 2010년 전후로 상품력이 나누어진다.

마지막으로 커뮤니티 공간이다. 헬스 클럽, 실내 골프 연습장, 독서실, 입주민 카페 등의 유무만 놓고 비교해도 천차만별이다. 이것은 최근에 준공되는 아파트에서도 있는 아파트와 없는 아파트가 나뉜다. 당연히 더 많이 갖출수록 시세가 더 높다. 시세가 높다는 것은 인기가 더 많다는 의미이고, 1단계에서 설명한 대로 수요가 더 많다는 의미다.

2단계의 결론이다. 결국 최근 아파트 관련 선호 트렌드는 새 아파트이고, 그 이유는 사람들이 선호하는 상품들을 얼마나 더 많이 갖추었느냐로 경쟁력과 수요가 결정된다는 것이다. 새 아파트가 선호되는 이유가 여기에 있고, 이 수요는 한동안 점점 더 늘어나지, 줄어들지는 않을 것이라는 의미다. 신규 아파트 분양에 수요가 몰리고, 재건축, 재개발, 리모델링 공부를 해야 하는 이유가 바로 여기에 있다.

2단계 상품 경쟁력까지 이해했으면 마지막으로 타이밍을 공부해 보자. 타이밍에 대한 오해가 많다. 어떤 이슈가 발생했다 하면 기자들이 묻는 것이 '시세가 오를 것인가, 내릴 것인가'다. 결국 매수 타이밍에 대한 질문일 것이다. 하지만 질문 자체가 잘못되었다. 단기적으로 오를 것인지 내릴 것인지 가르쳐 줘도 의사결정을 할 수 없기 때문이다.

타이밍은 결국 상승, 하락의 전망을 맞히는 것이 아니라 지금이 팔아야 할 타이밍인지 사야 할 타이밍인지를 결정하는 노하우다. 이 경우도 디테일하게 나누어야 한다. 무주택자와 1주택자, 그리고 다주택자의 입장이 다 다르다.

예를 들어 보자. 2017년부터 2022년까지 문재인 정부에서 다주택자들은 아파트 투자를 할 수 없었다. 특히 2020~2022년에는 다주택 투자가 아예 불가능했다. 적어도 서울에서는 말이다. 하지만 무주택자들에게는 정말 좋은 기회였다. 대출도 나오고 세금도 부담되지 않았기 때문이다. 결국 같은 시기가 다주택자들에게는 매수 타이밍이 아니었고 무주택자들에게는 매수 타이밍이었던 것이다.

지방 부동산을 보자. 지방은 수요가 풍부하지 않다. 특히 중소 도시는 늘 수요가 부족하다. 하지만 가끔 시세가 상승하는 시기가 있다. 100% 외부 수요가 유입된 것이다. 외부 수요 유입이 본격화되면서 시세가 폭등할 때가 있다. 이때는 매수할 타이밍일까, 매도할 타이밍일까? 현 거주민과 선진입한 투자자 모두 매도 타이밍이다. 시세의 상승 시기가 너무 짧기 때문이다. 그러나 구체적인 의사결정은 자신의 상황에 맞게 본인이 해야만 하는 것은 불변의 법칙이다.

다른 시장과 마찬가지로 부동산 시장 역시 변화가 심하다. 국제 및 국내 경제의 흐름에도 많은 영향을 받지만 그 외에 정부 정책, 교통망 개발 상황, 교육 트렌드 등도 주목해야 할 요소다. 가격 상승이 조금 잠잠해질지, 혹은 눌렸던 기세가 어디서고 터질지 예측하기 힘들다. 새 정부가 들어서면 새로운 정책이 나올지, 혹은 지금까지와는 방향이 전혀 달라질지도 두고 봐야 한다. 게다가 요즘에는 수많은 매체와 전문가들이 쏟아 내는 정보가 넘치고 있어 어느 것을 기준으로 삼아야 할지 모호하기만 한다.

이럴 때일수록 기본으로 돌아가고 근본에 충실해야 한다. 하루가 다르게

변하는 시장인 듯해도 한 걸음 물러나 큰 흐름으로 보자면 분명히 규칙과 원칙이 있다. 그 원칙을 정확하게 이해한다면 아무리 많은 정보가 들어오고 시장이 요동쳐도 흔들리지 않을 것이다. 상황을 파악하고 원칙을 응용해서 유연하게 대처할 수 있는 능력이 생기기 때문이다. 그렇게 원칙을 잡고 기본을 다질 수 있도록 돕기 위해 책을 엮었다. 새로 쓴 글도 있지만 전에 쓴 《대한민국 부동산 투자》의 내용 일부와 블로그 '빠숑의 세상 답사기' 칼럼을 현재 상황에 맞게 고쳐 쓰기도 했다. 물론 부동산 관련 주요 자료는 모두 업데이트했다.

개인적인 이야기를 하자면 아들과 딸이 있다. MZ 세대다. 이 아이들이 적어도 내 집 마련을 하고 정상적인 자산을 증가시키는 투자 활동을 제대로 해가기를 진심으로 바란다. 그렇게 하려면 기초부터 탄탄하게 만들어야 한다. 비정상적 시장에서 운에 따라 수익을 내는 것이 아니라 어떤 시기 어떤 조건에서도 자신의 자산은 계속 성장시킬 수 있는 그런 경제인이 되었으면 하는 바람을 책에 담았다. 이 책의 수혜자가 아이들이 되면 더 바랄 것이 없겠다.

부디 여러분도 이 책의 수혜자가 되시기를 진심으로 바란다. 충분히 그렇게 될 수 있을 것이다. 앞으로 100년을 살아갈 여러분의 멋진 인생에 건투를 빈다!

김학렬 스마트튜브 부동산조사연구소장

목차

7부 제언: 아전인수 말고 시장을 보라

에필로그

특별 부록

절대

원칙

정답은 없다. 과정이다

◇◇◇◇◇◇◇◇◇◇

전 세계에서 가장 돈을 많이 번 투자자이자 사업가였던 록펠러는 다음과 같은 말을 남겼다.

"당신의 목표가 단지 부자가 되는 것이라면, 당신은 절대 그 목표를 달성할 수 없을 것이다(If your only goal is to become rich, you will never achieve it)."

투자에 대해서는 이렇게 말할 수 있다. "당신의 목표가 최저점에 매수하여 최고점에 매도하는 것이라면, 당신은 절대 그 목표를 달성할 수 없을 것이다."

지난 20년 동안 참 많은 리서치를 했다. 질문도 많이 받았다. 부동산 투자든 주식 투자든 투자자라면 누구나 정말 꼼꼼한, 낭비 없는 수익을 희망한다. 소위 바닥에 사서 머리끝에서 매도하려는 욕심을 갖고 있는 것이다.

결론부터 이야기하자. 불가능하다. 불가능한 목표를 세우는 것은 시간 낭비다. 수익을 최대로 끌어올리려는 노력보다는 차라리 확실한 수익을 챙기려는 노력이 삶을 훨씬 더 풍요롭게 할 것이다.

투자에는 정답이 없다. 같은 대상에 투자한다 하더라도 수익률이 완전히 다르다. 다를 수밖에 없다. 예를 들어 보자. 주식 투자를 잘하는 투자의 고수에게 종목을 추천받는다. 그리고 투자한다. 이 경우에 주식 고수의 투자 결과는 좋을 수 있어도, 추천받고 묻지 마 투자를 한 초보 투자자는 추가적인 혹은 사전 공부 없이는 수익이 나기 어렵다. 왜 이 종목에 투자했으며 어느 정도가 적정(목표) 수익인지에 대한 감이 전혀 없는 투자는 실패할 수밖에 없기 때문이다.

언제 사고 언제 매도해야 할지에 대한 기준이 없다면, 대세 상승기처럼 누구나 수익을 낼 수 있는 운 좋은 시장이 아니라면 조금만 시장이 흔들려도 불안해할 수밖에 없고, 심리가 무너져서 손절매를 하면 결국 실패한 투자가 되는 것이다.

부동산 시장도 마찬가지다. 부동산 시장은 주식시장과 아예 다르다. 투자 대상에 대한 분석 방법 자체가 다르기 때문이다. 주식은 현재 가치든 미래 가치든 매출과 이익에 기반하여 해당 기업 주식의 가치를 평가한다. 저평가되었을 때 산다. 고평가되기 전에 매도한다. 해당 기업의 매출이나 수익이 증가하지 않았다면 주가는 오를 수 없다. 특별히 작전 세력처럼 투자 수요가 몰리는 경우가 아니라면 매출이나 수익 증가 없이 주가가 올라가는 것은 비정상적인 흐름이기 때문이다. 삼성전자의 주가가 지난 20년 동안 인플레이션보다, 상장된 다른 기업들 평균보다 훨씬 높게 우상향할 수 있었던 것은 20년 동안 매출과 순이익 증가율이 다른 기업들의 평균보다 훨씬 더 높았기 때문일 것이다. 그래서 주식은 가치 분석이라는 것을 할 수 있다.

하지만 부동산은 다르다. 매출이나 이익을 발생시키는 대상이 아니기 때문이다. 그저 주거할 수 있는 용도로 존재만 할 뿐이다. 그런데 왜 오를까?

인플레이션이 주된 이유다. 물가가 오르는 만큼 부동산 가격도 상승한다. 만약 인플레이션보다 높게 상승하는 부동산이 있다면 이전보다 수요가 증가한 것이다. 일자리가 증가했다든지 교통망이 좋아졌다든지 아니면 새 아파트로 재건축, 재개발돼서 구축 시절 대비 수요가 증가할 경우 시세가 크게 상승할 수 있다.

그렇다. 부동산의 시세는 수요와 비례한다. 실거주 수요든 투자 수요든 수요가 증가하면 시세가 상승할 수 있다. 그렇다면 수요는 어떻게 측정할 수 있을까? 그리고 미래 수요를 어떻게 추정할 수 있을까? 정답은 없다. 그저 수요가 유지되고 있는지, 증가하고 있는지, 빠지고 있는지 정도만 파악이 가능할 뿐이다. 그 양은 정확히 추정되지 않는다.

그래서 부동산 투자는 공식을 만들어 일정한 패턴대로 일반화할 수 없다. 만약 그렇게 할 수 있는 모델을 개발했다느니, 그런 인공지능 프로그램이 있다는 식으로 홍보하는 사람이나 기업이 있다면 멀리하는 것이 좋다. 통계는 사후적으로 분석하는 것이지, 예측할 수 없다. 왜냐하면 미래 수요는 그때가 봐야 대략적으로 알 수 있기 때문이다.

2007년 이전 대세 상승 시장에서 많은 전문가가 향후 대박 지역으로 일산 신도시와 용인 수지구를 추천했다. 그즈음 고양시에는 일산 식사지구, 덕이지구 등에 분양가 상한제 전의 고급 아파트가 많이 분양됐다. 서울로 출근하려는 수요층들이 모두 올 것이라고 기대했다. 실제 많은 연예인이 그 단지들로 이사하기도 했다. 용인 수지구에도 성복동, 신봉동 등에 분당보다 비싼 아파트가 공급됐다. 그때의 홍보 문구는 이랬다. "분당이 경기도 평당 2천 시대를 개막했고, 용인시가 평당 4천 시대를 열 것입니다." 결과는 3.3㎡(1평)당 2,000만 원 가까이 분양했고, 10년 동안 평당 700~800만 원대까지 하락했다. 이유는 많다. 금융위기로 유동성이 줄어든 탓도 있지만, 그보다는 더 좋은 입지에 경쟁 아파트들이 많이 분양하고 입주했기 때문이다.

결국 미래를 예측하는 정답을 찾거나 그런 모델을 만들기보다 사람들이 어떤 식으로 주택 관련 의사결정을 하는지 공부하는 것이 투자에는 더 유리하다. 부동산은 사람이 결정하는 것이다. 수요가 많으면 대세 하락기에도 시세는 오른다. 수요가 없으면 대세 상승기에도 매매가 안 된다. 그 시장 안에 있는 사람들이 그렇게 의사결정을 하려고 하기 때문이다.

부동산에는 정답이 없다. 그저 그 시장의 사람들의 의사결정 과정을 지켜보자. 비상식적인 의사결정을 하는 경우는 없다. 그 시기에 할 수 있는 최선을 다할 뿐이다. 승자든 패자든 말이다.

지금 살까? 기다릴까?

한줄요약 전체적인 수요와 공급을 봐야 한다. 구체적인 나의 상황에 집중하라.

"지금 아파트를 사도 되나요?"

최근 가장 많이 받는 질문이다. 여전히 많은 사람이 집을 사야 할지 말아야 할지 결정하기 어려워한다. 내 집 마련을 해야 하는 이유에 대해서 지난 10여 년간 수없이 이야기했고 앞으로도 할 것이니 지금은 잠시 접어 두기로 하자. 그러나 이런 제안을 하고 싶다. 질문을 이렇게 바꾸는 것이 어떨까?

"지금은 어떤 아파트를 사야 하나요?"

언제 어디서든 사야 할 아파트는 있다. 다만 아파트를 사는 목적에 따라서 어떤 아파트를 사야 하는가에 대한 답변은 수십 가지일 수 있다. 우선 실거주 목적인지, 투자 목적인지를 알아야 한다. 그다음으로 실거주 목적이라면 수익이 중요한지, 거주 가치가 중요한지를 생각해야 한다. 투자 목적이라면 장기 투자 목적인지, 단기 투자 목적인지를 고려해 봐야 한다. 질문이 정확해야 충실한 답변이 나온다.

두 번째로 많이 하는 질문은 이런 것들이다.

"이제 집값은 빠지지 않나요? 정부에서 그렇게 규제를 심하게 하는데요."

이에 대해서는 역으로 질문하고 싶다.

"정부 규제와 무관하게 가격이 오르지 않는 지역이나 아파트들에 대해서는 왜 관심이 없나요?"

"정부 규제가 이렇게나 심한데도 시세가 오르는 아파트는 왜 그런 것인지 분석해 보는 것이 더 필요하지 않을까요?"

이런 생각조차 해 보지 않는 경우가 여전히 많을 것이다. 그저 시세가 상승하는 아파트를 바라만 보면서, 세상이 불합리하고 투기꾼들의 투기 행위 때문에 선의의 시민들이 피해를 본다고 생각하는 것이다. 실제로 투기꾼들 때문에 아파트 가격이 오르고 부동산 전문가는 투기를 조장하는 적폐라고 생각하는 사람도 꽤 있다. 그래야 정책 실패에 대한 책임을 회피할 수 있기에 희생양이 필요하다고 생각하는지도 모른다.

향후 부동산 규제가 아무리 강화된다 하더라도 오를 아파트는 오르고 내릴 아파트는 내릴 것이다. 우리가 관심을 가져야 할 것은 어떤 아파트가 오르고 어떤 아파트가 내리는지다.

나는 지난 22년 동안 리서치 기관 연구원으로 활동했다. 한국갤럽조사연구소에서 17년 동안 연구원으로 리서치 활동을 했고, 현재 스마트튜브 부동산조사연구소에서도 5년째 같은 업무를 진행하고 있다.

주로 담당하는 프로젝트는 신규 아파트의 분양 타당성 조사다. 모두가 알 만한 1군 브랜드의 대단지는 대부분 수요 조사를 한다. 프로젝트는 이렇게 진행된다. 우선 분양이 될지 안 될지 분양 세대수 대비 분양 수요량을 도출한다. 수도권 시장의 침체기였던 2008~2010년 진행했던 수요 조사 프로젝트 중 대부분이 분양하면 안 된다고 분석되었다. 분양가가 중요한 것이 아니라 분양 수요 자체가 위축되어 있었다. 투자 수요는커녕 실수요도 말이다. 그래서 분양하면 안 된다고 제안한 보고서가 많았고, 실제 '분양하지 않은' 단지가 증가했다.

분양성이 어느 정도 있다고 판단한 단지의 경우는 시장이 수용 가능한 분양가 범위를 제안한다. 조합과 건설사 입장에서 사업성을 고려해 분양 가능한 최고 가격대를 도출하는 것이다. 이것이 수요 조사 분석의 핵심이다.

이렇게 제안한 수요 조사 결과 보고서를 토대로 수요가 있는 단지들의 분양 마케팅 전략으로 분양해서 미분양이 난 경우는 한 건도 없었다. 그만큼 정확도가 높았다. 하지만 가끔 내가 제안한 가격대보다 너무 높게 분양해서 미분양이 발생한 경우는 있었다. 분양가 책정에는 자신이 있었다. 지난 20여 년간 분양가 분석만큼은 실패한 적이 없었고 그만큼 분양 가능성 분석과 시장 수용 가능 가격대 도출에서 정확한 모델이었다고 생각한다.

그런데 2017년 5월 이후에는 서울 등 주요 인기 입지는 분양 타당성 조사를 할 필요가 없게 됐다. 시장의 수요는 여전히 많은데 뜬금없이 공급량을 줄이기 시작했고 거래가 어려워지기 시작했다. 분양가가 터무니없이 높지만 않다면 분양이 안 될 이유가 없었다. 게다가 정부 산하 기관인 주택도시보증공사(HUG)에서 책정해 주는 분양가는 시장 가격 대비 턱없이 낮았다. 입지와 상품성이 훨씬 좋은 신규 아파트를 구축 아파트 시세보다 낮은 가격으로 분양한 것이다. 신규 아파트에 당첨되는 순간 이미 구축보다 시세가 올라갈 것이 확실하기 때문에 시세 차익이 확정되었다고 볼 수 있다. 이런 로또 아파트의 등장으로 신규 아파트 분양에는 전혀 관심이 없었던, 기존에 없던 수요까지 보태졌다. 청약에 성공한 세대는 엄청나게 시세가 상승한 아파트를 소유할 수 있게 된다. 말 그대로 청약 당첨자만을 위한 '로또 분양'의 시대가 개막됐다. 수요가 있는지를 파악하기 위한 수요 조사도, 적정 분양가를 파악하기 위한 분양가 조사도 할 필요가 없는 시장이 되어 버린 것이다. 말 그대로 너무 쉬운 부동산 시장이 되어 버렸다.

처음 질문으로 돌아가 보자. 지금 아파트를 사도 될까? 규제 때문에 가격이 하락하지는 않을까? 20년간 수요 예측과 분양가 책정에서 실패한 적이 없는 부동산 리서치 기관 연구원이 단언한다. 수요 조사나 분양가 조사를 할 필요도 없는 시장이다.

부산에서 부산의 부동산 시장 전망에 대한 특강을 했을 때 일이다.

10층에서 강의를 들었던 한 분이 특강 후 1층 로비까지 따라와 이런 질문을 했다.

"그동안 조정되길 기다렸던 삼익비치타운이 1년도 안 됐는데 6억 원이 올랐습니다. 더 오를 수 없다는 생각이 드는데, 언제쯤 조정될까요? 어느 정도가 적정 시세일까요?"

주식과 부동산의 가장 큰 차이 중 하나는 '적정 가격'을 어떻게 볼 것인가에 있다. 주식은 총 주식의 가격을 총매출, 영업이익, 순이익 등과

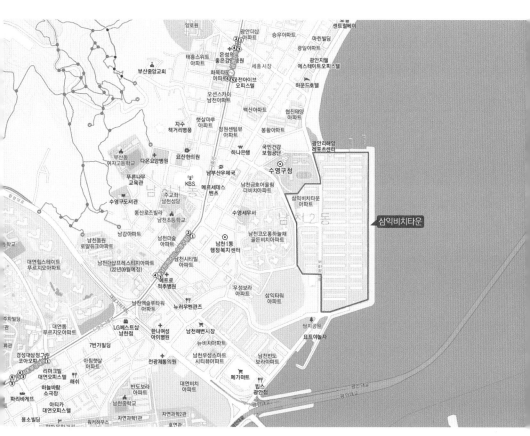

부산 삼익비치타운*

분석해서 적정 가격을 도출한다. 예를 들어 수십 년째 한 번도 배당을 쉬지 않은 중견 기업의 영업이익이 1,000억 원 정도 된다고 해 보자. 기업의 영업 활동이나 본질 가치는 훼손되지 않았는데, 코로나 사태로 시가총액이 1조 원에서 3,000억 원까지 내려갔다면 누가 봐도 저평가됐으므로 매수 구간이라고 할 수 있을 것이다. 그래서 2020년 폭락장에서 엄청난 주식 투자자들이 집중적으로 매수했던 것이다.

하지만 부동산은 적정 가격의 매수 구간이라는 것이 없다. 왜냐하면 '이 지역', '이 단지', '이 물건'은 단 하나이기 때문이다. 유사한 매물이 많이 쌓여 있지 않은 이상 그 물건을 소유하기 위해서는 남들보다 더 많이 지불해야 한다.

만약 "이 아파트의 적정 가격은 얼마입니다"라고 자신 있게 이야기하는 사람이 있다면 아마도 사기꾼이거나 투기를 조장하거나 '묻지 마 폭락'을 주장하는 사람일 가능성이 높다.

결국 그 시장에 있는 소비자가 최종 지불하는 가격이 시세가 되는 것이다. 만약 지난 1년 동안 6억 원이 올랐다면 그 아파트의 수요층이 더 많이 증가한 것이다. 천만 단위 상승이 아니라 억 단위 상승이라면, 단기 시세 차익을 목적으로 하는 투기꾼들이 올릴 수 있는 가격의 범위를 넘어간다. 장기 투자자 혹은 실수요층이 주요 매수 대기층으로 들어온 것이라 할 수 있다. 가격대가 더 단단해지는 것이다. 이후엔 여러 가지 요인, 즉 국내 경기, 코로나 사태, 강력한 경쟁 상품 등장 등으로 시세가 조정될 수도 있겠지만 1년 동안 6억 원이 오르기 이전의 가격으로 하

삼익비치타운 실거래가(2022년)

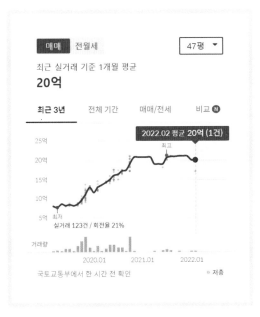

자료: 호갱노노

락하는 일은 없을 것이라는 의미다.

그러나 3,000만 원 전후로 오른 아파트라면 5,000만 원이 더 빠질 수도 있다. 시세를 올린 수요층이 다를 수 있기 때문이다. 아마도 단기 갭 투자자들이 시세를 올린 경우가 대부분일 것이다. 갭 투자가 가능한 저렴한 아파트 투자를 오히려 더 조심해야 하는 이유가 여기 있다.

여전히 많은 사람이 아파트 가격이 더 오를 것인지 내릴 것인지만 궁금해한다. 다시 말하지만 전체를 아우르는 평균적인 전망은 중요하지 않다. 지금의 방향성으로 보면 선호하는 아파트를 매수할 수 있는 사람은 점점 줄고 있다. 초과 이익 환수금으로 1억 원 이상 낼 수 없는 사람은 서울 요지의 재건축 대상 아파트를 가질 수 없게 되어 가고 있다. 현재 정책이 그렇기 때문이다.

중요한 것은 '그래서 내가 어떤 의사결정을 할 것인지'이다. 할 수 있는 최선의 선택을 하기 바란다. 강남이 아니어도 된다. 서울이 아니어도 된다. 중요한 것은 마음 편히 거주할 수 있는 보금자리여야 한다는 것이다.

지금도 내 집으로 마련해야 할 아파트는 있다. '묻지 마 기다림'은 절대 하지 말기 바란다. 1주택자인데 집값이 하락할 것을 예상하고 현 시세로 매도한 후 하락했을 때 재매수하려는 잔머리는 쓰지 말아야 한다. 그 어리석은 선택 때문에 평생 밤잠을 못 이루게 될 가능성이 매우 높다.

통계 믿지 마라

한 줄 요약　전체 숫자에 연연 마라. 중요한 건 전체가 아니라 개별이다.

　지난 20여 년 동안 내가 국토교통부, LH공사, SH공사 등 공공기관이나 GS건설, 현대건설, 삼성물산, 대림산업, 피데스개발 등 건설사로부터 의뢰받은 프로젝트 대부분은 대규모 소비자 리서치를 실시하고 통계 자료를 분석해 보고서를 제출하는 일이었다. 현재 스마트튜브 부동산조사연구소의 주 업무 중 하나는 통계 분석이다.

　하지만 비전문가 대상으로 칼럼을 쓸 때나 강의할 때에는 통계 자료를 잘 인용하지 않는다. 통계에 대한 이해가 없는 일반인 대다수에게는 통계 수치가 엉뚱하게 해석될 여지가 크기 때문이다. 통계 결과를 맹신한 나머지 다른 요소를 고려하지 않고 의사결정을 하는 경우도 많다.

다음 통계 결과를 보자. 세 가지 모두 설명을 위해 임의로 추출한 숫자다.

· 아워홈 구내식당 역삼타워점의 만족도 64.4%
· 신반포자이 세대 내부 평면 구조의 만족도 55.1%
· 2020년 신규 아파트 분양 의향률 30.1%

이 세 가지 만족도 결과 중 아워홈 역삼타워점의 만족도는 높은 걸까, 낮은 걸까? 신반포자이 세대 내부 평면 구조의 만족도는 높은 수준일까, 낮은 수준일까? 2020년 신규 아파트 분양 의향률이 30.1%라면 높은 편일까, 낮은 편일까?

통계 자료를 분석할 때에는 그 분야에 대한 인사이트가 필요하다. 통계 분석만큼이나 해석이 중요하다는 뜻이다. 최근 몇 년간 아파트 공급에 대한 통계 분석 보고서나 기사를 보며 이 문제를 실감하게 된다. 심각한 해석 오류 중 하나가 바로 '공급 물량'에 대한 통계 해석이다. 특히 정부와 정치권에서 부동산 시장의 안정 전망을 단언하면서 자주 인용하는 통계 자료다.

2019년에 이어 2020년에도 서울 부동산의 핵심 전망 중 하나로 많은 공공기관 보고서와 언론 기사에 '서울 공급은 충분하다'는 의견이 나왔다. 심지어는 2017년, 2018년에도 공급이 충분하다는 분석이 나왔다. 그런데 왜 서울 시민들은 늘 서울 아파트가 부족하다고 생각할까?

서울특별시 구별 아파트 입주(예정) 물량(2011~2023년)

(단위: 호)

지역	아파트재고량	2011년	2012년	2013년	2014년	2015년	2016년	2017년	2018년	2019년	2020년	2021년	2022년	2023년
서울특별시	1,824,457	37,585	20,336	20,546	38,340	25,055	26,847	28,614	37,578	49,032	49,478	32,012	20,520	23,265
노원구	161,745		98		283		1,272	326	453	959	1,872	1,370		1,163
강남구	141,270	3,849	1,255	1,892	6,717	3,494	1,404	413	1,390	3,401	2,424	3,279	527	6,371
송파구	135,589	2,065	812	3,237		961	2,448	3,269	10,739	1,010	2,563	2,347	3,374	
강서구	112,933	156	225	922	6,882	2,745	2,076	2,223	619	897	345	2,225	793	415
서초구	102,302	1,308	1,651	5,295	2,984	1,955	2,923	1,177	3,926	847	2,684	3,314	943	3,320
강동구	101,696	3,564	50	39	46	631	608	4,916	949	11,388	8,825	4,736	288	809
양천구	92,877	3,111	507	164	1,057	309	1,939	21	104	1,352	3,357	1,526	436	328
성북구	82,033	2,024	430	658		349	1,126	1,711		6,343	1,845	45	2,494	
구로구	78,639	4,558	38	628	2,032	189		386	1,313	3,235	1,866		2,205	
영등포구	73,439	18	38	317	897	1,196	304	3,494	267	747	7,302	340	799	
마포구	70,498	1,618	762	297	5,402	2,213	1,518	905	1,436	1,538	1,821	1,759		
은평구	68,032	4,984	878	444	209	1,859	204	541	1,842	4,347	5,900	2,275	1,388	3,359
성동구	67,248	803	4,878		1,761	1,718	5,978	1,468	1,668	1,368		280		
동대문구	66,743	1,338	127	879	5,173	423	463	406	1,644	3,512	490	1,470	1,048	2,797
도봉구	64,403	16	23	331	49		150	24	249	114	54	112		
동작구	63,492	1,707	3,427	2,014	138	40	1,332	62	3,179		1,000	2,423	640	1,772
서대문구	57,966	758	3,498	89	88	5,330	314	589	4,636	1,556	2,751	1,116	2,386	
중랑구	54,674	60	460	2,527	1,421	315	264	801	35	1,125	2,232	1,039	1,619	837
관악구	53,621	92	141	195	505	53	210	82		1,595	643	43	82	
용산구	36,762	1,509	166	278	559	699	68	356	366	835	1,144	834	384	
강북구	34,816	1,370		109		109	40	678		1,088	75		203	268
광진구	33,100	189	493	213	48	100	23	523	1,031	77	106	426	730	1,043
금천구	31,557	246	100	18	1,776	64	1,834	416	1,319	535	121	961		282
중구	24,224	2,226	279		295	95	349	1,393	413	940				321
종로구	14,798	16			18	208		2,434		223	58	92	181	180

자료: 부동산114

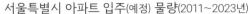

서울특별시 아파트 입주(예정) 물량(2011~2023년)

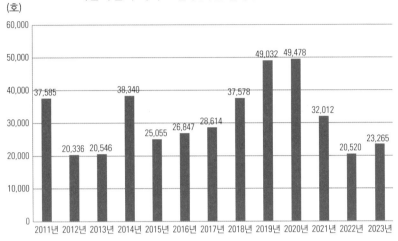

자료: 부동산114

　공급이 충분하다는 분석이 무조건 잘못됐다는 건 아니다. 하지만 공급 물량에 대한 공공기관 분석과 기사는 잘못된 이해에서 나온 경우가 많다. '공급이 충분하다'를 어떻게 이해해야 할까? 결론부터 말하자면 "전체 평균 숫자로 보이는 입주 물량은 큰 의미가 없다"이다. 입주 물량 통계는 제공하는 사이트마다 조금씩 다르다. 따라서 '대략 예년보다 얼마나 많다, 적다' 정도만 판단하면 된다.

　위 도표대로 서울은 2015년부터 아파트 입주 물량이 급격히 증가했다. '2017년부터 서울 아파트는 공급이 충분하다'라는 문재인 정부의 초기 진단은 증가하고 있는 통계 수치에서 나왔을 것이다. 2019~2020년 입주 물량이 최근 10년 입주 물량 중에 가장 많았다. 그래서 서울 공급

서울특별시 아파트 시세 변동률(2011~2021년)

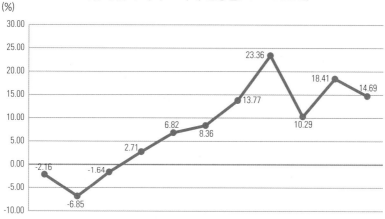

자료: 부동산114

이 충분하다는 분석이 다수 나왔다.

그런데 공급이 충분하다고 평가받았던 서울 아파트 시장은 왜 5년 내내 시세가 상승했을까? 특히 신규 아파트의 시세가 놀랍도록 상승했다.

결국 '통계만 보는 것은 의미가 없다'는 결론에 도달한다. 특히 전체 평균 수치로 부동산을 분석하는 것은 의미가 없다고 봐도 된다.

전국의 아파트 시세 변동률을 보자(40쪽 표 참조).

시·도별로 10년간의 아파트 매매 상승률이 모두 다르다. 2020년 매매가 상승률이 가장 높았던 세종특별자치시는 2021년 상승률이 가장 낮은 수준이다. 지난 10년간 상승률 순위에서 주목받지 못했던 인천광역시는 2021년 압도적 1위 상승을 했다.

전국 아파트 시세 변동률(2011~2021년)

(단위: %)

지역	2011년	2012년	2013년	2014년	2015년	2016년	2017년	2018년	2019년	2020년	2021년
인천광역시	-3.87	-4.50	-1.55	3.21	6.42	3.83	2.26	1.46	2.69	17.67	34.54
경기도	-0.86	-5.56	-0.99	2.69	5.68	3.27	3.82	9.53	3.84	26.38	24.29
충청북도	17.26	4.13	2.42	7.46	0.53	-1.18	-1.29	-2.86	-1.41	15.48	21.04
부산광역시	13.67	-1.35	0.46	3.33	9.72	13.47	2.57	-2.03	1.85	28.09	19.43
대전광역시	12.85	-1.88	0.60	0.64	0.18	1.67	2.29	6.92	16.72	26.08	19.22
전국	0.82	-4.66	-0.22	3.53	6.83	5.31	7.42	12.76	6.35	20.60	18.41
충청남도	7.20	4.27	4.10	4.90	0.92	-1.92	-0.54	-1.02	2.38	13.49	16.88
서울특별시	-2.16	-6.85	-1.64	2.71	6.82	8.36	13.77	23.36	10.29	18.41	14.69
경상남도	13.92	-0.95	0.85	3.95	4.04	-0.36	-3.33	-4.17	-2.77	8.12	14.07
전라북도	16.71	-1.30	-0.69	0.21	0.73	1.22	1.79	-0.91	-1.21	9.12	13.70
강원도	16.95	0.93	0.82	1.08	4.17	8.16	2.22	0.20	-5.43	2.00	13.34
울산광역시	11.57	3.49	3.81	5.73	8.84	1.36	-2.11	-6.19	-1.56	12.66	11.44
경상북도	8.42	6.24	11.06	6.87	5.73	-4.21	-2.67	-2.20	-2.56	9.55	11.08
대구광역시	8.19	4.13	11.81	14.92	15.93	-2.96	4.91	6.96	1.39	12.88	10.46
제주도	5.82	2.17	4.80	20.10	22.22	11.01	2.17	1.69	0.05	0.82	8.92
광주광역시	14.79	4.36	5.64	9.01	10.82	2.05	6.17	13.13	1.08	2.34	6.85
세종특별자치시	5.50	5.99	4.74	0.41	8.00	5.06	11.33	6.51	3.42	69.26	2.21
전라남도	14.04	2.65	0.07	1.24	4.04	2.55	2.45	10.16	-0.06	2.38	1.47

자료: 부동산114

그렇다면 대한민국 아파트는 지금 상승기일까, 하락기일까? 개발 단지, 개발 세대를 뺀 전체를 분석하면 평균 수치는 의미 없다. 부동산은 개별 입지와 개별 상품, 그리고 개별 가격을 봐야 한다.

'공급이 충분하다'고 말하려면 해당 지역의 수요량보다 공급량이 더 많아야 한다. '수요량보다 공급량이 월등히 적은 지역이 어디일까?' 물

전국 아파트 입주(예정) 물량(2011~2023년)

(단위: 호)

지역	아파트재고량	2011년	2012년	2013년	2014년	2015년	2016년	2017년	2018년	2019년	2020년	2021년	2022년	2023년
전국	12,559,993	221,038	187,101	198,866	272,728	278,564	308,499	398,678	464,997	420,457	361,714	282,315	317,451	317,181
경기도	3,525,750	61,194	64,329	50,146	52,907	70,406	92,782	133,337	168,514	138,040	122,753	109,836	111,355	94,940
서울특별시	1,824,457	37,585	20,336	20,546	38,340	25,055	26,847	28,614	37,578	49,032	49,478	32,012	20,520	23,265
부산광역시	904,305	13,583	15,843	21,943	23,479	22,608	16,235	20,919	26,080	26,090	27,631	17,409	26,476	23,759
경상남도	819,253	8,231	7,102	20,224	24,470	22,602	21,821	40,930	34,810	47,994	19,411	8,981	8,992	14,325
인천광역시	773,008	22,660	26,356	10,827	10,968	13,175	10,381	19,423	24,262	17,341	17,821	19,258	37,799	42,073
대구광역시	692,542	7,490	4,587	9,358	9,771	15,495	27,831	23,249	14,323	10,875	15,549	17,156	20,840	24,128
경상북도	562,500	9,488	4,742	6,988	8,677	16,696	16,900	24,486	23,931	19,403	12,482	8,182	3,960	11,231
충청남도	529,890	9,819	6,285	5,460	10,076	12,446	22,620	25,259	26,226	8,588	13,072	10,636	24,520	22,440
광주광역시	452,994	10,274	3,740	7,440	9,519	5,760	11,263	12,049	7,251	13,704	12,493	5,389	13,789	4,339
전라북도	433,662	6,367	7,860	6,331	10,608	10,916	8,441	6,847	12,456	13,486	14,413	6,706	10,575	6,400
충청북도	407,768	4,039	1,289	6,315	9,902	10,920	10,547	12,495	24,605	12,519	14,845	9,305	7,674	11,143
대전광역시	380,598	11,895	5,447	3,960	10,895	4,080	6,796	6,633	6,585	3,963	6,766	6,233	9,863	3,370
강원도	379,004	2,477	4,440	3,574	10,298	6,433	7,441	6,363	18,803	18,694	11,412	10,520	6,283	6,361
전라남도	370,855	5,156	4,841	11,090	15,549	11,630	12,935	8,652	11,747	9,687	13,506	10,242	7,520	8,497
울산광역시	294,732	5,734	3,969	6,769	9,292	9,745	3,816	9,621	10,238	12,831	2,940	641	3,904	8,687
세종특별자치시	125,859	2,242	4,278	3,438	14,987	17,382	7,653	15,479	14,027	11,421	5,655	7,668	3,257	1,453
제주도	70,382	2,814	1,657	4,457	2,453	3,203	3,920	4,200	1,914	1,790	1,487	1,007	124	770

자료: 부동산114

어보면 누구나 서울이라고 답할 것이다. 2020년 입주 물량만 보고 '서울에 공급이 충분하다'고 분석하는 전문가는 객관적 분석을 한 것이 아니다. 부동산을 모르는 비전문가이거나 다른 의도를 갖고 편향된 보고서를 작성하는 사람일 가능성이 크다.

'경기도에 공급이 충분하다'는 평가는 어떨까? 이렇게 주장하는 사람은 인사이트 없이 통계 수치만 봤을 확률이 높다. 구체적으로 경기도 어느 곳의 공급이 충분한지 정확하게 말해야 한다.

과천·판교·분당은 공급이 어떨까? 이 지역은 아무리 생각해 봐도 공급량보다 수요량이 더 많아 공급이 충분해 보이지 않는다.

인천광역시는 어떤가? 수요보다 공급이 많아 한때 미분양이 쌓인 적이 있지만 점차 줄어들고 있다. 인천은 서울이나 경기도 인기 지역과 비교해 수요가 적은 것도 사실이지만 300만 명이 사는 거대 도시이므로 세부 지역별로 다 다를 수밖에 없다.

경상권과 충청권까지 본다면? 공급이 충분하다는 말을 함부로 사용하면 안 된다. 통계 수치만 보지 말고 해당 지역의 수요량을 잘 체크해야 한다. 수요가 차고 넘치는 지역인지, 수요가 빠지는 지역인지, 이 입지의 이슈가 '공급'인지 아니면 '기반 시설'인지 짚어 봐야 하는 것이다.

앞으로 '공급이 충분하다'는 말이 들리면 어느 지역의 공급이 많은지 입지별로 꼼꼼하게 따져 보기 바란다. 읍·면·동 단위까지 구체적인 단지와 세대수, 평형대까지도 분석해야 한다. 통계 수치만 볼 것이 아니라 과거, 현재, 미래 입지 변화까지 함께 파악해야 제대로 된 부동산 전망을 할 수 있다.

집값 폭락, 기대하지 마라

한줄요약 답은 정해져 있다. 1기 신도시 같은 대규모 공급 없이는 대세 하락 어렵다.

'집값, 오를까? 떨어질까?'

대한민국 국민 모두가 궁금해하는 질문일 것이다. 어떤 사람들은 이미 이렇게 많이 올랐는데 또 오르겠느냐고 냉소적으로 웃고, 누군가는 흐름으로 봤을 때 아직 더 오를 것이라고 자신감에 차서 말한다.

결론부터 말하면 오를 수도 있고 떨어질 수도 있다. 답변이 미적지근하다며 어이없다는 표정을 짓는 사람도 있을 것이다. 그런 분을 위해 좀 더 자세히 말하자면 이렇다.

"여러분이 관심 있어 하는 곳은 지금보다 오를 가능성이 높고, 그렇지 않은 곳은 떨어질 가능성이 큽니다."

지난 5년간 많은 아파트 가격이 올랐지만 모든 지역이 오른 것은 아니다. 서울, 경기권, 지방의 몇몇 구를 제외하고는 지지부진한 지역도 많다. 수도권 이외 지역은 편차가 더욱 크다. 세종시, 대전의 서구, 부산의 해운대구 등이 많이 올랐다.

아파트 시세 증감률(2017~2021년)

순위	시군구	증감률(%)	순위	시군구	증감률(%)
1	서울 노원구	79.26	23	수원 팔달구	61.16
2	성남 분당구	77.25	24	수원 권선구	60.27
3	수원 영통구	76.99	25	성남 중원구	59.04
4	의왕	73.24	26	수원 장안구	58.88
5	고양 덕양구	72.31	27	서울 광진구	58.67
6	광명	71.87	28	서울 성북구	58.48
7	서울 영등포구	71.56	29	서울 성동구	58.34
8	서울 구로구	69.00	30	서울 용산구	58.02
9	안양 동안구	68.87	31	서울 강북구	57.96
10	서울 동작구	68.22	32	서울 강남구	57.67
11	인천 연수구	67.36	33	구리	57.26
12	서울 마포구	67.30	34	서울 은평구	56.04
13	서울 양천구	67.02	35	대전 유성구	56.01
14	서울 도봉구	65.74	36	서울 금천구	55.66
15	서울 송파구	65.27	37	서울 강동구	55.63
16	부천	65.00	38	서울 동대문구	55.55
17	서울 강서구	61.89	39	서울 관악구	54.57
18	용인 수지구	61.86	40	용인 기흥구	54.26
19	남양주	61.75	41	성남 수정구	52.88
20	군포	61.49	42	안양 만안구	51.83
21	대전 서구	61.34	43	서울 서대문구	51.42
22	세종	61.31			

자료: KB부동산

오를 만한 이유가 있는 곳만 올랐다. 자본주의 사회에서 아파트 가격의 상승·하락을 결정하는 가장 큰 요인은 무엇일까? 바로 수요와 공급이다. 다른 말로 '희소성'이라고 이야기할 수 있다. 가장 쉬운 예가 다이아몬드 같은 보석류다. 사치재인 보석은 살아가는 데 반드시 필요한 물건은 아니다. 하지만 엄청난 가격에 거래된다. 이유는 간단하다. 찾는 사람이 많지만 재화가 한정적이어서, 판매자가 가격을 올려도 사는 사람이 존재하기 때문이다. 이처럼 실물 자산은 수요와 공급에 따라서 가격이 변하게 된다.

부동산은 어떨까? 부동산은 실물 자산이고 우리 삶에 꼭 필요한 요소임과 동시에 '한정된' 자원이다. 누군가는 땅과 재료만 있으면 얼마든 늘릴 수 있지 않느냐며 지금도 지방에는 빈 땅이 많다고 대답한다. 중요한 것은 '사람들이 살고 싶어 하는 지역의 땅이 한정적'이라는 점이다.

서울의 경우, 2000년대 초 개발을 시작한 마곡지구를 마지막으로 대규모 택지 사업을 벌일 땅이 이제 아예 없다. 심지어 경기도도 과거와 달리 무작정 늘릴 수 없는 상황이 됐다. 이미 많은 구역이 개발됐기 때문이다. 정리하면 사고자 하는 사람은 많은데 공급이 한정적이었으므로 가격이 계속 오른 것이다.

앞으로는 어떨까? 문재인 정부는 지난 5년간 부동산 시장을 안정화하기 위해 갖은 노력을 다했다. 28차례 넘게 부동산 대책을 발표했고 세금과 신도시 등 다양한 방법을 제시해 왔다. 하지만 아쉽게도 결과는

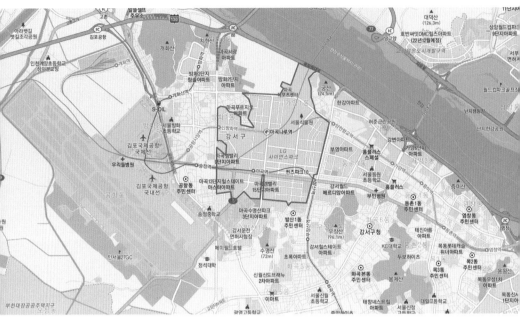

강서구 마곡지구*

좋지 못했다.

　이유는 간단하다. 문제에 대한 원인 분석이 애초부터 잘못됐고, 그렇다 보니 해결 방향도 완벽하게 잘못 설정했던 것이다. 부동산 대책은 단기간에 해결하려고 하면 역효과만 나게 된다. 가격을 잡기 위해서는 수요·공급이라는 경제 원리에 입각해서 접근해야 하지만, 지금까지 나온 대책들은 수요 억제라는 근시안적인 측면에서만 해결하려 했다. 세금, 대출 등의 규제책으로 억제하기만 하니, 그 나비효과가 고스란히 서민들의 피해로 이어진 것이다.

다시 말하지만 부동산 시장 안정화는 기본적으로 수요와 공급으로 해결해야 한다. 바꿔 말해 공급량을 사람들이 필요로 하는 이상으로 계속 늘려야 한다. 이미 서울이나 경기도에 자리 잡은 사람을 끄집어낼 것이 아니라 새로 그 지역으로 들어가려는 사람들을 분산시킬 방법을 찾는 것이 더 효율적일 것이다.

미분양 아파트가 생길 정도로 수도권과 각 도시 인근 지역에 주택을 건설한다면 벌써 집값이 떨어지지 않았을까? 주택은 실거주 수요이기 때문에 매년 꾸준하게 공급해 줘야 한다. 하지만 아쉽게도 1기 신도시 이후 그런 꾸준한 대규모 공급이 없었다. 미분양이 조금만 발생해도 바로 공급을 줄여 버릴 정도였다. '준공 후 미분양'처럼 악성 미분양도 아닌데 말이다.

이미 말했듯 공급으로 부동산 가격을 안정시킨 대표적인 성공 사례가 바로 신도시 사업이다. 대한민국의 부동산 역사상 부동산 가격이 크게 빠졌던 적은 단 세 번밖에 없다. 그중 첫 번째가 1989년에 계획하기 시작해서 1992년 입주를 완료한 1기 신도시 사업이다. 당시 폭등하는 집값을 안정시키고 주택난을 해소하기 위해 서울 근교 5개 지역에 신도시를 건설하는 계획이었다. 우리가 흔히 아는 성남시의 분당, 고양시의 일산, 부천시의 중동 등이 1기 신도시다. 이즈음 전국적으로 약 200만 호에 가까운 주택을 공급했고 자연스럽게 서울을 바라보던 사람들의 시선을 분산시켰다. 정부의 부동산 정책이 성공한 거의 유일한 사례다.

다른 두 번의 하락은 정부의 부동산 정책과는 큰 연관이 없다. 1997년도 IMF와 2008년도 금융위기 시기인데, 외부 충격으로 부동산뿐만 아니라 경제 자체가 흔들린 시기라는 것이 맞는 분석일 것이다.

이렇게 물을 수도 있다. '외부에서 경제적 충격이 오면 집값이 하락할 수 있다고 했는데, 왜 코로나 때는 하락하지 않고 올랐을까?' 복잡한 이유가 혼재되어 있지만 몇 가지 이유를 들면, 일단 코로나19로 인해 시작된 경제위기를 막기 위해 각국에서 막대한 통화를 풀었기 때문일 듯하다. 유동성이 큰 폭으로 증가했다는 것이다. 게다가 대한민국은 다른 나라보다 코로나로 인한 피해가 적은 편이다. 경제가 공포에 떨 만큼 흔들리지는 않았다는 것이다.

IMF와 금융위기 때도 집을 유지할 수는 있었을 것이다. 그러나 IMF 때는 대출 이자가 너무 비싸고 기업이 흔들리는 상황이었기에 울며 겨자 먹기로 집을 파는 사람이 많아서 급락할 수밖에 없었다. 2008년 금융위기는 조금 다른 조건이었다. 2007년까지의 대한민국 부동산 시장은 투기 수요가 많이 몰려 있었다. 다들 똘똘한 한 채라는 이야기를 하면서 과열됐을 때 금융위기가 터지면서 경제 구조가 급변하며 급락한 것이다.

이런 과정들을 보면, 투기 수요가 몰렸을 때에는 급락할 가능성이 있지만, 현재 부동산 시장을 주도하는 수요는 투기 수요라고 보기 어렵다. 대부분 실거주 수요라는 것이다. 그러므로 특별한 일이 벌어지지 않는 한 급락할 가능성은 적다고 본다.

종합해 보면 외부의 경제적 충격이 없을 때, 공급을 늘리지 않는 한 집값은 급락하지 않을 것이다. 게다가 대단위 주택 공급은 1~2년으로 해결하기 어렵다.

2021년 7월 28일 홍남기 부총리 겸 기획재정부 장관은 정부서울청사에서 노형욱 국토교통부 장관, 은성수 금융위원장, 김창룡 경찰청장 등 부동산 관계 부처와 합동 브리핑을 열고 '부동산 시장 안정을 위해 국민께 드리는 말씀'이라는 담화문을 발표했다. 홍 부총리는 모두발언을 통해 "부동산 시장 안정은 정부 혼자 해낼 수 없다. 우리 국민 모두가 함께 고민하고 함께 협력해야 가능한 일이다"라며 국민 참여를 당부했다.

이 자리에서 노 장관은 "차질 없는 공급 확대 정책 추진을 위해 오늘부터 시작되는 3기 신도시 일부 지역에 대한 사전청약을 공공택지 민영주택과 '2·4 대책'을 통해 추진할 도심 공급 물량에도 확대 시행하는 방안을 추진하겠다"라고 밝혔다. 은 위원장은 실수요와 무관한 부동산 관련 대출을 더욱 촘촘하게 점검·감독하겠다는 방침을 내놓았다. 김 청장도 3월부터 운영 중인 '정부합동 특별수사본부'의 부동산 투기사범 단속 결과를 공개한 뒤, 하반기에는 부동산 투기 비리 이외에 부정청약, 기획부동산 투기 등을 집중적으로 단속하겠다는 계획을 밝혔다.

최근 3기 신도시 사전청약에 대한 관심이 뜨겁다. 하지만 3기 신도시가 실입주를 시작하려면 사전청약 이후로도 최소 5년이라는 시간이 더 필요하다. 그보다 더 많은 시간이 소요될 가능성이 높다. 그마저도 LH

1기 신도시

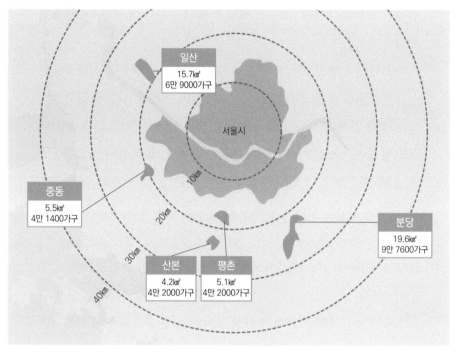

자료: 국토해양부, 한국토지주택공사

공사 직원들의 신도시 투기와 관련해 잡음이 많은 상황이다. 그래서 가장 규모가 클 것으로 예상되는 광명시흥은 진도도 나가지 못하고 있는 상황이다. 이런 이유로 향후 5년간은 눈에 띄게 많은 신규 입주 물량이 없다. 향후 5년 동안 거주할 집을 지금 구해야 한다는 의미다.

이 이사를 준비하는 대기 수요가 감소하지 않는 이상 매매 시세든 전세 시세든 하락하기가 어렵다. 적어도 인기 지역들은 그럴 것이다.

그럼에도 불구하고 여전히 누군가는 폭락을 주장하고 있다. 또한 많은 사람이 집값이 빠지기를 기대하고 있다. 집을 매수하기 싫은 것이 아니라, 집을 매수하고 싶지만 더 싼 가격에 사고 싶은 것이다. 나 역시도 가격이 조정되기를 희망한다.

하지만 기대, 희망과 실제 시장은 늘 달랐던 듯하다. 다를 수밖에 없다. 정부도, 언론도, 전문가도 이 부분을 명확히 구분해야 한다. 헛된 기대를 주기보다는 정확한 팩트만 전달하는 것이 오히려 필요하다.

주택 소유 유형별 부동산 전략

한 줄 요약　무주택자는 반드시 집 사고, 1주택자는 더 좋은 곳을 찾아라. 다주택자는 공부하라.

"앞으로의 주택 정책은 지금까지의 '1가구 1주택 소유'의 의식 구조를 '1가구 1주택 거주' 개념으로 전환해 나가는 방향으로 시책을 해 나가고자 합니다. 주택 구입 능력이 없는 저소득층에 대해서는 임대 주택을, 중산층을 위해서는 분양 주택을 건설·공급해 나가고자 합니다."

누가 한 말일까? 문재인 대통령의 기조연설? 김현미 전 국토교통부 장관의 기자간담회? 변창흠 전 국토교통부 장관의 정책발표회? 홍남기 경제부총리의 부동산 대책 발표? 아니면 2021년 5월 14일 임기를 시작한 노형욱 국토교통부 장관의 취임사?

놀랍게도 이것은 1982년 2월 26일, 당시 국무총리였던 유창순 씨가

국회 임시회의에 출석해서 발표한 연설문이다. 1982년은 전두환 전 대통령이 취임한 지 2년째로 서슬 퍼런 군사 정권 시절이었다. 그런데 이 연설문을 약 40년 동안 거의 모든 정부에서 활용하고 있다.

우리나라 역대 정부 중 부동산 문제를 완벽하게 해결한 정부는 없다. 유창순 전 국무총리의 이 이야기 이후 대한민국은 40년 동안, 집이 필요한 곳에는 집이 부족했고, 집이 필요하지 않은 곳에는 집이 남았다.

왜 그럴까? 주택은 부동산(不動産)이기 때문이다. 부동산은 운반하거나 움직일 수 없는 '부동성(不動性)'이라는 특징이 있다. 그리고 양이 증가하지 않는 '부증성(不增性)'이라는 특징도 있다. 사람들이 필요로 하는 입지는 정해져 있고, 그 입지를 필요로 하는 수요만큼 물리적으로 증가시킬 수 없다는 것이다.

여기에 인플레이션과 시장 유동성이 더해져 집값의 양극화가 계속 발생해 왔다. 이 문제는 지금까지 그렇게 흘러왔고 앞으로도 계속될 것이다. 부동산의 특성상 해결할 묘책이 없기 때문이다.

이런 문제가 반복적으로 발생하는 대한민국 부동산 시장에서 어떻게 하면 제대로 살아남을 수 있을까? 20여 년간 대한민국 부동산 시장을 꾸준히 연구해 온 연구원으로서 대한민국 부동산 시장에서 살아남을 수 있는 가장 좋은 방법을 이야기해 보고자 한다.

먼저 무주택자는 가능한 한 빠른 시기에 집을 매수하길 바란다. 주택 구입을 주저하는 이들에게 이렇게 이야기하고 싶다. "희망하는 입지에 있는 주택을 목표로 삼고 본인이 감당할 수 있는 수준, 혹은 다소 높은 레버리지를 가지고 접근하는 것이 가장 좋은 방법이다."

물론 집을 단기 투자 목적, 단기 시세 차익의 목적으로 접근하지 않길 바란다. 그저 자신의 거주 목적으로 합리적인 결정을 한다면 마음의 부담이 덜할 것이다. 시세가 오르든 떨어지든 내버려 두면 된다. 떨어진다면 어차피 살 집에 대한 집세라고 여기면 되고, 오른다면 기대하지 못한 선물이 될 테니까. 기대치를 낮추고 욕심을 버리면 마음은 훨씬 편해진다.

1주택자는 다음번 이사할 때에는 지금 살고 있는 곳보다 더 좋은 입지로, 더 좋은 주택으로 옮기는 것을 목표로 해야 한다. 거꾸로 가는 것은 무조건 반대다.

20여 년 동안 주택 관련 소비자 조사를 진행하면서 더 안 좋은 곳으로 이주한 사람을 꽤 많이 인터뷰했다. 거꾸로 이사한 10세대 중 9세대는 후회했다. 심지어 분당처럼 입지가 좋은 지역으로 이사했어도 아쉬움을 표하기는 마찬가지였다. 이전 거주지가 강남권이었기 때문이다.

이사 후 추가 소득이 충분치 않은 세대는 강남 재진입이 불가능해졌다. 무조건 상급 입지, 상급 상품을 목표로 이사 계획을 추진하라고 권한다. 1주택자의 이주에 대해서는 규제도, 제약도 적다.

마지막으로 가장 답답해하고 있을 다주택자에게도 제안한다. 과거처럼 '묻지 마' 부동산 투자로 돈 버는 시대는 끝났다는 것을 인정해야 한다. 이제 제대로 공부하고 투자해야 한다. 특히 세금 공부를 이전보다 많이 해야 한다. 발생하는 세금을 꼼꼼하게 계산하고 투자해야 한다. 아울러 소득이 발생하는 곳에는 항상 세금이 기다리고 있다는 것을 잊지 말아야 한다.

3주택자 이상은 취득세를 12% 이상 내야 한다. 이미 수익률이 반감된다. 양도소득세를 82% 이상 내야 한다. 1억 원의 시세 차익이 발생했다면 8,200만 원의 세금이 부과되는 것이다.

그럼에도 투자하겠다면 이때 깔끔하게 낼 수 있어야 한다. 그래도 1,800만 원의 수익이 생겼다는 마음가짐으로 부동산 투자를 해야 한다. 조금이라도 세금을 줄이고 싶다면 불법과 탈세가 아니라 절세를 해야 한다. 절세를 위한 부동산 공부를 해야 한다. 공시가 1억 원 미만 부동산 투자나 비규제 지역 투자, 비규제 상품 투자 등이 그 사례가 될 것이다.

2년이 넘는 코로나 팬데믹 때문에 심리가 무너진 사람도 많을 것이다. 주식이든 부동산이든 시장이 또 다른 폭락이나 폭등도 할 수 있는 상황이다. 혹은 언제 그랬느냐는 듯 집단면역 후 바로 정상화될 수도 있을 것이다. 그러니 단기간을 대비하는 것은 의미가 없다.

1~2개월의 단기가 아니라 최소 5~10년 후의 미래 가치를 바라보는 것이 중요하다. 우리가 주목하고 집중해야 할 것은 당장의 부동산 시세 등락이 아니다. 여러 가지 변수로 인해 우리가 관심을 가지는 부동산의 본질적인 가치가 변화했는가다.

아울러 이번에 새로 출범하는 정부의 대통령과 지자체장들도 그렇게 하길 기대한다. 무주택자들에게 주거를 안정적으로 공급하고, 1주택자들이 편하게 이사할 수 있으며, 다주택자들과 함께 대한민국 임대 시장 공급을 안정적으로 꾸려 나가길 바란다.

중장기 계획을 추진하는 데도 힘을 써야겠지만, 당장 입주 물량이 급감하고 임대차 2법으로 거래가 어려워 임대 물건 부족이 문제가 되고 있는 서울 전세 시장에 우선 관심을 가지면 좋겠다. 서울 전세 문제가 해결 안 되면 경기도도 인천도 불안한 시장의 여파가 가시지 않을 것이기 때문이다.

물리적으로 신규 공급을 단기간에 늘릴 수는 없다. 새 정부가 할 수 있는 일은 기존 아파트 거래를 활성화하는 방법밖에 없다. 그러기 위해서는 임대차 2법 폐지와 다주택자 양도세 완화가 필요하다.

새 정부, 새 지자체장께 간절히 바라고 희망한다. 시장에서 바라는 대로 해 주시라. 국민들을, 시민들을 보면 된다.

'빠숑'에 대한 세 가지 오해

한줄 요약 '어디나' 좋고 '무조건' 오른다고 하지 않는다. 지역별로 단지별로 자세히 들여다보자는 것이다.

다양한 활동을 하다 보니 매년 새로 만나는 사람이 기하급수적으로 많아진다. 일반인도 많지만 이름만 대면 누구나 알 만한 정치, 경제, 사회계의 유명한 사람도 많다.

그분들은 내 칼럼과 책과 방송을 잘 보고 있다면서 여러 가지 질문을 한다. 순수한 질문도 있었지만 뼈가 담긴 지적들도 있었다. 그 언중유골을 요약하면 세 가지다.

• 모든 지역을 좋다고만 하는 전문가!
• 딱 찍어서 추천해 주지 않는 전문가!

• 무조건적인 상승론자!

그래서 혹시나 오해가 생기지 않았으면 하는 바람으로 이런 평가에 대한 내 의견을 말해 두려고 한다.

빠숑은 모든 지역이 좋다고만 한다?

글쎄, 내가 대한민국 모든 지역에 대해 좋다고만 했던가? 독자나 구독자 모두 그렇게 생각할까? 물론 그렇게 생각하는 사람도 있을 수 있다. 그런데 이번에는 반대로 내가 이렇게 묻고 싶다. "제가 대한민국 모든 지역을 말씀드렸나요?"

우리나라 행정 구역이 총 몇 개일까? 광역 시·도 단위로는 17개, 기초 시·군·구 단위로는 226개, 읍·면·동 단위까지 내려가면 3,501개다. 이 지역들 중 내가 그동안 언급한 곳은 몇 개일까?

시·도 단위로 해도 17개 지역을 동시에 모두 언급하지는 않았다. 시·군·구 단위로 하면 226개 시·군·구 중에서 많아 봤자 10개 정도다. 읍·면·동 단위로 확대해도 3,501개 중 기껏해야 50개 전후일 것이다.

내가 입지 분석 칼럼을 쓰면서 모든 지역을 이야기하고 다 좋다고 얘기했으면 그렇게 오해할 만하다고 인정하겠다. 하지만 실제 내 칼럼이나 방송 내용을 봐도 활용할 수 있는 소수 양호한 입지를 분석해서 소개했는데, 왜 대한민국 모든 지역을 좋게만 이야기한다는 평가로 돌아

대한민국 행정 구역

구분 / 시·도별		시·군·구				행정시·자치구가 아닌 구		읍·면·동			
		계	시	군	구	시	구	계	읍	면	동
계(17)		226	75	82	69	2	32	3,501	232	1,180	2,089
특별시	서울	25			25			425			425
광역시	부산	16		1	15			205	3	2	200
	대구	8		1	7			141	6	3	132
	인천	10		2	8			155	1	19	135
	광주	5			5			96			96
	대전	5			5			79			79
	울산	5		1	4			56	6	6	44
특별자치시	세종							20	1	9	10
도	경기	31	28	3			17	551	37	103	411
	강원	18	7	11				193	24	95	74
	충북	11	3	8			4	153	16	86	51
	충남	15	8	7			2	207	25	136	46
	전북	14	6	8			2	243	15	144	84
	전남	22	5	17				297	33	196	68
	경북	23	10	13			2	332	37	201	94
	경남	18	8	10			5	305	21	175	109
특별자치도	제주					2		43	7	5	31

자료: 행정안전부, 2020/12/31 기준

오는지 납득이 잘 안 된다.

굳이 이유를 찾아보자면, 칼럼에서 지역을 다룰 때 그 지역에 대해 긍정적인 이야기만 하는 것처럼 보이기 때문일 것이라고 추정할 수 있다. 긍정적인 이야기가 많은 이유는, 부정적인 이야기를 많이 해야 하는 지역들은 아예 언급조차 하지 않기 때문이다.

굳이 자신이 살고 있거나 관심 있는 지역에 대한 부정적인 이야기가 필요하다면 얼마든지 해 드릴 수 있다. 지난 20년간 리서치 기관 연구원으로 했던 분석 대부분이 그런 부정적인 리스크를 체크하는 리포트 작성이었으니 말이다. 필요한 분은 언제든지 말씀해 주시기 바란다.

빠숑은 왜 매물을 추천하지 않을까?

그동안 꽤 많은 구체적인 아파트 단지를 추천했다. 내 글이나 방송을 보신 분들은 기억할 것이다. 압구정 현대아파트, 반포 주공1단지, 잠실 주공5단지, 서빙고 신동아아파트 등이 주로 추천했던 곳이다. 너무 비싼 곳만 추천한 것은 아니냐고도 한다. 그럼 절대 가격으로 저렴한 곳만 추천해야 하는 걸까?

지금도 여러 프롭테크에 업로드된 실거래 아파트 자료에는 실투자 금액 100만 원 정도의 아파트도 많다. 특히 강원도, 전라남도, 전라북도에는 실투자 금액 300만 원에도 매수할 수 있는 물건이 쌓여 있다. 정말 저렴한 가격대 아파트를 찾는다고 하면 그곳으로 가면 된다. 하지만 이미 설명했듯 그런 곳들은 내가 평소 이야기하는 지역은 아니다.

내가 운영하는 블로그는 이웃이 17만 명이고 하루 3만 명 이상이 내 칼럼을 읽는다. 내가 진행하는 유튜브 채널은 구독자가 17만 명이고 하루 3만 명 이상이 영상을 본다. 블로그 이웃과 유튜브 구독자분들이 활동하는 SNS나 커뮤니티에 공유되는 것까지 계산하면 실제로는 더 많

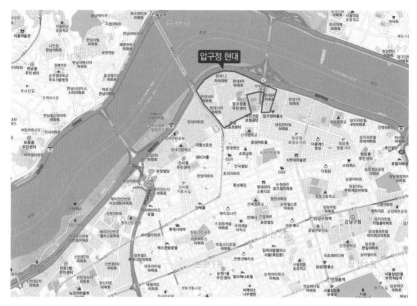

압구정 현대아파트*

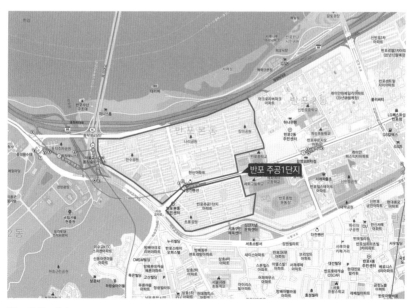

반포 주공1단지*

잠실 주공5단지*

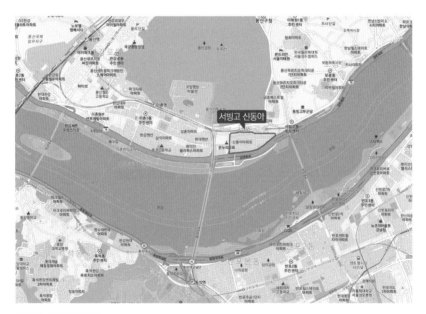

서빙고 신동아아파트*

전라남도와 강원도의 실거래가 최저가 아파트

전라남도		강원도	
1위 뉴코아 1997 입주 전남 고흥군 도화면 당오리 | 21년12월 | 9평 | 3층	700만	1위 동점 1986 입주 강원 태백시 동점동 | 21년12월 | 13평 | 4층	1,200만
2위 대호 1997 입주 전남 무안군 청계면 남성리 | 22년1월 | 15평 | 9층	1,500만	2위 누가 1995 입주 강원 삼척시 마달동 | 22년2월 | 11평 | 6층	1,650만
3위 조선내화(로데오) 1989 입주 전남 광양시 광영동 | 22년1월 | 17평 | 5층	1,700만	3위 주공 1988 입주 강원 삼척시 정상동 | 22년1월 | 8평 | 1층	2천만
4위 동광(부영) 1987 입주 전남 광양시 태인동 | 22년1월 | 19평 | 3층	1,900만	4위 동해규수방 2007 입주 강원 동해시 이로동 | 21년12월 | 15평 | 5층	2,400만
5위 광영목우 1990 입주 전남 광양시 광영동 | 22년2월 | 10평 | 4층	2,100만	5위 거장 1999 입주 강원 원주시 흥업면 사제리 | 21년12월 | 13평 | 3층	2,400만
6위 예원 1988 입주 전남 순천시 서면 압곡리 | 22년1월 | 13평 | 3층	2,200만	6위 동보 1998 입주 강원 평창군 대관령면 횡계리 | 21년12월 | 11평 | 2층	2,500만
7위 상아 1991 입주 전남 광양시 중영동 | 22년2월 | 16평 | 3층	2,350만	7위 영진4차 2006 입주 강원 원주시 소초면 장양리 | 22년1월 | 14평 | 11층	2,500만
8위 효성 2003 입주 전남 광양시 광양읍 덕례리 | 22년1월 | 10평 | 12층	2,380만	8위 무릉주공 1992 입주 강원 정선군 남면 무릉리 | 22년2월 | 13평 | 2층	2,700만
9위 삼학하이츠 1981 입주 전남 목포시 산정동 | 22년2월 | 15평 | 4층	2,500만	9위 유명 1997 입주 강원 철원군 동송읍 이평리 | 21년12월 | 15평 | 1층	2,800만
10위 삼보 1991 입주 전남 무안군 청계면 남성리 | 22년1월 | 19평 | 2층	2,500만	10위 주공2차 1985 입주 강원 태백시 황지동 | 22년1월 | 13평 | 2층	3천만

자료: 아실, 2022/02/21 기준

은 사람이 내 글과 영상을 볼 것이다.

이렇게 많은 사람이 내 글과 말에 집중하고 있는데 자칫 위험할지도 모르는 특정 지역의 구체적인 단지 이야기를 할 수는 없다. 나는 부동산을 사고팔게 하는 컨설팅 업자가 아니기 때문이다. 그저 내가 좋아서 매일 부동산 칼럼을 쓰는 사람이다. 만약 물건을 팔기 위해 이 일을 해왔다면 20년 동안 이렇게 꾸준히 칼럼을 써 오지 못했을 것이다.

시세가 올라가면 올라가는 이유를, 내려가면 내려가는 이유를, 시장에 참여하고 있는 여러 액터들의 입장에서 객관적으로 풀어 드릴 뿐이다. 내 글과 방송이 부동산 관련 의사결정에 조금이라도 도움이 되기 바라면서 오늘도 연구 활동에 매진하고 있다. 이러한 활동은 앞으로도 계속될 것이다.

빠숑은 무조건 오른다고만 한다?

그랬던가? 내가 '무조건' 오른다고 말했던 적이 있는지 모르겠다. 부동산 시장에서 몇몇 지역의 시황이 상승하는 쪽이라는 분석과 부동산 시장이 무조건 오른다는 주장이 같은 것일까? 나도 궁금하다.

지금까지 썼던 책, 칼럼, 진행했던 강의를 짚어 보면 부동산 시장이 무조건 오른다고 한 적은 단 한 번도 없다. 오히려 반대였다. 오르지 않는 지역이 꽤 많을 것이니 부동산 공부를 해야 한다고 강조한 적은 많다. 프리미엄이 발생할 입지와 상품, 인플레이션을 극복할 만한 입지와 상품을 구별해 내야 한다는 것이 내가 계속 주장하는 바다.

내 이야기의 핵심은, 모든 부동산이 상승하지는 않기 때문에, 심지어 하락하는 경우도 많기 때문에 시장의 급격한 변화에 준비하자는 것이다. 오르지 않는 상품이 계속 등장하고 있으니 함께 대비하고자 매일매일 연구와 분석을 하는 것이다.

무슨 이유인지 모르지만 나에 대한 결론을, 아니 선입견을 만들어 두고 그렇게 짜 맞추려는 것은 아닌지 궁금하다. 나만의 착각이기를 바란다. 그럼에도 불구하고 앞으로 계속 어떤 질문이든 평가든 귀 기울일 생각이다. 오해하는 분이 한 명이라도 줄어들기를 바라는 마음에서다. 앞으로도 궁금한 점이 있다면 언제든 질문하시기 바란다. 오해를 줄여드리고 부동산과 관련한 의사결정에 도움 되는 인사이트를 블로그 칼럼과 유튜브 영상을 통해 계속 전달하려고 한다.

절대

2부 기준

비법 말고 나만의 잣대를 가져라

원칙

부동산 시장에 참여하고 있는 액터를 분류하면 다음과 같다.

- 무주택자
- 1주택자
- 다주택자

무주택자는 내 집 마련을 하고 싶은 사람과 내 집 마련에 관심이 없는 사람으로 다시 나뉜다. 노후가 걱정되지 않을 정도로 충분한 자산이 있거나 소득이 보장된 사람들은 내 집 마련을 하지 않아도 된다. 하지만 노후 준비가 되지 않은 사람은 무조건 내 집 마련 먼저 해야 한다. 내 집 마련은 미루고 투자만 하라고 강조하는 전문가들은 멀리하는 게 좋다. 수수료만 챙기려는 금융상품 외판원일 가능성이 높다. 또한 5년 후에, 10년 후에 주택 가격이 크게 하락할 것이니 그때까지 기다리라고 하는 전문가도 경계해야 한다. 그렇게 주장하는 본인도 그렇게 하지는 않을 것이기 때문이다.

1주택자에는 현재 거주하고 있는 주택에 평생 거주하고 싶어 하는 사람이 있을 것이고, 계속 입지와 상품을 업그레이드하려는 사람이 있을 것이다. 그리고 거주는 임차로 하면서 소유한 주택으로 재테크하려는 사람도 있을 것이다. 어떤 입장이든 다 좋다. 다만 입지나 상품을 다운그레이드하려는 시도는 하지 않기 바란다. 특히 하락장에서 더 하락할 것을 예상하고 매도하고 바닥에 재매수하려는 어리석은 선택만은 하지 않길 바란다. 평생 후회할 가능성이 매우 높다. 입지가 좋으면 좋을수록 말이다. 좋은 입지의 매수 가격은 시간에 기하급수적으로 비례하기 때문이다. 소유한 사람은 마음이 편할 테지만, 소유했다가 매도해 버린 사람은 속상해 가슴이 녹아 내릴 것이다.

마지막으로 다주택자다. 다주택자는 규제 여부와 상승·하락 시장 구도로 나눌 수 있는 4분면의 입장이 있다. 규제 없는 시장에서 대세 상승장이면 행복할 것이고, 규제 있는 시장에서 하락장이면 지옥 같을 것이다. 규제 있는 시장에서 상승장이면 불편한 관망자가 될 것이며, 규제 없는 시장에서 하락장이면 아무 생각이 없을 것이다.

다주택자들은 자선봉사를 하는 사람이 아니다. 수익을 위해 투자한 것이다. 그래서 어떤 상황에서든 대처 방법이 있어야 한다. 대응 전략이 있어야 한다. 하지만 다주택자라 하더라도 완벽한 노하우를 가지고 있는 것이 아니다. 그때그때 다른 전략이 있어야 한다. 절대 비법 같은 것은 없다. 다른 사람들의 성공 사례도 참고만 할 뿐이지, 그대로 답습해서는 안 된다. 투자는 과학이 아니라 기술이라는 말이 바로 그래서 나온 것이다.

모든 투자를 철저하게 계량화해서 하려는 전문가들이 있다. 주식 쪽은 이미 예전부터 꽤 많았고, 최근에는 부동산 시장에서도 그런 사람이 늘고 있다. 상승장에서는 그 계량화 모델이 적중하는 것처럼 보이기도 한다. 하지만 하락장에서는 전략이 나올 수가 없다. 일단 전략을 펼치려고 해도 매도 자체가 안 될 것이기 때문이다. 모델에 기반해서 투자하려는 경우 더 어려워진다. 통계 해석이 되지 않는 순간부터 멘붕에 빠져 버린다.

살아 있는 주식 투자의 전설 피터 린치는 항상 이야기한다. "경제 전망이 14분이라면 12분은 그냥 흘려 버려라"라고. 100% 공감한다. 하락장에서 불안한 것은 평소 입지 분석, 상품 분석, 가격 분석이라는 가장 기본적인 부동산 공부는 하지 않고, 이해도 되지 않는 모델이나 전문가들 말에만 의존하기 때문이다. 투자의 성공 여부는 얼마나 오랫동안 투자 대상에 대한 사전 학습이 되어 있는지에 달려 있다.

하락기에 더 조심해야 한다. 조정장이 끝나면 오를 부동산은 팔고, 상승장이 와도 오르지 못하는 부동산을 계속 보유하는 사람이 증가하기 때문이다. 하락기에 잘 팔리는 상품은 좋은 부동산일 가능성이 높고, 상승기에도 안 팔리는 부동산은 나쁜 부동산일 가능성이 높다. 정작 꽃은 뽑아 내고 잡초에 물을 주는 것과 같은 행동이다.

좋은 부동산이라도 나쁜 시점에 나쁜 가격으로 매수하면 손실을 크게 볼 수 있다. 나쁜 부동산은 좋은 시점에 매수하면 더 큰 손실을 볼 수 있다. 이 말을 이해하지 못한다면 이 책을 처음부터 끝까지 3번 반복해서 읽길 바란다. 분명 혜안이 뜨일 것이다.

모든 부동산 시세 변동에는 이유가 있다. 그 이유가 무엇인지 모른다면 아직 공부가 부족한 것이다. 쉬운 비법을 찾기보다는 나만의 부동산 인사이트를 가져야 한다. 중요한 것은 전문가들의 조언이 아니라 나만의 기준이다.

중요한 건 나만의 기준

매일 가격 변동 분석할 필요 없다. 장기적으로 근본 가치 변동을 파악하라.

어떤 경제 전문가는 서울 아파트 시세가 많이 빠졌다고 분석한다. 어떤 부동산 전문가는 많이 올랐다고 말한다. 또 다른 전문가는 지금까지는 올랐으나 이제부터는 빠질 것이라고 주장한다. 각기 다른 전망이 쏟아질 때 일반인은 시장을 어떻게 이해하고 대응해야 할까?

시장 전문가는 전체 시장을 평균 수치로 분석하고 설명한다. 하지만 대세 상승장, 대세 하락장이 아니라면 현재 시장을 분석하거나 미래를 전망하기 어렵다.

주식을 예로 들어 보자. 뉴스에서는 매일 주식 시세 변동 시황을 중계한다. 종합주가지수가 오른 날은 오른 이유에 대해 설명하고, 하락한 날은 하락한 이유에 대해 설명한다. 코스피가 2,000포인트에서 1,400포인트로 대폭락했던 지난 2020년 3월 이후 1년간의 주식시장을 돌이켜 보자. 하락하는 과정에서도 오르고 내리고가 반복됐다.

당시 주식 시황을 설명하는 뉴스를 보면 종종 어이없는 내용이 눈에 띄었다. 어떻게 매일 다른 시장으로 바뀔 수 있을까? 같은 종목이라도 하락과 상승을 반복하게 되면 다른 이유를 들어 설명한다. 하락한 이유와 상승한 이유에 대해 다른 원인이 동시에 존재하기도 한다. 기업의 기반이 바뀌지도 않았는데 말이다.

'매일 분석' 대신 '흔들리지 않는 기준' 찾기

내 첫 직장은 롯데백화점이었다. 첫 보직은 중구 소공동 소재 본점 셔츠 매장의 판매 주임이었다. 폐점 후 매일 당일 매출 보고서를 작성해서 보고했다. 매출이 오른 날은 오른 이유에 대해, 내린 날은 내린 이유에 대해 매출 분석 보고서를 작성했다. 솔직히 매일 달라지는 매출 금액 변동의 이유를 알 수 없었다. 하지만 어떻게든 사후적인 이유를 만들어 매출 분석을 보고했다. 처음에는 어려웠으나 반복하다 보니 매출만 봐도 보고서 내용이 저절로 연상됐다.

그 후 한국갤럽조사연구소라는 국내 최고의 리서치 기관 연구원으로 일하게 됐고, 그 이후 통계 분석을 20여 년간 해 오고 있다. 개별 시장과 개별 상품은 전체 평균으로 움직이지 않는다는 사실을 알게 됐다.

본격적인 가치투자를 공부해 보니 매일 분석하는 게 일반인에게는 혼란만 가중시킨다는 것도 알게 됐다. 가치투자는 시황을 보긴 하지만 매일 분석하지 않기 때문이다. 매일 분석해서 중계할 필요도 없다.

결국 연구원이나 전문가는 일별 시황이 아니라 '근본적인 가치가 변화했는지'만 보면 된다. 시황 통계가 나올 때마다 '현재 가치나 미래 가치의 방향성이 바뀌지 않았는가'를 확인하고 분석하면 된다. 그래야 아래와 같은 기사가 매일 쏟아지는 시황에서도 흔들리지 않는 기준을 잡을 수 있다.

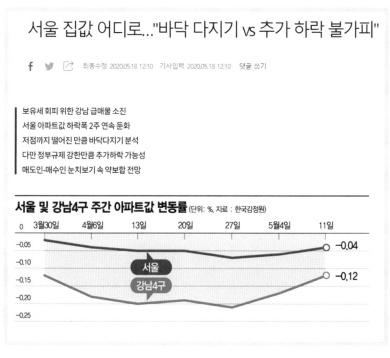

자료: 2020.5.18. 아시아경제

서울 아파트 가격, 특히 강남권 아파트 시세가 하락한 것은 대세 하락기라서가 아니라 급매물만 거래되고 있기 때문이라는 분석이 적합하다. 왜냐하면 2021년까지도 시세가 계속 상승했기 때문이다. 강남 아파트의 가치가 빠지지 않았다는 뜻이다.

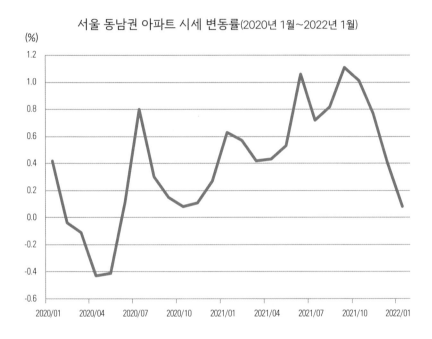

서울 동남권 아파트 시세 변동률(2020년 1월~2022년 1월)

앞과 같은 단순 시황 기사는 정말 '참고'만 해야 한다. 그럼 어떤 기사에 더 주목해야 할까? 오른쪽과 같이 팩트를 보여 주는 기사, 특히 시계열로 보여 주는 수치를 담은 기사는 방향성을 알 수 있으므로 의미가 있다.

'광진구에서만 95% 감소'...씨 말라가는 6억 이하 아파트
[서울 지역별 현황 보니]

광진구, 용산구, 중구 등 중저가 아파트 수백가구만 남아
성북·강서 등 15개 자치구서는 1만가구 이상 뭉터기 감소

김흥록 기자   2020-05-19 07:50:37   정책·제도

서울 서초구 일대 아파트 모습./서울경제DB

자료: 2020.5.19. 서울경제

    이 기사를 보면 대부분 지역의 아파트 평균 시세가 올랐다는 것을 확인할 수 있다. 6억 원은 대출이 규제 없이 나오는 구간이므로 수요가 많고, 공급은 한정되어 있기 때문에 시세가 올라 결국 6억 원 이하 아파트들이 6억 원 이상이 될 수밖에 없었고, 이에 따라 6억 원 이하 매물이 감소했다는 것이다. 좋은 기사다.

    하지만 다음과 같은 정부 정책에 대해서는 어떻게 분석하고 대응해야 할까?

6월부터 임대차 신고제 도입…정비사업 처벌규정도 손질

[주거종합계획]10월까지 공시가격 로드맵 발표…7월 조합비 사용 총회 승인 의무화

(세종=뉴스1) 김희준 기자 | 2020-05-20 11:04 송고

💬 댓글   ⤴ 가 🖨

4월 28일 서울 개포주공1단지 내 공터에서 열린 재건축 조합의 '드라이브 스루 관리처분 총회에서 차량 이용이 불가능한 조합원들이 폐교 운동장에 거리를 두며 의자에 앉아 총회 안건을 듣고 있다. 2020.4.28/뉴스1 © News1 박지혜 기자

내달부터 임대차 신고제가 도입된다. 정비사업 위반행위에 대한 처벌규정 강화는 물론 정비조합의 조합비 전횡도 차단된다.

20일 국토교통부가 발표한 '2020년 주거종합계획'에 따르면 국토부는 6월부터 임대차 신고제를 도입하고 보증료율 체계 개선도 추진된다. 7월엔 임대사업자의 공적 의무 준수 확인을 위한 전국 단위 관계기관 합동점검을 통해 위반 업자에 대한 제재를 부과한다.

자료: 2020.5.20. 뉴스1

이 내용은 해당 분야에 대한 인사이트가 필요하다. 단순한 사실 나열로는 전망하기 어렵다. 임대차 3법의 강화는 결국 이사하지 않으려는 수요층을 증가시킬 수밖에 없다. 쉽게 임차 물건을 확보할 수 없기 때문이다. 결국 임차인들은 내 집 마련을 할 수 있는 상황이 아니라면 이사를 가고 싶어도 가지 못한다. 차선책으로 계약갱신청구권을 활용해 재계약하게 된다. 인기가 많은 지역의 전세 물건 확보가 어렵다는 의미다. 전세 물건을 확보하기 위한 별도의 노력을 해야 한다. 즉, 전세 비용을 더 많이 확보하든, 선행적으로 움직이든 부동산 전략이 필요해진다.

시장은 정부 정책대로 움직이지 않는 경우가 더 많다. 정부 정책에 대해 시장이 반응한 후에, 혹은 정책이 상당 기간 진행됐을 때 영향력을 판단해야 한다. 정책이 나온다고 무조건 그 의도대로 진행될 것이라는 전망은 그래서 위험하다. 전체 시장이 어떻게 될지에 대한 대략적인 아웃라인만 잡아도 시장을 이해하고 반응하는 데 충분하다.

특히 1997년 IMF와 2008년 금융위기같이 현찰이 필요했던 경제위기를 지금의 코로나19 정국과 비교하는 것은 큰 의미가 없다. 지금의 경제는 유동성이 풍부하다. 전체 경제는 안 좋아 보이지만 시중에는 생각보다 현찰이 많다.

수치로 보이는 통계를 맹신하거나 전문가가 변명하듯 쏟아 내는 전망에 귀 기울이기보다 희망 지역의 희망 주택을 소유할 수 있는 방법에 관심을 가지면 좋겠다. 예전 우리 부모님들이 경제적 지식 없이 우선 내 집을 마련했던 것처럼 말이다.

거시경제를 전문가 수준으로 알지 못해도 된다. 그저 원하는 지역의 집을 사기 위해 열심히 저축하고 투자해서, 되도록 빠른 시기에 대출 등 레버리지를 최대한 활용해 매수하면 된다. 때를 기다리라는 전문가 의견은 무시하기 바란다. 숨겨진 투자 노하우는 없다. 적정 타이밍은 아무도 모른다.

물론 매수한 가격보다 하락할 수도 있다. 중요한 것은 내 집을 마련했다는 사실이다. 통계를 살펴보면 집을 마련한 사람은 대체로 4~12년간 그 집에 거주한다. 매수한 가격보다 큰 손실을 본 것만 아니라면 거주 가치로도 충분히 보상받은 셈이다. 본인이 선호하는 입지는 대부분 일정 거주 기간이 지나면 매수 가격보다 상승할 가능성이 높다.

그러나 다시 말하지만 나와 같은 전문가의 의견은 그저 참고만 해야한다. 모든 의사결정은 직접 고민하고 공부한 결과에 따라 해야 한다. 그래야 후회가 적다.

'내 집 마련'이 최우선

한 줄 요약 미래 가치에 투자하라. 부동산도 '잡주' 아닌 '우량주'를 사야한다.

2017년부터 2019년까지는 부동산 시장이 대한민국 경제의 중심이었다. 2020년은 코로나와 더불어 주식시장이 전 세계 시장의 모든 자금과 이슈를 가져가 버렸다. 그리고 2021년은 정말 이 정도로 성장할 것이라고는 경제 전문가 대부분도 예측하지 못한 가상화폐(코인) 시장이 대세였다.

여전히 코인 시장에 대해서는 논쟁이 많다. 실체가 존재하지 않는 시장이므로 무조건 거품이라고 보는 전문가도 있고, 이제 시작한 미래의 통화 및 기술이라는 분석도 있다. 그러나 실체가 무엇이든 코인이 이미 경제 시장에 어느 정도 편입되어 있다는 것을 간과해서는 안 될 것이다.

사람들 대부분은 새로운 대상이 나타나면 일단 겁을 낸다. 그래서 무조건 비판하는 경향이 있다. 잘 모르는 분야에 대해서도 선한 호기심보다는 내 분야에 미칠 악영향에 대한 우려로 부정적 평가를 하는 경우가 꽤 많다.

예를 들면 주식 투자만 하는 사람들은 부동산 시장을 투기 시장으로만 평가하고, 부동산 투자만 하는 사람들은 주식 투자야말로 진짜 투기라고 생각한다. 코인 투자에 대해서 부정적인 인식이 많은 이유도 여기에 있을 것이다. 그러나 코인 시장은 투자의 한 분야로 자리를 잡았고 주식시장도 등락을 거듭하지만 꾸준함을 유지하고 있다. 계속 신고가를 경신하는 종목이 있으며 고객 예탁금도 지속적으로 증가하고 있다.

2022년 1월 LG에너지솔루션 공모주 청약에 무려 114조 원이라는 사상 최고 금액이 몰렸다. 114조 원이 어느 정도인지 간단히 설명할 수 있다. 현재 서울 아파트 중위 가격대가 10억 원 정도다. 10억 원짜리 아파트를 무려 11만 5,000채 살 수 있는 금액이다. 통상 서울에 3만 세대 전후의 아파트가 매년 공급되는데, 그 아파트들을 시장에 나오는 족족 3~4년 동안 매수할 수 있는 금액이다. 유동성이 대단히 크다는 의미다.

아울러 인기 지역의 신규 아파트는 계속 신고가 경신 중이다. 전국 주요 지역 신규 아파트 대부분도 꾸준히 상승하고 있다. 2020년까지는 주식시장에, 2021년에는 코인 시장에, 그리고 2022년 현재는 NFT 시장에 돈이 몰리고 있다. 이렇게 NFT, 코인, 주식, 부동산 시세를 통해 현재 대한민국 경제 시장의 풍부한 유동성을 확인할 수 있다.

2021년 4월, 한 경제 방송에 출연했다. 사회자가 재미있는 질문을 했다. "지난 1년 동안 주식시장이 너무 과열돼 조정될 것이라는 전망도 있는데요. 주식시장으로 추가적인 유동성이 들어가지 못하면 그 자금들이 다시 부동산 시장으로 이동해 부동산 시세가 상승하는 것 아닐까요?" 그 질문에 대해 이렇게 답변했다. "주식시장이 본격적으로 하락하기 시작하면 부동산 시장도 함께 하락할 것입니다. 주식시장의 활황은 부동산 시장의 활황과도 연결됩니다."

실제 시장이 그렇다. 주식시장이 좋으면 부동산 시장도 좋다. 반대의 경우도 마찬가지다. 2020년 주식시장이 원체 좋다 보니 부동산 시장의 유동성 자금이 주식시장으로 이동했다고 몇몇 금융권 전문가들이 분석하는 것을 봤다. 반은 맞고 반은 틀린 분석이다. 앞서 팩트를 체크한 것처럼, 부동산 시장은 관심과 주도권을 주식시장이나 코인, NFT에 양보했을 뿐, 계속 상승 시장이었다. 인기 지역 신규 아파트는 여전히 신고가를 경신하고 있다. 특히 고가 상품의 경우 더 그랬다.

지인 중에 슈퍼개미급 주식 투자자가 꽤 있다. 그중 상당수가 2020~2021년 부동산을 많이 매입했다. 주식에서 수익 난 자금을 부동산으로 '에셋 파킹' 하는 경우가 증가한 것이다. 최근 고가 부동산 시장(똑똑한 한 채, 꼬마 빌딩, 상가, 토지 등)이 활기를 띠는 이유가 여기에 있다.

한편 정부가 왜 부동산 시세 상승을 계속 막지 못하느냐는 의문을 가진 이가 꽤 많아 보인다. 역으로 질문하고 싶다. 정부가 정말 부동산 시장

전국 아파트 시세 상승률(2017~2021년)

(단위: %)

지역	2017년	2018년	2019년	2020년	2021년
인천광역시	2.26	1.46	2.69	17.67	34.66
경기도	3.82	9.53	3.84	26.38	24.32
충청북도	-1.29	-2.86	-1.41	15.48	21.04
부산광역시	2.58	-2.03	1.85	28.08	19.42
대전광역시	2.29	6.92	16.72	26.08	19.10
전국	7.42	12.76	6.35	20.59	18.43
충청남도	-0.54	-1.02	2.38	13.49	16.80
서울특별시	13.78	23.35	10.29	18.41	14.73
경상남도	-3.33	-4.17	-2.77	8.12	14.07
전라북도	1.79	-0.91	-1.21	9.12	13.70
강원도	2.22	0.20	-5.43	2.00	13.34
울산광역시	-2.11	-6.19	-1.56	12.66	11.46
경상북도	-2.67	-2.20	-2.56	9.55	11.09
대구광역시	4.91	6.96	1.39	12.88	10.43
제주도	2.17	1.69	0.05	0.82	8.92
광주광역시	6.17	13.13	1.08	2.34	7.48
세종특별자치시	11.33	6.51	3.42	69.26	2.21
전라남도	2.45	10.16	-0.06	2.38	1.47

자료: KB부동산

의 가격 하락을 희망할까? 절대로 아닐 것이다. 인플레이션 수준으로만 상승하길 희망하며, 급등하는 시장만 아니길 기대할 것이다. 부지불식간에 미미한 상승이 진행되는 것은 누구든 바라고 있을 것이다.

'이렇게 많이 올랐는데 또 오를 수 있을까?'라고 질문하는 이들이 종종 있다. 지금 경제적 여력이 된다면, 대출을 받지 않고 희망하는 주택을 살 능력이 있다면, 지금까지 오르지 않았던 부동산보다는 오히려 지금까지 낳이 오른 부동산을 살 것을 추천한다. 초단기 투자가 아니라면 미래 가치를 고려할 때 그것이 안전해 보이기 때문이다.

대한민국 경제가 앞으로 상승으로 갈지 하락으로 갈지 알기 어렵다. 하지만 이렇게 유동성이 많고 변동 폭이 큰 시장이라 하더라도 뭔가 발전적인 방향으로 움직이는 것이라고 판단되면, 시장에 참여해 있는 것이 좋지 않을까 한다. 100% 현찰만 가지고 아무것도 하지 않는 것보다는 말이다.

미국의 유명한 투자자인 피터 린치는 이렇게 이야기했다. "모르는 기업에만 투자하지 않으면 된다." 맞다. '묻지 마 투자'는 절대 해서는 안 된다. 하지만 한 분야에 대해 공부가 어느 정도 됐으면 의사결정을 해야 한다. 의사결정 이전에 준비된 인사이트가 있어야겠지만, 확신이 있다면 행동은 빠를수록 좋다. 주식이든 부동산이든 코인이든 모르는 투자는 하지 않길 바란다. 아는 분야는 어떻게든 시장에 참여하는 것을 추천한다. 내 집 마련을 해야 하는 세대라면 특히 더 그렇다.

팔 수 없으면 사지 마라

한줄요약 매수 단계부터 매도 전략 필요하다. 재개발 힘든 지역의 '나홀로' 빌라나 다세대주택은 애물단지 되기 쉽다.

시세 차익용 부동산 투자가 어려워진 현재의 부동산 시장에서도 많은 이가 이런 희망을 질문에 담는다.

"평생 임대료 받을 수 있는 부동산을 갖고 싶어요."

평생 임대료를 받을 수 있는 부동산이 있을까? 정답부터 말하자면, 단언컨대 평생 임대료를 안정적으로 받을 수 있는 부동산은 없다. 혹시 알고 있다면 내게 가르쳐 주시기 바란다.

영원히 임대료를 받을 수 있는 부동산이 없다면 소유한 부동산을 언젠가는 매도해야 할 텐데, 언제 파는 것이 가장 좋을까? 이 또한 정답은 없다. 소유한 부동산과 자신의 투자 스타일을 고려해 부동산별 매도 방법과 시기를 자신만의 인사이트로 결정해야 한다.

하지만 확실하게 말할 수 있는 게 하나 있다. 우리가 부동산을 매수하는 것은 수익을 내기 위해서다. 수익은 매도 차익과 월세 임대 수익으로 나눠서 생각해 볼 수 있다. 하지만 정확한 수익률은 매수한 부동산을 매도한 후에야 계산할 수 있다. 팔기 전에는 '수익을 냈다'고 말할 수 없기 때문이다. 매수·매도 타이밍과 관련해 지인의 사례를 들어 보자.

화곡동 반지하 빌라를 소유한 전 회사 동료가 있다. 4차 뉴타운 후보지로 화곡동이 한창 물망에 오를 때 1억 원에 매수했다. 몇 달 지나지 않아 시세가 1억 5,000만 원까지 올랐다. 당시 그는 "임차인 전세보증금이 1,000만 원이고 대출을 4,000만 원 받았기 때문에 5,000만 원 투자로 5,000만 원을 벌었어요. 수익률 100%입니다"라고 자랑했다. 10여 년 전 일이었다.

그 친구는 현재 퇴사 후 다른 일을 하고 있다. 얼마 전 페이스북에서 만나 그 빌라에 대해 물었더니 보증금 500만 원에 월세 30만 원을 받고 있다고 했다. 왜 팔지 않았느냐고 물었더니 "매도하려고 내놓은 지 4년이 넘었어요"라고 했다. 매입 가격 이상은커녕 수익이나 손해 등의 고려도 포기한 지 오래였다.

어떻게든 매도하려고 '오피스텔이나 도시형 생활주택 등 수익형 부동산처럼 월세 수익을 맞춰서 7,000만 원 전후로 협상이 가능하다. 은행 이자보다 많이 나오게 조정 가능하다'라고 부동산에 내놓았지만 아무도 관심을 갖지 않는다는 것이다.

재개발이 힘든 지역의 '나 홀로' 빌라나 다세대주택의 경우, 연차가 오래되면 아무리 싸게 내놓아도 매도가 어렵다. 오래된 빌라나 다세대주택을 매입할 때 가장 주의해야 할 점이다. 그 친구는 이 점을 간과했다. 따라서 매도 전략은 반드시 매수 단계부터 고려해야 한다. 당연하지만 실제 실행하기는 어렵다.

부동산에 어느 정도 관심이 있는 사람이라면 수익률은 쉽게 맞출 수 있다. 소위 '무피 투자'도 가능하다. 물론 부동산에 대한 애정과 매수 기술은 다 훌륭한 능력이다. 그러나 놓치지 말아야 할 것은 매도 완료 후에야 정확한 수익을 알 수 있다는 점이다.

그래서 강남구가 대한민국 부동산의 대명사인지도 모른다. 강남구는 출구 전략이 가장 확실한 지역이다. 가격만 살짝 조정해 주면 되기 때문이다.

코로나 정국 이후 시장이 정상화되기 시작하면 곧 지역별로 부동산이 요동칠 확률이 높다. 실거주 수요층에게도 마찬가지다. 대부분 지금 집보다 조금 더 좋은 집으로 가겠다는 목표가 있을 것이다. 명확한 목표가 있어야 입지나 상품 선택 시 호갱이 되지 않는다. 자신이 목표한 대로 하기 위해서는 '어떻게 할 수 있는지'에 집중해야 한다. 아무래도 무주택자보다는 집을 한 번 이상 매수한 경험이 있는 세대가 좀 더 적극적인 방법을 사용할 수 있을 것이다.

묻지 마 투자로 다주택자가 된 이들은 이제부터 조심해야 한다.

- 시장의 조정기가 오면 어떻게 대응할 것인가?
- 세금이 인상되면 어떻게 할 것인가?
- 앞으로 주택 추가 매수는 어떻게 할 것인가?
- 매도 전략을 어떻게 할 것인가?

늘 고민하고 공부해야 한다.

이럴 때일수록 매수 전략보다는 매도 전략을 잘 수행하는 이가 빛이

난다. 매도를 잘하기 위해서는 매도하고 싶을 때 언제든지 매도할 수 있는 물건을 매수해야 한다. 가격만 조정해 주면 언제든 팔리는 물건을 사야 한다. 그게 결국 입지다.

초보 부동산 투자자가
빠지기 쉬운 함정

소액 지방 갭 투자는 위험하다. 재건축·재개발도 주의하라.

　쉽지 않은 부동산 시장이다. 이럴 땐 내가 만약 정부 입장이라면, 혹은 기업체 입장이라면 어떤 고민과 판단을 할지 생각해 보는 것도 앞으로의 시장 예측을 위해 도움이 된다.

- 내가 국토교통부 장관이면 어떤 방향의 부동산 시장이 되게 하고 싶을까?
- 내가 대통령이라면 어떤 방향으로 의사결정을 해야 할까?
- 내가 시·도 지사라면 어떤 방향으로 인허가를 내 줄까?
- 내가 건설사라면 어떤 전략으로 공급할까?

먼저 시장을 봐야 한다. 그런데 지역별로 완전히 다른 시장이 전개되고 있다. KB부동산 시황을 보면 여전히 상승세인 시장이 대부분이지만 하락 지역도 공존한다. 같은 방향일 때 정부는 정책 짜기가 좋고, 기업체 역시 공급 전략 짜기가 좋다. 현재 시장은 같은 방향으로 가는 곳이 거의 없다. 청약 시장에서조차 1순위 완판 단지와 미분양 단지가 혼재되어 나타나기 시작했다. 심지어 같은 지역 내에서도 말이다. 놀라운 것은 정부 발표나 뉴스만 보면 미분양이 나야 하는 지역인데도 완판되는 단지가 여전히 많다는 점이다.

이런 혼란스러운 시장에서는 어떤 기준이 필요할까? 딱 하나만 보자면 부동산 시장에서 최종 수요자가 누구여야 하는지다. 최종 수요자는 실수요층이 되어야 한다는 것을 절대 잊어서는 안 된다. 투자층은 부동산 시장을 활성화하는 데에는 꼭 필요한 존재지만 투자층이 압도적으로 많으면 오히려 그 시장은 끝물이라고 보면 된다. 끝물 시장이면 정부와 공급자에도 어려운 시장이 된다.

물론 수요자 입장에서도 어려운 시장이 될 수밖에 없다. 최근 3~4년 동안 지방(특히 비규제 지역)에서 유행했던 갭 투자도 거의 사라지고 있다. 갭 투자를 할 수 있는 물건이 없다는 것이 아니다. 갭 투자든 아니든 매수할 만한 물건이 없다는 것이다. 서울·수도권에 몰려 있던 투자층들이 지방으로 유턴했다. 하지만 2022년 현재 지방에도 갭 투자할 만한 물건이 거의 없을 것이다. 지방은 가격으로만 보면 늘 갭 투자가 가능한 것처럼 보인다. 매매가와 전세가의 갭이 크지 않았고 지금도 그렇다. 소위 1,000만 원 갭 전후 아파트도 여전히 많다.

특히 광역시급이 아닌 중소 도시는 지난 10년 동안 계속 지켜봐 왔지만 갭이 수도권 대비 늘 낮았다. 웬만한 서울 아파트 한 채 투자할 금액이면 갭 투자로 지방 도시 열 채도 더 살 수 있다. 절대적 투자액이 적다. 이 아파트들을 사야 할까?

지금 싸다는 이유만으로 매수한다면 결국 선행 투자자들에게 투자수익을 몰아주는 것밖에 안 된다. 투자가 아니라 기부 활동이 되는 것이다. 서울·수도권의 시세가 높으니 돈 없는 2030들은 적은 금액으로 지방 갭 투자부터 시작하라고 추천하는 전문가들이 등장했다. 결론부터 이야기하자면, 공부하지 않고 무작정 투자하는 것은 무조건 반대다. 더군다나 그 전문가 강사들이 찍어 주는 대로 무조건 매수해서는 안 된다.

스스로 자기 평가를 해 보자.

- 그 도시의 인구수를 알고 있는가?
- 어떤 지역이 가장 인기 있는지 알고, 그 인기 지역의 아파트 시세를 알고 있는가?
- 그동안 시세 변화를 체크해 보았는가?

해당 도시의 가장 비싼 아파트에 투자하지는 않을 것이다. 그 도시의 랜드마크 아파트는 갭이 크다. 투자자들에게는 매력이 없어 보인다. 그래서 갭 투자자 대부분은 랜드마크가 아니라 애매한 아파트에 투자한다. 랜드마크 아파트와 매수하려는 아파트의 시세 차이를 한 번이라도 비교해 보았는가? 그 아파트의 시세 변화 추이를 한 번이라도 비교해 보았는가? 지난 1년 가지고는 부족하다. 5년 이상은 비교해 보아야 한다.

마지막으로 그 도시의 실제 거주민 입장에서 생각해 봐야 한다. 그 가격에 랜드마크 아파트를 사겠는지, 갭 투자 대상 아파트를 사겠는지. 지방 갭 투자는 입지 분석, 상품 분석, 가격 분석이 어려워서 포기하는 경우가 많다. 그래서인지 지방 역시 갭 투자가 아니라 재건축·재개발 투자를 하는 사람이 증가하고 있다. 재건축·재개발 투자는 준공 일자가 확정돼 있으면 안전한 투자가 될 확률이 높다. 만약 일정이 확정된 단지·구역을 실거주 목적으로 매수하려 한다면, 시간만 감당할 수 있으면 매수할 것을 추천한다.

하지만 투자자는 다르다. 시간과 돈이 얼마나 소요될지 판단되지 않으면 투자해서는 안 된다. 특히 단기간에 수익을 올릴 목적으로 잘 모르는 지역의 재건축·재개발 투자를 하는 것은 좋은 방법이 아니다. 그래서 아예 분양권 투자를 하기도 한다. 현시점에서는 가장 안전한 투자처럼 보일 것이다. 계약금만 있으면 되니까. 그런데 대출 규제가 계속 강화되고 있다. 대출 조건이 안 되면 대비가 필요하다. 분양권 투자 역시 매우 어려운 시장이다.

1997년부터 2016년까지의 롤러코스터 같은 부동산 시장에 참여해 지금까지 살아남은 투자자들에게는 지금처럼 애매한 시기에 대한 노

잠실 주공5단지 재건축 조감도

하우가 어느 정도 있을 것이다. 대부분 무리하게 투자하진 않을 것이다. 지금 우려되는 것은 시장에 처음으로 진입하려는 투자자들이다. 거의 모든 부동산의 시세가 올라 있다. 심지어는 거품인지 실수요인지 판단이 어려운 시장이다.

이 시장에 진입한 지 얼마 되지 않은 사람들은 무작정 투자부터 해서는 안 된다. 부동산 공부부터 해야 한다. 가장 먼저 입지를 공부해야 한다. 입지 공부는 수요가 증가하는지 줄어드는지에 대한 미래 가치 공부다. 입지 공부와 함께 상품 공부를 해야 한다. 지금 어떤 상품들이 핫한지, 단기 트렌드인지 장기 트렌드인지 공부해야 한다. 마지막으로 적정 가격 판단을 위한 공부를 해야 한다. 싼 가격을 찾는 것이 아니라, 비싸더라도 더 비싸질 수 있는 가격대인지 판단하는 기준을 세워야 한다.

절대

원칙

3부 선택

입지는 네 가지만 보면 된다

◇◇◇◇◇◇◇◇◇◇

동서고금을 막론하고 부동산은 입지다. 입지를 분석할 줄 모른다? 아무 것도 모르는 것과 같다. 타이밍이고, 상품이고, 시세고 모두 입지를 기반으로 해석할 줄 모른다면 아무 의미 없다. 어떤 입지든 여기서 설명한 방식으로 분석하여 설명할 줄 알아야 한다. 그렇게 할 수 없다면 아직 공부가 덜 된 것이다. 그런 점에서 이 3부는 다 외울 정도로 반복해서 읽어야 한다.

대한민국에는 226개 시·군·구가 있다. 이 시·군·구 중에서 강남구와 서초구의 아파트 시세가 가장 높다. 시세가 높은 구체적인 이유를 설명할 수 없거나 몇 가지 이유조차 나열할 수 없다면 부동산 매수 행위 자체를 해서는 안 된다. 가장 분석하기 쉬운 강남구와 서초구마저 설명할 수 없다면 다른 어떤 지역도 분석이 불가능하기 때문이다.

부동산 입지에서 가장 중요한 것은 일자리다. 먹고사는 문제가 해결되지 않는다면 아무것도 할 수 없기 때문이다. 결국 모든 입지의 시작은 일자리다. 그렇다면 일자리는 어디에 가장 많을까? 당연히 수도권에 가장 많다. 인구는 경기도가 가장 많지만 일자리 숫자는 서울과 경기도가 거의 비슷하다. 서울에 일자리가 압도적으로 많다는 의미다. 인구 대비 일자리가 많은 곳은 그곳에서 살고 싶어 하는 사람이 많다는 의미이고, 결국 주거 수요가 많다는 것이다. 그러므로 일자리 많은 입지의 시세가 상대적으로 높다.

시·군·구 단위로 보면 강남구의 일자리가 가장 많다. 70만 개가 넘는다. 강남구 인구는 50만 명 정도다. 거주 인구보다 일자리 숫자가 많다. 강남구의 주택 가격이 높은 이유다. 경제력이 높은 사람들이 강남구를 소유한다. 경제력이 있다 보니 소비 규모도 크다. 상업 시설이 발전한다. 신세계백화점 강남점 1개 점포의 2021년 매출은 2조 4,000억 원이다. 대한민국에서 단일 점포로 연 매출 2조 원이 넘는 매장은 신세계백화점 강남점뿐이고 전 세계에서도 3개밖에 되지 않는다. 강남구 사람들은 경제력이 있다 보니 자녀 교육에도 관심이 많다. 좋은 교육이라면 비용을 아끼지 않는다. 인터넷 강의도 좋지만 일타 강사의 현장 강의가 훨씬 더 임팩트 있다. 메가스터디의 현우진, 대성마이맥의 이명학 등 수백억 원 연봉을 받는 일타 강사들의 현장 강의는 강남구 대치동에서만 들을 수 있다.

경제력이 상대적으로 낮은 세대는 강남구 주택을 소유할 수 없으므로 임차를 한다. 임차로 공급된 세대가 부족하기 때문에 결국 강남권(강남구, 서초구)까지 출퇴근할 수 있는 지하철 노선 역세권으로 거주지가 확대된다. 단, 강남권까지 빨리 올 수 있으면 시세가 더 높다. 심지어 물리적인 거리는 더 멀어도 고속철도여서 더 먼저 도착할 수 있는 곳이 더 비싸기도 하다.

일자리, 교통, 교육, 상권이 모두 갖춰진 입지가 바로 강남권이다. 그래서 시세가 높다. 강남권보다 시세가 상대적으로 낮은 지역들은 강남권이 가지고 있는 프리미엄 요인들 중 한두 개씩을 제외하면 된다. 제외된 만큼 시세가 낮아진다.

강남권은 이미 수요가 거의 고정이다. 외부로 나가려고 하지 않는다. 들어

지역별 인구수, 세대수, 일자리 수, 평단가 순위

순위	인구수		세대수		일자리 수		평단가	
	지역	명	지역	호	지역	개수	지역	액수(만 원)
	전국	51,667,688	전국	23,383,689	전국	19,899,786	전국	2,075
1	경기도	13,542,284	경기	5,809,524	서울	4,739,883	서울	4,046
2	서울특별시	9,542,256	서울	4,421,143	경기	4,471,773	세종	2,038
3	부산광역시	3,358,763	부산	1,540,342	경남	1,325,862	경기	1,902
4	경상남도	3,319,271	경남	1,501,655	부산	1,325,781	부산	1,555
5	인천광역시	2,941,795	인천	1,290,829	경북	1,028,921	인천	1,458
6	경상북도	2,628,344	경북	1,271,864	인천	931,822	대전	1,365
7	대구광역시	2,392,787	대구	1,062,536	대구	866,599	대구	1,278
8	충청남도	2,118,098	충남	997,516	충남	812,822	제주	1,184
9	전라남도	1,835,690	전남	900,110	전남	656,218	울산	961
10	전라북도	1,791,110	전북	846,204	전북	646,651	충남	876
11	충청북도	1,596,765	충북	756,520	충북	620,557	경남	829
12	강원도	1,536,765	강원	742,196	강원	565,568	광주	802
13	대전광역시	1,455,058	대전	661,948	대전	556,297	충북	776
14	광주광역시	1,442,827	광주	642,726	광주	537,822	전북	737
15	울산광역시	1,123,236	울산	481,483	울산	506,899	경북	690
16	제주특별자치도	676,079	제주	306,252	제주	235,650	전남	685
17	세종특별자치시	366,560	세종	150,841	세종	70,661	강원	617

자료: 인구수, 세대수 – 행정안전부, 일자리 수 – 통계청, 평단가 – 부동산114

오려고 하는 대기 수요는 계속 증가한다. 그래서 점점 더 시세가 상승한다. 결국 강남권으로 진입하기 위해서는 강남권을 소유하고 있는 사람들보다 더 높은 비용을 지불해야 한다. 자가든 임차든 말이다.

이것이 강남권 시세를 설명하는 방법이다. 부산에도 대구에도 광주에도 서울의 강남 같은 역할을 하는 곳이 있을 것이다. 같은 방법으로 분석해 봐야 한다. 그리고 그 아래 단계의 지역, 또 그 아래 단계의 지역으로 확대해 보자.

아파트를 구매할 때 통상적으로 고려하는 요인에는 단지의 외부 요인들이 있고 내부 요인들이 있다. 표로 정리하면 다음과 같다.

단지 외부 요인	단지 내부 요인
1) 교통·출퇴근의 편리성 - 대중교통 이용 편리성(전철, 버스) - 도로 이용 편리성 2) 주변 경관·쾌적성 - 자연환경 - 인공 환경 3) 은행, 병원, 상점 등 생활 편의 시설 4) 학교, 학군 등 교육 시설 - 초중고 접근성 - 대형 학원가 접근성 5) 지역의 발전 가능성·미래 투자 가치 - 교통 호재 - 일자리 호재 - 환경 개선 호재 6) 가격(시세·분양가) 7) 브랜드·시공회사 8) 단지 규모 9) 기타	1) 단지 배치 2) 향 3) 인테리어·스타일 4) 빌트인 가구·전자 제품 5) 전망·조망 6) 내부 평면 구조 7) 외관 형태 - 주동 - 문주 8) 주차장 9) 체육 시설 등 커뮤니티 시설 10) 자재, 마감재 수준 11) 조경 - 녹지 공간 - 수 공간 12) 입주민 신분·계층·경제력 13) 임대 비율 14) 아파트 준공 연차 15) 기타

그러나 이러한 체크 리스트를 통해 모든 항목을 점검하고 100% 만족하는 아파트 단지를 선택하는 경우는 없다. 자신만의 기준이 있고, 그 개별 기준에는 의사결정 시 반드시 고려해야 하는 요인이 있을 것이다. 예를 들면 이런 것이다.

- 우리 집은 반드시 전철역 5분 거리여야 해: 대중교통 이용 편리성
- 우리 집은 반드시 초등학교가 단지 가까이에 있어야 해: 초등학교 접근성
- 우리 집은 반드시 새 아파트여야 해: 아파트 준공 연차
- 우리 단지에는 실내 골프 연습장이 있어야 해: 커뮤니티 시설
- 우리 단지는 1군 시공사여야 해: 브랜드·시공회사

한 가지 요인만 부합해야 하는 것은 아니다. 최소한 4가지 이상이 복합적으로 갖추어진 부동산을 선택하는 것이 일반적이다. 이렇게 부동산을 선택하는 의사결정 요인 중 반드시 고려하는 요인을 마케팅 용어로 키 바잉 팩터(Key Buying Factors, KBF)라고 한다.

부동산은 내부 요인도 중요하지만 통상적으로 외부 요인에 의해 가치가 결정되는 경우가 많기 때문에 외부 요인에 좀더 집중하게 된다. 외부 요인 중 4가지 요인을 키 바잉 팩터로 꼽을 수 있다. 교통 환경, 교육 환경, 상권 환경, 자연환경이다.

이 4가지 키 바잉 팩터가 부동산 관련 의사결정에 어떻게 영향을 미치는지 반드시 이해해야 한다. 그러면 누구나 입지 전문가가 될 수 있다. 빠숑처럼 분석하는 것이 그렇게 어려운 일이 아니다.

교통, 일자리와 연결되는가?

한줄요약 일자리 많은 곳으로 접근하기 쉬울수록 좋은 입지다.

경제 활동을 하고 있는 세대라면 부동산 입지 선정 시 가장 먼저 고려하는 것이 일자리와의 거리다. 일자리는 대체로 특정 지역에 몰려 있다. 서울을 예로 들자면 강남구 삼성역부터 서초구 서초역까지 이어지는 테헤란로 주변이 가장 대표적인 지역이다. 광화문을 중심으로 한 종로구와 을지로를 중심으로 한 중구도 그렇다. 금융 관련 기업이 집중되어 있는 영등포구 여의도, 구로디지털단지와 가산디지털단지가 있는 구로구와 금천구, 상암DMC가 있는 마포구도 일자리가 많은 지역이다.

따라서 이 지역들로 어떻게 접근할지가 거주 지역 선정 시 중요한 이유가 된다. 가까우면 가까울수록 부동산 가치가 더 높다. 하지만 부동산은 물리적으로 양을 늘릴 수 없는 부증성이라는 특성을 가지고 있다. 특정 지역에 거주할 수 있는 면적이 한정되어 있으므로 우리는 그 주변 지역으로 이동해야 한다. 그러나 그 옆의 땅도 무한하지 않다. 이런 식으로 업무 지역에서 점점 멀어져 간다. 하지만 출근하는 데 1시간 이상 걸리는 것을 좋아하는 사람은 없다. 그래서 비싼 대가를 치르고서라도 가능한 한 가까운 지역에 거주하고 싶어 한다. 그 접근성이 바로 부동산의 가치다. 수요가 있는 유한한 입지는 가치가 높다.

그런데 시세가 높은 지역에 살 수 있는 사람은 많지 않다. 상대적으로 저렴한 지역에 살면서 업무 지역으로 출퇴근하는 세대가 오히려 훨씬 더 많다. 이 사람들은 모두 유권자다. 우리나라의 정치·경제를 담당하는 주체들은 이들의 요구 사항을 최대한 실현해 주고자 한다. 그래서 교통수단이 생긴 것이다.

서울지하철 1호선~4호선

1960년대부터 본격적으로 도심의 업무 시설화가 진행되었다. 사람들은 서울 변두리에 살면서 버스를 타고 서울 중심지로 출퇴근한다. 지방에서도 서울 또는 서울 인근으로 이사를 온다. 일자리가 서울에 가장 많기 때문이다. 점차 버스만으로는 서울에서 일하는 사람들의 수요를 모두 감당할 수 없게 됐다. 버스와 자가용이 늘어나면서 정체 구간도 생기기 시작했다. 획기적인 교통망이 필요해졌다. 그래서 등장한 것이 지하철이다.

1970년대 서울지하철

1971년 4월 12일

서울시청 앞 광장에서 열린
서울지하철 1호선 착공식

1974년 8월 15일

지하철 1호선 개통 기념식

1974년

지하철 1호선 개통 기념 승차권

1974년

지하철 1호선 영업 개시

1978년

1호선 종로5가역 매표소 앞 에서 표를 사
기 위해 줄 선 시민들

자료: 서울교통공사 사이버 역사관

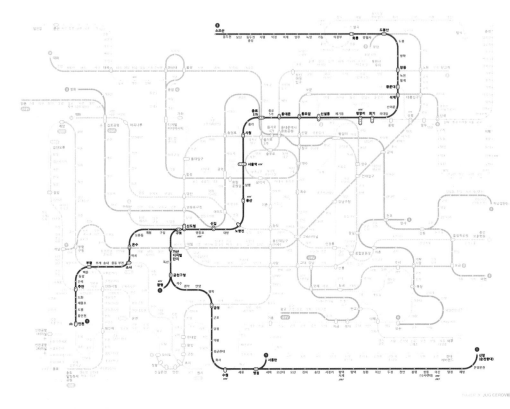

서울지하철 1호선 노선도

　　1974년 8월 15일, 우리나라에 처음으로 지하철이 개통됐다. 현재 1호
선의 일부 구간(서울역 ~ 청량리 7.8㎞)이다. 1980년 2호선이 개통될 때까
지 1호선 지하철은 종로구·중구를 중심으로 한 서울의 업무 시설 접근
성을 획기적으로 높여 주었다. 종로구·중구에는 오피스 시설들이, 구로

서울지하철 1호선 역별 개통 시기

개통 시기	개통 구간, 역	역 개수	개통 시기	개통 구간, 역	역 개수
1974/08/15	성북역~청량리역	3	1993/01/15	금정역~인덕원역	3
	청량리역~서울역	8	1994/01/10	공단역	1
	서울역~수원역	16	1994/07/11	간석역, 도원역	2
	구로역~인천역	11	1995/02/16	구일역	1
1978/12/09	용산역~청량리역	4	1996/03/28	부개역	1
1979/02/01	율전역	1	1997/04/30	신길역, 소사역	2
1980/01/05	신이문역	1	1998/01/07	독산역	1
1980/04/01	한남역, 회기역	2	2001/11/30	도화역	1
1982/08/02	석수역	1	2003/04/30	수원역~병점역	2
1984/05/22	신도림역	1	2005/01/20	병점역~천안역	8
1984/11/20	백운역	1	2005/12/21	동묘앞역	1
1985/01/14	석계역	1	2005/12/27	세마역, 오산대역	2
1985/08/22	창동역~성북역	3	2006/06/30	진위역, 지제역	2
1985/10/18	옥수역	1	2006/12/15	소요산역~의정부부역	8
1986/09/02	의정부역~창동역	6		금천구청역~광명역	1
1987/10/05	의정부북부역~의정부역	1	2007/12/28	덕계역	1
1987/12/31	중동역	1	2008/12/15	천안역~신창역	6
1988/01/16	온수역	1	2010/01/21	당정역	1
1988/10/25	금정역~안산역	7	2010/02/26	병점역~서동탄역	1
1992/03/02	고잔역	1	2021/10/30	탕정역	1
1992/05/01	산본역	1			

구·인천에는 공단 시설들이, 동대문에는 수공업 형태의 중소 공장들이 당시의 주요 업무 시설이었다. 따라서 이 지역으로 출퇴근하는 근로자들이 거주하는 지역이 주요 부동산 입지였다.

1975년에 강남구가 신설됐고 1980년 지하철 2호선이 개통됐다. 드디어 서울 역사상 '강남'이라는 브랜드가 등장한 것이다. 테헤란로가 업무의 중심지가 됐다. 2022년 현재 시점에도 대한민국에서 가장 일자리가 많은 곳이다. 서초역부터 삼성역까지가 주요 도로인데 여기에는 서초역, 교대역, 강남역, 역삼역, 선릉역, 삼성역까지 총 6개의 2호선 역이 개설되어 있다. 이 노선을 통해 200만 명 전후가 출퇴근을 한다. 이 지역에서만 광역시 규모 이상의 인구가 매일 오가고 있다.

1980년을 전후해서 강남구와 서초구에 대규모 주택단지들이 형성됐다. 반포 주공아파트와 압구정동 아파트가 대표적인 예다. 강남구 업무 지역으로 출퇴근하는 인구를 수용하기 위한 주거 단지로 개발된 것이다. 강북 지역에는 이 정도의 대규모 주택 공급이 없었다. 2호선 개통은 서울이라는 부동산에 획기적인 변화를 가져온 사건이었다. 순환선으로 강북·강동·강서·강남의 4개 지역을 하나로 묶는 역할을 했다. 서울이라는 지역이 비약적으로 발전하는 계기가 됐고 서울로의 집중화가 가속화됐다.

1985년에 3호선과 4호선이 개통됐다. 은평구 구파발에서 서초구 양재동까지의 3호선 노선과, 노원구 상계동에서 동작구 사당동까지의 4호선이 서울을 X 자로 연결했다. 당시 교통 취약 지역이었던 강북 지역의 노원구와 은평구까지 서울 지하철망이 연결됨으로써 서울 지하철 지도가 대략 완성됐다. 현재 서울에서 인구밀도가 가장 높은 노원구 상계지구가 개발되는 시점이었다. 이는 서울에서 서민과 중산층의 전형적인 지역이 형성된 계기가 됐다.

1980년대 서울지하철

1980년 2월 29일

개최된 3,4호선 건설 기공식

1984년 5월 22일

지하철 2호선 전 구간(순환선)
완전개통기념 열차

1984년

하차 승객의 에드몬슨식 승차권을 집표
중인 역직원

1985년 10월 18일

경복궁역에서 개최된 지하철 3,4호선 전
구간 개통식

1986년 4월

매표소에서 마그네틱 승차권을 발매하고
있는 직원

자료: 서울교통공사 사이버 역사관

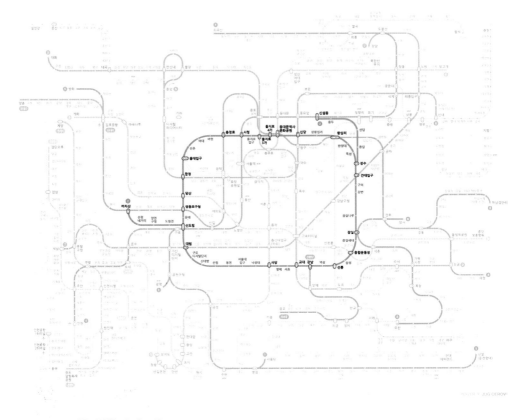

서울지하철 2호선 노선도

서울지하철 2호선 연혁

개통 시기	개통 구간, 역	개통 시기	개통 구간, 역
1980/10/31	신설동역~종합운동장역	1992/05/22	신도림역~양천구청역
1982/12/23	종합운동장역~교대역	1996/02/29	양천구청역~신정네거리역
1983/09/16	을지로입구역~성수역	1997/03/20	신정네거리역~까치산역
1983/12/17	교대역~서울대입구역	2005/10/20	용두역
1984/05/22	서울대입구역~을지로입구역		

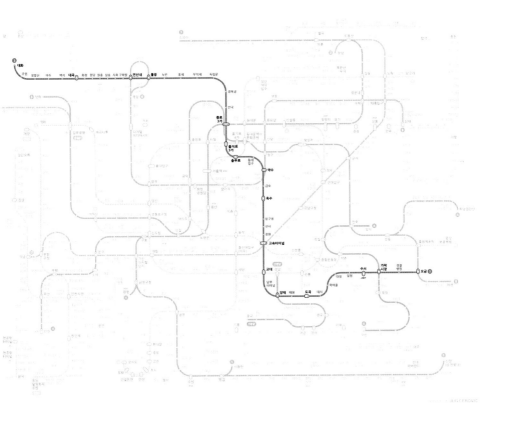

서울지하철 3호선 노선도

서울지하철 3호선 연혁

개통 시기	개통 구간, 역	개통 시기	개통 구간, 역
1985/07/12	구파발역~독립문역	1996/01/30	대화역~지축역
1985/10/18	독립문역~양재역	2010/03/18	수서역~오금역
1990/07/13	지축역~구파발역	2014/12/27	원흥역
1993/10/31	양재역~수서역		

3부 선택:
입지는 네 가지만 보면 된다

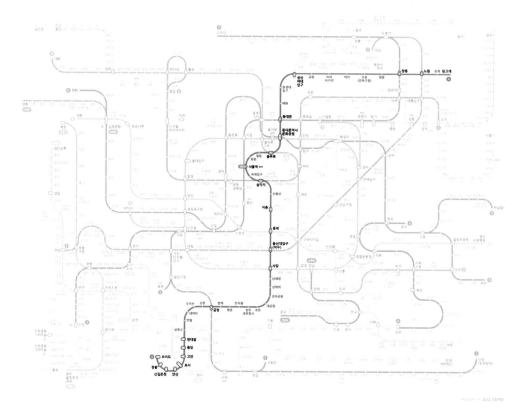

서울지하철 4호선 노선도

서울지하철 4호선 연혁

개통 시기	개통 구간, 역	개통 시기	개통 구간, 역
1985/04/20	상계역~한성대입구역	1994/04/01	사당역~금정역
1985/10/18	한성대입구역~사당역	2000/07/27	안산역~오이도역
1988/10/25	금정역~안산역	2003/07/18	수리산역
1993/01/15	인덕원역~금정역	2022/03/19	당고개역~진접역
1993/04/21	당고개역~상계역		

3호선과 4호선은 1기 신도시 개발에도 결정적인 영향을 미쳤다. 3호선은 일산신도시로, 4호선은 평촌신도시와 산본신도시로 연장된다. 이는 신도시의 비약적인 발전에 교두보가 된다.

1993년 이후 당시 경기 지역 철도망이었던 일산선을 3호선과 연결하고, 과천선·안산선을 4호선과 연결함으로써 현재의 지하철 노선이 완성됐다. 이를 통해 서울의 집중화가 1기 신도시로 일부 이전됐다.

분당선과 5호선~9호선

1994년 수서 ~ 오리 구간이 최초로 개통됐다. 분당선이다. 분당은 시작부터 다른 1기 신도시와는 달랐다. 애초부터 분당만을 위한 노선이 계획됐다. 고속도로가 지나가는 신도시도 분당이 유일했다. 분당은 신도시로 개발될 때부터 교통의 천국이었던 것이다.

그런데 분당선은 개발 초기부터 우여곡절이 많았다. 강남권뿐 아니라 용인시, 그 외 성남시와의 이해관계를 따져야 했기 때문이다. 일단 주요 노선을 개통한 후에 나머지 노선을 확장하는 방법이 아니라, 어찌 보면 지역의 이해관계를 조금씩 반영하는 형태로 추가 연장이 됐다. 그랬기 때문에 분당선이 최종 개통되고서도 영향력이 높지는 않았다. 단적인 사례로 신분당선을 들 수 있다. 신분당선이 필요할 정도로 분당선은 서울과의 연계 접근성이 높지 않았던 것이다.

1995년 5호선이 개통됐다. 서울시만을 위한 노선이었고, 가장 긴 노

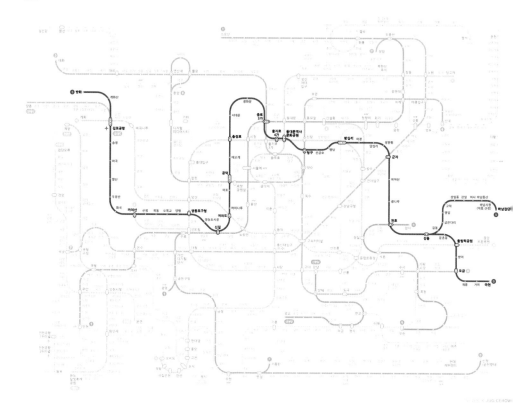

서울지하철 5호선 노선도

서울지하철 5호선 연혁

개통 시기	개통 구간, 역	개통 시기	개통 구간, 역
1995/11/15	왕십리역~상일동역	1996/12/30	여의도역~왕십리역
1996/03/20	방화역~까치산역(마곡역 제외)	2008/06/20	마곡역
1996/03/30	강동역~마천역	2020/08/08	상일동역~하남풍산역 (강일역 제외) 개통으로 하남선이 5호선으로 통합됨
1996/08/12	까치산역~여의도역		

선이었다. 서울의 변두리 지역이던 강서구와 강동구가 서울에서 하나의 주축으로 자리 잡는 계기가 됐다. 가장 혜택을 본 지역이 양천구 목동이었다. 목동 아파트가 신흥 명문 학군을 내세워 제2의 대치동으로 성장하는 데 가장 큰 역할을 한 것이 바로 5호선이다. 목동 아파트는 강남 아파트를 벤치마킹하듯이 지역적인 가치를 더해 갔다. 현재 강남권(강남, 서초, 송파, 강동) 재건축이 진행 중인데, 다음 단계는 목동 아파트가 될 것이다. 앞으로 10년 동안은 목동 아파트의 브랜드가 언론에 계속 오르내릴 것이다.

1996년 개통된 7호선은 의정부를 경기권 중심지 중 하나로 부각했다. 제1서울외곽순환도로 개통과 더불어 의정부의 위상이 크게 높아졌다. 개통 후 1년 사이에 30평형대 아파트의 시세가 거의 1억 원 올랐다. 서울에서도 찾아보기 힘든 상승세였다. 7호선은 부분 개통이 많았다. 구간이 늘어날 때마다 인근 지역이 크게 활성화됐다. 7호선의 중심이 강남이기 때문에 강남으로 출퇴근할 수 있는 지역이 확대된 것이다. 의정부는 물론이고 인천 부평구, 부천시, 광명시에서도 강남까지 이동하는 데 1시간이 채 걸리지 않게 됐다. 7호선 개통은 상승 동력이 빠지고 있던 부천시 중동, 상동 지역의 부동산에 활기를 주었다. 2012년이 되자 1기 신도시의 지하철망이 드디어 다 갖추어졌다.

8호선은 1996년에 개통됐다. 성남시, 송파구, 강동구까지 연결된 노선으로 성남시 구도심을 위해 개통된 노선이다. 강남 주요 지역과 연계되지 않아서 프리미엄이 높지는 않지만 성남시 주민들에게 큰 선물이 되었다.

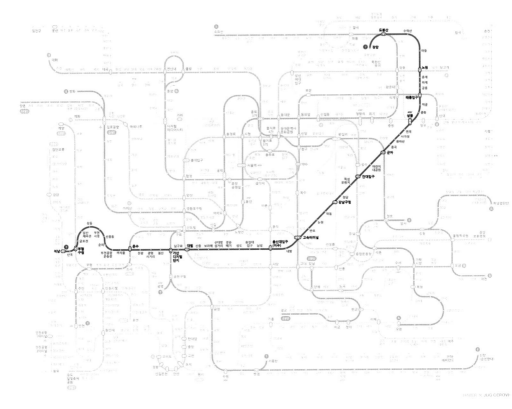

서울지하철 7호선 노선도

서울지하철 7호선 연혁

개통 시기	개통 구간, 역	개통 시기	개통 구간, 역
1996/10/11	장암역~건대입구역	2021/05/22	부평구청역~석남역
2000/02/29	신풍역~온수역	2022/02/21	석남역~청라국제도시역 착공
2000/08/01	건대입구역~신풍역	2025	도봉산~옥정 구간 개통 예정
2012/10/27	온수역~부평구청역		

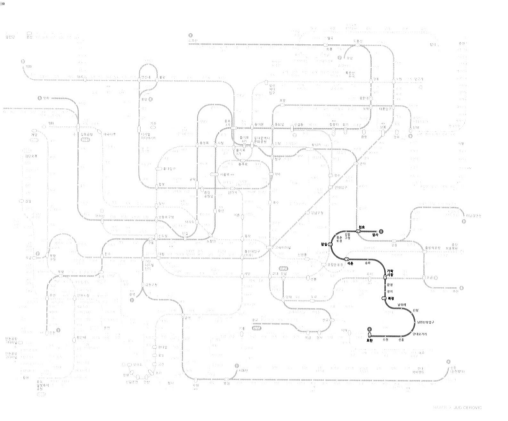

서울지하철 8호선 노선도

서울지하철 8호선 연혁

개통 시기	개통 구간, 역
1996/11/23	잠실역~모란역 개통, 잠실역, 복정역, 모란역 환승 통로 개통
1999/07/02	암사역~잠실역 개통, 천호역 환승 통로 개통
2010/02/18	3호선 연장 구간 개통, 가락시장역 환승 통로 개통
2015/12/17	별내선 별내역~암사역 착공
2018/12/01	9호선 연장 구간 개통, 석촌역 환승 통로 개통
2021/12/18	남위례역

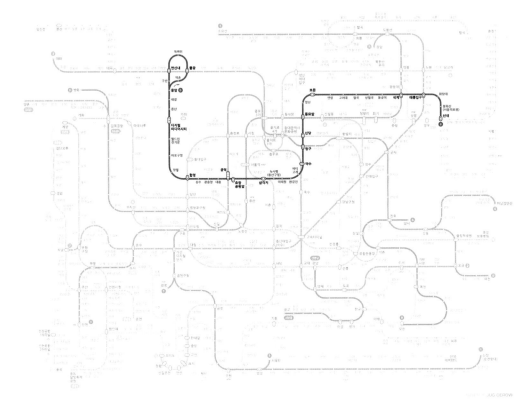

서울지하철 6호선 노선도

    2000년에는 6호선이 개통됐다. 강남 개발 이후 소외당하고 있던 서울 강북 지역의 교통망을 활성화하기 위해 만들어진 노선이다. 7호선, 8호선보다도 4년이나 늦게 개통됐다. 왜냐하면 주요 노선이 아니기 때문이다. 아마도 6호선 자체 노선보다는 2~5호선과 환승하기 위한 노

서울지하철 6호선 연혁

개통 시기	개통 구간, 역
2000/08/07	봉화산역~상월곡역
2000/12/15	상월곡역~응암역(약수역, 버티고개역, 한강진역, 이태원역 등 제외)
2001/03/09	약수역, 버티고개역, 한강진역, 이태원역
2001/08/03	신당역 환승 통로 개통
2005/12/21	동묘앞역 환승 통로 개통
2009/07/01	경의중앙선의 복선전철 개통으로 디지털미디어시티역이 환승역이 됨
2010/12/29	인천국제공항철도 개통으로 디지털미디어시티역이 3개 환승역이 됨
2011/11/30	공덕역 인천국제공항철도 환승 개통
2012/12/15	공덕역 경의중앙선 환승 개통
2016/04/30	효창공원앞역 경의중앙선 환승 통로 개통
2019/12/21	봉화산역~신내역

선으로서의 역할이 컸기 때문에 추진 속도가 빠르지 않았을 것이다. 하지만 6호선의 가치도 점점 높아지고 있다. 최근 상암DMC가 일자리로서의 역할이 확대되면서 6호선이 활기를 띠고 있다.

현재 서울 지하철의 주인공은 2009년 개통된 9호선이다. 알짜 일자리 노선이자 부동산 가치가 가장 높은, 진정한 강남권 노선이다. 한강 이북으로는 전혀 가지 않는 완벽한 강남 노선이다. 같은 생활권이면서 양천구에 비해 몇 단계 아래로 평가받던 강서구가 비약적으로 성장하는 계기를 마련해 주었고, 서울 중심부에 있으면서도 정비가 되지 않아 늘 소외됐던 동작구의 재개발이 활성화됐다. 더욱이 서초구 반포동이 당시까지 대한민국 아파트의 최고 입지이던 압구정동의 시세를 넘어서는 계기를 만들어 준 노선이다.

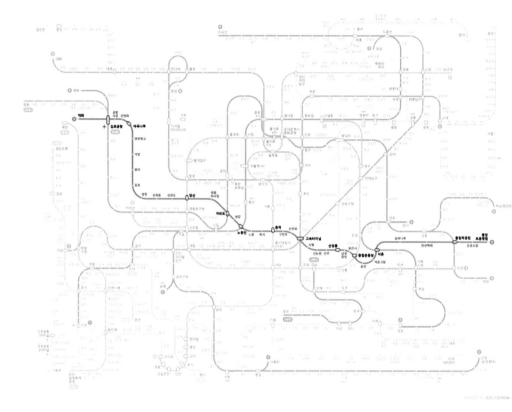

서울지하철 9호선 노선도

서울지하철 9호선 연혁

개통 시기	개통 구간, 역
2009/07/24	개화역~신논현역
2014/05/24	마곡나루역
2015/03/28	신논현역~종합운동장역
2015/10/31	노량진역 환승 통로 개방
2018/12/01	종합운동장역~중앙보훈병원역

기타 수도권 노선과 철도 노선

서울 노선은 아니지만 강남권으로 진출하는 데 매우 편리한 신분당선이 있다. 2011년 서울 강남역 ~ 분당 정자역 구간이 개통됐다. 정자역에서 강남역까지 16분 소요되고, 판교역에서 강남역까지는 11분 소요된다. 웬만한 서울 노선보다 강남 접근성이 더 좋다. 판교가 평당 5,000만 원 이상의 시세를 형성한 데에는 신분당선의 역할이 크다. 명품 택지 개발 신도시로서의 장점과 강남 접근성을 모두 갖춘 입지가 됐기 때문이다.

그리고 공항철도가 있다. 인천공항에서 김포공항을 거쳐 서울역까지 운행되는 노선이다. 강남권에 이어 두 번째로 일자리가 많은 종로구, 중구로 출퇴근을 가능케 하는 노선이다. 일자리가 늘어나고 있는 상암DMC를 지나기도 한다. 인천 서구의 부동산 시장에도 활력소가 된 노선이다.

이 외에도 수도권에는 의정부 경전철, 용인 경전철, 수인분당선, 인천 지하철 1·2호선이 있다. 하지만 서울 일자리와는 크게 상관없는 노선이어서, 부동산 가치를 평가할 때에는 상대적으로 중요성이 덜할 수밖에 없다. 지하철의 가치는 일자리 노선으로서의 역할이 기준이 되기 때문에, 일자리 노선으로서의 중요도가 떨어지면 그만큼 가치가 낮아진다.

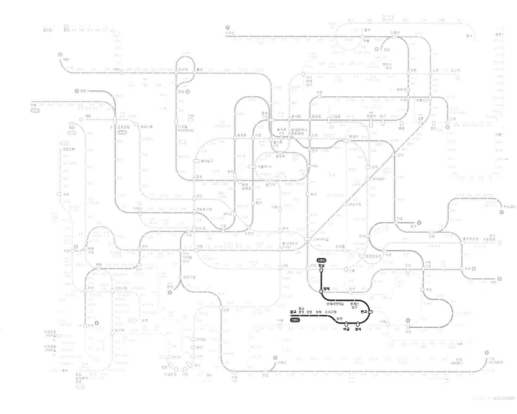

신분당선 노선도

신분당선 연혁

개통 시기	개통 구간, 역
2011/10/28	강남역~정자역
2016/01/30	정자역~광교역(미금역 제외)
2018/04/28	미금역
2022/05/28	강남역~신사역 개통 예정

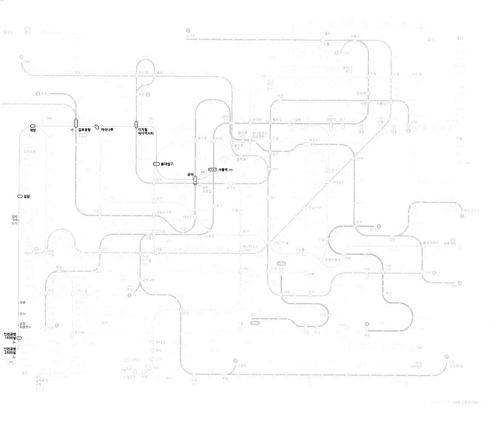

공항철도 노선도

공항철도 연혁

개통 시기	개통 구간, 역	개통 시기	개통 구간, 역
2007/03/23	김포공항역~인천국제공항역	2015/03/28	서울역 환승 통로 개통
2009/07/24	김포공항역 9호선 환승 개통	2016/02/03	인천국제공항역에 인천공항 자기부상철도 개통
2010/12/29	서울역~김포공항역(공덕역, 마곡나루역 제외)	2016/03/26	영종역
2011/11/30	공덕역	2016/07/30	검암역 환승 통로 개통
2014/05/09	인천국제공항선과 용유기지선으로 분리	2018/01/13	인천공항2터미널역
2014/06/21	청라국제도시역	2018/09/29	마곡나루역
2014/06/30	경의선과 인천국제공항철도 간 수색직결선 개통		

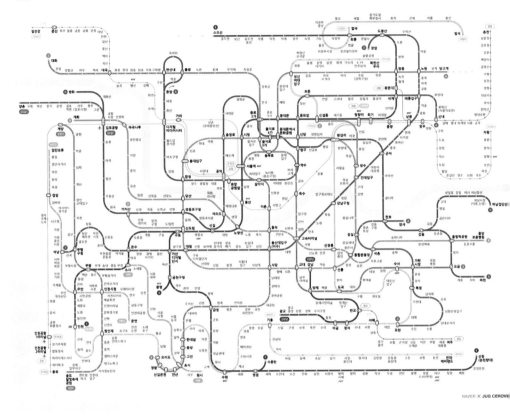

서울지하철 노선도

지하철과 철도 노선의 가치

지하철의 노선별 가치를 정리하면 다음과 같다.

지하철의 노선별 가치

	가치	지하철 노선
1등급	강남구·서초구와 연결되는 노선	2·3·7·9호선, 신분당선
2등급	종로·종로구, 여의도, 금천구, 마포구와 연결되는 노선	1·4·5·6호선, 공항철도
3등급	그 외 지역으로의 출퇴근 노선	1~9호선 중 강남권까지 50분 이상 소요되는 지역
4등급	출퇴근 노선이 아닌 역세권	수인선, 용인·의정부 경전철, 인천지하철 1·2호선
5등급	역세권이 아닌 지역	

1등급의 지하철 프리미엄이 가장 높고, 같은 등급 내에서도 주요 지역과의 접근 시간이 짧을수록 프리미엄이 높다. 이것은 어떤 의미일까? 예를 들어 강남 접근성이 좋은 지역과 좋지 않은 지역의 시세가 비슷하다고 해 보자. 그렇다면 접근성이 좋은 지역이 저평가된 것이라고 판단할 수 있다. 물론 교통 가치만 놓고 봤을 때 말이다. 지하철의 노선별 가치를 판단할 때에는 물론 현재 노선이 지나가고 있는 입지가 가장 중요하다. 그렇지만 부동산 투자를 고려하고 있다면 미래 가치도 따져봐야 한다. 또한 지하철 노선이 신설되거나 확장되는 입지들도 반드시 따져 봐야 한다.

결국 미래 가치를 사전 확보하기 위해서는 확장 가능성이 있는 노선을 알아봐야 한다. 1호선은 이미 동서남북으로 최대한 확장되어 있다. 통일되기 전까지는 북쪽으로 확장은 어렵고, 남쪽으로는 현재 충청남도 천안, 아산까지 확장되어 있으나 서울 중심부에 도달하는 시간을 고려하면 더 이상의 확장은 큰 의미가 없다. 2호선은 순환노선이므로 확장의 개념이 없다. 그러므로 나머지 서울지하철(3~9호선)과 신분당선, 신안산선, 공항철도의 확장 여부를 따져 봐야 한다. 이 노선들이 확장되면 해당 지역의 부동산 가치가 올라가게 된다. 앞으로 부동산 관심 지역은 지하철 확장 지역이라고 보면 된다.

신분당선이 지나가는 서울 용산구·중구·종로구·은평구, 고양 삼송신도시는 강남까지 30분 내외로 도착할 수 있게 된다. 강남 접근성만 놓고 평가하면 송파구나 강동구의 위상으로 상향되는 것이다. 예를 들어 이 지역의 역세권 새 아파트라면 송파구와 강동구의 기존 아파트 시세와 유사한 수준이어야 한다는 의미가 된다. 일자리가 많은 지역으로 연계되는 노선은 부동산 시세가 상승할 가능성을 포함하고 있다.

지하철이 일자리 노선으로 가치를 발휘하려면 해당 지역으로 출퇴근하는 인구가 최소 10만 명은 되어야 한다. 강남·서초로 출퇴근하는 인구가 130만 명, 종로구·중구가 70만 명이다. 수도권은 이 많은 사람이 지하철을 이용하므로 지하철 가치가 높은 것이다.

지방에는 이 정도의 인구가 정규적으로 출퇴근하는 노선이 거의 없다. 일자리보다는 생활 노선으로서의 역할이 크다. 그래서 지하철 프리미엄이 서울을 중심으로 한 수도권 대비 상대적으로 낮다. 서울만큼은 아니지만 지하철 출퇴근 인구가 많은 부산 정도를 제외하면 기타 광역시의 지하철 프리미엄은 높지 않다. 따라서 광역시는 역세권이라고 하더라도 입지 평가, 부동산 평가 시 프리미엄을 높게 책정하지 않아도

신분당선 서북부 연장 노선도

신분당선 남부 연장 노선도

신안산선 연장 노선도   자료: 국가철도공단

된다. 오히려 지하철 역세권이라는 이유로 필요 이상으로 과대평가할
수도 있다. 아예 지하철 프리미엄을 제외하고 일자리 접근성, 교육 환
경 등의 다른 요인들을 고려하는 것이 더 객관적인 평가가 될 것이다.

  수치로 말하자면 수도권에서 지하철의 중요도는 70% 이상이고 부산
은 50% 수준이다. 그 외 지방은 30% 미만이다. 수도권은 입지 분석이
나 부동산 가치 평가 시 지하철을 가장 중요하게 고려해야 하고, 기타

지방은 다른 요소들을 더 중요하게 고려해야 한다는 의미다.

연도별 철도 개통 예정 노선

개통 예정 연도	노선	구간
2022	대구권 광역철도	서대구역
	신분당선 북부 연장	강남~신사
	서울도시철도(경전철) 신림선	샛강~관악산
	대곡~소사선	소사~원종
	경의선 문산-도라산 전철화	운천역
	경전선 전철화	진주~광양
	경전선 직-복선화	부전~마산
2023	대곡-소사선	대곡~원종
	경원선 복선전철화	동두천~연천
	평택선(평택포승선, 아산만 산업철도)	창내~안중
	별내선(서울지하철 8호선 연장)	암사~별내
	광주도시철도 2호선	차량 기지-광주시청-상무-백운광장-남광주-광주역
	서해선	홍성~송산
	경강선	성남역
	동해선 전철화	포항~동해
	수소전기트램 실증노선	태화강역~울산항역
	천마산 모노레일	감정초등학교~천마바위
	장항선 복선전철화	신창~홍성
	경전선(직선 신설)	보성~임성리
	동해선 전철화	영덕~삼척
	이천~충주~문경선	충주~문경
2024	대구권 광역철도	구미~동대구~경산
	수도권 광역급행철도 A선	운정~서울역

개통 예정 연도	노선	구간
2024	삼성-동탄 광역급행철도	수서~동탄
	광주도시철도 2호선	광주역~일곡지구~첨단지구~수완지구~차량기지
	인천도시철도 1호선	계양~검단신도시
	수원발 KTX 직결사업	경부선 서정리~수서고속철도 평택지제
	무가선 저상트램 실증노선	경성대부경대역~이기대 어귀 삼거리
	양산도시철도	노포~북정
	충청권 광역철도(대전권 광역전철)	계룡~신탄진
	전주 한옥마을 관광트램	한옥마을 일대
	교외선	대곡~의정부
	C-Bay - Park선	중앙역~국제여객터미널
	대구1호선 동편 연장	안심~하양
	중앙선 복선전철화	단양~안동~영천
	수인선	학익역
2025	광주도시철도 2호선	백운광장~효천역
	서울지하철 7호선 연장	도봉산역~장암역~옥정
	인천발 KTX 직결사업	수인선 어천~경부고속철도에 합류
	위례선(트램)	마천역~위례신도시~복정역, 남위례역
	충청권 광역철도 연장	오정~대전~옥천
	신안산선	시흥시청, 한양대~광명~여의도
	서울도시철도(경전철) 동북선	왕십리역~상계역
	월곶~판교선	월곶~시흥시청, KTX광명역~판교
	호남고속철도	고막원~목포
	석문산단 인입철도	합덕~송산~석문산단
	경부고속선 대전 북연결선 선형개량	경부고속선 끝부분~대전역
	장항선(수도권전철 1호선)	풍기역
	대전철도차량정비단 인입선	대전철도차량정비단~회덕역
2026	동탄인덕원선	인덕원~동탄~서동탄
	충북선 고속화	청주공원~제천

개통 예정 연도	노선	구간
2026	여주-원주선	여주~원주
	사상-하단선	하단~사상
2027	동해선(단선전철)	강릉~제진
	대구산업선	서대구역~대구국가산업단지
	서울도시철도 7호선 연장	석남~청라국제도시
	위례-신사선	위례신도시~신사역
	춘천-속초 고속화철도	춘천~속초
2027	대전도시철도 2호선	순환선
	동탄도시철도	망포~오산, 병점~동탄2신도시
	수서-광주 복선전철	수서~경기 광주(중부내륙선 합류)
	새만금-대야 단선전철	새만금신항~대야
	장항선 복선전철화	신창~홍성
	장항선 개량(직선화)	신성~주포
	남부내륙철도	김천~진주~거제
2028	서부선(남부 연장 포함)	새절~서울대입구
	수도권 광역급행철도 A선	운정~동탄(전 구간 운행)
	서울지하철 7호선 연장	옥정~포천
	대구도시철도 엑스코선	이시아폴리스~동대구역~수성구민운동장역
	서울도시철도 9호선	중앙보훈병원~고덕강일1지구
	서울 강동-하남-남양주 도시철도	고덕강일1지구~강일2지구~미사~왕숙2신도시~왕숙1신도시
2029	고양은평선(서부선 연장)	새절역~대곡역~고양시청

자료: 미래철도

교육, 학교와 학원의 중요성

한줄요약 진학률 높은 학교와 대형 학원가가 형성되어 있는가?

대한민국은 세계에서 교육에 관심이 가장 높은 나라 중 한 곳이다. 일본과 중국의 교육열이 높다고는 하지만 인구수를 고려해 교육 관심도를 따져 보면 한국이 훨씬 높을 것이다. 단적으로 대학 진학률만 놓고 봐도 대한민국을 따라올 나라가 없다. 현재는 70%대인데, 2006년에는 84%에 이르기도 했다. 두 번째로 높은 나라가 캐나다로 50%대니까, 2위와도 엄청난 차이를 보이고 있다. 교육열이 아주 높아 보이는 일본과 중국도 40% 전후밖에 되지 않는다. 우리나라에서 부동산을 평가할 때 교육 환경이 중요할 수밖에 없는 이유가 여기에 있다.

우리나라는 작은 면적에 지하자원도 거의 없는데 독립국으로서

5,000년 역사를 유지해 왔다. 더욱이 이런 여건에서도 세계 10위권의 경제 대국으로 당당히 도약했는데, 그 힘은 면면히 이어져 온 우리 민족의 교육열에 있다고 생각한다. '치맛바람'이라는 말이 있듯이 부정적인 영향도 있었겠지만 긍정적인 영향이 훨씬 더 컸던 것이다. 이미 삼국 시대 때부터 국립대학이 존재했고 지방 사학도 있었다. 그 교육 시설들이 통일신라, 고려, 조선 시대를 거치면서 업그레이드되어 현재까지 이른 것이다.

조선 시대에는 성균관이 최고 교육기관이었다. 공직을 받기 위해서는 성균관에 입학하는 것이 가장 좋은 통로였다. 그리고 과거 시험이 있었다. 요새로 치면 국가 고시인 셈이다. 이처럼 전통적인 교육을 중시하는 문화가 현재까지 이어지고 있다. 재미있는 사실은 고려, 조선 시대에도 이미 개인 과외가 성행했다는 것이다. 사설 학원도 있었다. 지금 학원 문제가 사회적으로 비판의 대상이 되고 있는데, 이미 똑같은 고민을 고려 시대와 조선 시대에도 했다는 것이다. 결국 교육은 역사적으로 볼 때 대한민국이라는 나라에서 미래를 준비하는 가장 중요한 방법이었던 것이다.

일제 강점기에도, 6·25 한국전쟁 시기에도 학교는 절대 문을 닫지 않고 운영됐다. 민족의 미래, 국가의 미래는 교육에 있다는 것을 대한민국 국민 모두가 공감했기 때문이다. 그만큼 교육에 대해서는 누구나 관심이 많고, 힘 닿는 데까지 하려고 한다.

교육과 부동산 입지

교육에 대한 이와 같은 가치가 부동산에도 그대로 반영된다. 이른바 '교육 프리미엄'이다. 교육 환경이 좋은 입지는 시세가 더 높다. 희망하는 초등학교·중학교·고등학교에 갈 수 있는 지역이나 단지, 인기 있는 학원이 인접한 입지의 가격이 더 비싸다는 의미다. 이것이 바로 교육 환경으로 해석할 수 있는 교육 프리미엄이다.

1980년대까지는 학교 숫자가 크게 부족했다. 한 학년이 20반을 넘는 경우가 허다했다. 오전반, 오후반으로 나누어서 수업을 듣기도 했다. 게다가 대부분 한 반에 70명이 넘었다. 초등학교든 중·고등학교든 마찬가지였다. 지금이야 고졸 이하의 학력이 거의 없지만, 1970년대까지만 하더라도 중학교가 의무교육이 아니었기 때문에 중졸 이하의 학력 소지자도 많았다. 고등학교에 진학하는 것부터 교육을 받은 사람으로서 프리미엄이 생기는 것이었다.

당시에는 고등학교 입지가 교육 환경의 입지를 평가하는 기준이었다. 서울의 경우 1970년대까지는 종로구와 중구가 가장 좋은 입지였다. 그곳에 좋은 고등학교가 대부분 있었으니 당연히 가장 좋은 입지이고 가장 비싼 곳이었다.

1975년에 강남구가 신설되면서 강남의 본격적인 발전이 시작됐다. 강남의 발전은 여러 가지 의미가 있지만, 특히 교육 명가로서의 종로구와 중구의 위상을 강남에 넘겨주었다는 면에서도 큰 변화가 있었

서울 공립·사립 고등학교 이전 현황

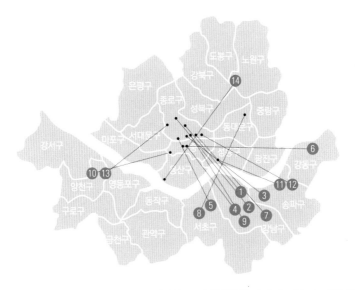

	학교	이전 연도	원 주소	이전 주소
1	경기고	1976	종로구 화동	강남구 삼성동
2	휘문고	1978	종로구 원서동	강남구 대치동
3	정신여고	1978	종로구 연지동	송파구 잠실동
4	숙명여고	1980	종로구 수송동	강남구 도곡동
5	서울고	1980	종로구 신문로	서초구 서초동
6	배재고	1984	중구 정동	강동구 고덕동
7	중동고	1984	종로구 수송동	강남구 일원동
8	동덕여고	1986	동대문구 창신동	서초구 방배동
9	경기여고	1988	중구 정동	강남구 개포동
10	양정고	1988	중구 만리동	양천구 목동
11	창덕여고	1989	성동구 신당동	송파구 방이동
12	보성고	1989	종로구 혜화동	송파구 방이동
13	진명여고	1989	종로구 창성동	양천구 목동
14	상명여고	1994	용산구 한강로	노원구 중계동

자료: 서울특별시 시사편찬위원회, Business Watch

다. 강남을 활성화하기 위해 종로구·중구에 있던 학교들을 모두 강남으로 이전한 것이다. 경기고, 휘문고, 중동고, 배명고, 경기여고, 숙명여고, 정신여고, 서울고, 동덕여고, 보성고, 창덕여고, 동북고, 한영고, 배재고 등이 모두 당시 종로구나 중구에서 강남으로 이전한 학교들이다. 2017년에는 종로구 안국동에 있던 풍문여고가 강남 세곡지구로 이전했다. 명문 고등학교들이 강남으로 이전함으로써 강북의 교육 프리미엄이 고스란히 강남으로 넘어갔다. 강남이 비상한 데에는 여러 가지이유가 있겠지만 교육의 역할이 가장 컸다고 해도 무방할 것이다.

집단적인 학교 이전은 새로운 문화와 새로운 시설을 만들어 낸다. 바로 학원가와 과외의 활성화다. 특히 대치동을 중심으로 한 대형 학원가의 형성은 강남을 교육 특구로 만드는 데 결정적인 역할을 했다. 1990년대 이후로 대치동은 대한민국 학원가의 메카가 됐다.

교육 환경에는 학교와 학원이 있다. 학교는 다시 초등학교, 중학교, 고등학교로 나뉜다. 대학교는 교육 환경에 포함하지 않는다. 물론 교육청에서 관할하지만 부동산 측면에서 보면 대학교는 교육 환경과 큰 관계가 없다. 우리나라 교육 환경은 대학 입시에 모든 초점이 맞추어져 있기 때문이다. 대학에 들어갈 때까지가 중시된다는 뜻이다. 대학교는 이미 사회생활에 속하는 단계라고 생각하면 된다.

어떤 면에서는 대학교가 가까이 있다면 교육 환경이 좋지 않다고 할수도 있다. 대학교가 가까이 있다고 해서 그 대학에 가는 것이 아니기때문이다. 오히려 대학가 주변은 상권이 발달할 수 있어서, 그것도 유홍 시설 위주의 상권이 발달할 수 있어서 많은 학부모가 희망하는 양질의 교육 환경과는 거리가 멀 가능성이 매우 크다. 따라서 대학교는 상권 발달과는 밀접한 관계가 있지만 좋은 교육 환경과는 반비례하는 경향이 있다고 생각하면 된다.

그러므로 교육 환경은 대학교를 제외한 초등학교, 중학교, 고등학교를 기준으로 평가해야 한다. 여기에 하나 더, 미취학 자녀들을 위한 교육 시설까지 고려해야 한다. 유치원 등 미취학 아동들이 시설에 들어가기가 매우 어렵다. 추첨제로 하는데 만만치가 않다. 따라서 미취학 아동들이 갈 수 있는 시설이 많은 곳도 좋은 교육 환경이 된다. 이 중요도는 갈수록 더 커지고 있으며, 국가에서도 교육비를 지원하고 있다.

학교 중심 교육 환경

그럼 미취학 아동과 초·중·고등학교를 기준으로 교육 환경 가치를 살펴보자. 먼저 미취학 아동들을 위한 시설이다. 아파트 단지 1층의 어린이집이나 일반 가정에서 운영하는 소규모 시설은 왠지 불안하다. 부모들은 국가에서 운영하는 공립이나 시립 또는 구립 시설에 아이를 보내고 싶어 한다. 하지만 정원이 턱없이 부족해서 추첨제로 선발하고 있다. 근거리에서 당첨이 되지 않으면 원거리로 이동해야 한다. 그래도 부족하다. 그러므로 부동산 입지 관점에서 보면 미취학 아동을 위한 양질의 시설이 많은 지역이 유리하다. 공립, 시립, 구립 교육 시설 개수가 많은 입지가 좋은 입지다.

초등학교 입지를 보자. 초등학교는 교육의 질을 따질 단계는 아니다. 의무교육인 데다 가정에서 돌보는 정도만으로도 충분히 교과과정을 따라갈 수 있기 때문에 학교의 수준은 크게 고려하지 않는다. 초등학교는 가까운 것이 가장 좋은 교육 환경이 된다. '초품아'라는 말이 있다. 초등학교를 품은 아파트라는 뜻으로, 단지에 초등학교가 바로 붙어 있는 경우를 의미한다. 큰길을 건너지 않아 교통사고가 날 확률이 0%에 가까운 입지를 가장 선호한다. 결국 초등학교 입지는 안전성 부분만 고려하면 된다. 가깝고, 주변에 유해 환경이 없으면 좋은 입지다.

대체로 대규모 아파트 단지 내 초등학교가 선호된다. 단독주택, 다세대주택, 빌라, 상가 등이 밀집한 곳의 초등학교는 학부모 입장에서 판

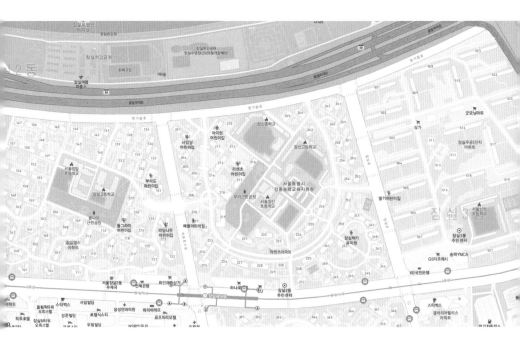

초등학교를 품고 있는 아파트*

단할 때 유해 환경이라고 볼 수 있는 몇몇 요소를 가지고 있다. 특히 유흥업소와 숙박 시설 등이 있는 곳은 교육 환경이 좋지 않다고 평가한다. 따라서 이런 상업 시설을 원천적으로 차단할 수 있는 대규모 아파트 단지를 가장 선호한다.

중학교 입지는 최근 10년 동안 가장 중요한 교육 환경이 됐다. 중학교 역시 의무교육 과정이지만 초등학교와는 무게감이 다르다. 1990년대까지만 하더라도 고등학교로 학군의 수준을 평가했다. 이후 수능이 강화되면서 특목고의 인기가 급격히 높아졌다. 학군이라고 하는 것은 서울대 등 상위권 대학에 얼마나 많이 진학시키는지로 평가되는데, 일반고에 비해 특목고의 진학률이 압도적으로 높다. 그래서 일반고보다는 특목고를 많이 보내는 중학교가 있는 지역이 좋은 학군에 속하게 된다. 즉, 특목고 진학률이 높은 중학교에 배정받을 수 있는 지역이 프리미엄 있는 교육 환경이 되는 것이다. 강남구, 서초구 등 강남교육청 지역과 양천구가 있는 강서교육청 지역이 여기 속한다.

고등학교는 과거에 비하면 중요도가 크게 낮아지긴 했지만 여전히 중요한 교육 환경이다. 대한민국 교육 환경은 대학교에 진학하는 데 얼마나 유리한가로 평가되는데, 고등학교가 최종 통로이기 때문에 지역 내에 어떤 고등학교가 있는지가 매우 중요한 요소가 된다. 학군이라는 말 자체가 고등학교 위치로 정해진다고 보면 된다.

서울대를 가장 많이 보내는 강남교육청이 1위 학군이다. 그다음으로는 송파구·강동구가 있는 강동교육청, 양천구·강서구가 있는 강서교육

서울특별시 학군

	관할 교육청	지역
1학군	동부교육지원청	동대문구, 중랑구
2학군	서부교육지원청	마포구, 서대문구, 은평구
3학군	남부교육지원청	구로구, 금천구, 영등포구
4학군	북부교육지원청	노원구, 도봉구
5학군	중부교육지원청	용산구, 종로구, 중구
6학군	강동송파교육지원청	강동구, 송파구
7학군	강서교육지원청	강서구, 양천구
8학군	강남교육지원청	강남구, 서초구
9학군	동작관악교육지원청	관악구, 동작구
10학군	성동광장교육지원청	광진구, 성동구
11학군	성북교육지원청	강북구, 성북구

청, 노원구가 있는 북부교육청 지역에서 상대적으로 높은 대학 진학률을 보여 주고 있다.

학원 중심 교육 환경

학원 입지도 매우 중요하다. 재수생이 급격하게 증가한 1990년대에 대형 학원가가 생기기 시작했다. 학원 입지의 프리미엄은 대형 학원가가 있느냐 없느냐로 평가할 수 있다. 대형 학원가는 지역 학원가에 대비되는 용어다. 특정 학원의 강의를 듣기 위해 타 지역에서도 학생들이 몰려드는 학원가를 의미한다. 대표적인 곳으로 강남구 대치동, 양천구 목동, 노원구 중계동 학원가를 들 수 있다. 대치동 학원가는 서울 전체

서울 3대 학군의 평균 아파트 시세

(단위: 3.3㎡당 만 원)

구	동	2016년	2021년
강남구	대치동	3,763	7,496
양천구	목동	2,375	4,458
노원구	중계동	1,354	3,104

뿐 아니라 경기도 전역까지 영향력을 미친다. 멀어서 평일에 오기 힘들면 주말에 오기도 한다.

대치동 학원가의 특징은 셔틀버스 운행을 하지 않는다는 것이다. 셔틀버스가 없어도 알아서 찾아올 만큼 학생 유입력이 대단하다는 의미다.

목동 학원가의 영향권도 넓다. 서쪽으로는 강화도·김포시에서, 북쪽으로는 파주시·고양시에서, 남쪽으로는 시흥시·광명시·부천시에서, 동쪽으로는 마포구·영등포구에서 목동 학원가를 이용한다. 중계동 학원가도 노원구·도봉구·강북구 등 서울 외곽 지역은 물론 양주시·의정부시, 나아가 남양주시·구리시에서도 원정을 온다. 이 학원가의 영향력 범위가 이 지역들의 배후 수요지다. 자녀를 학원에 보내기 위해서 이사하는 경우가 꽤 많기 때문이다.

학부모 입장에서 생각해 보면 그 심정을 충분히 이해할 수 있다. 아이를 흔들리는 셔틀버스에서 자게 하는 것보다 1억 원을 더 주고서라도 도보권으로 이사 가서 집에서 재우고 싶은 것이다. 그래서 학원가를 포함하고 있는 입지는 여간해서는 프리미엄이 빠지지 않는다.

대치동의 40년 된 아파트들이 재건축 이슈와 무관하게 강남구에서

대치동 학원가

목동 학원가

중계동 학원가

도 여전히 상위 시세를 형성하고 있는 것은 이런 학원가를 이용하고 싶어 하는 수요의 힘이 크다. 목동은 강남구처럼 일자리가 많거나 상권이 발달한 곳도 아닌데 강남권 시세가 유지된다. 이 역시 이런 학원가의 영향력 때문이다. 따라서 대형 학원가의 위치를 파악해 두는 것은 교육 프리미엄을 평가하는 데 매우 편리하다.

　학원가를 경험하고 서울대에 입학한 선배들이 선정한 학원가 순위가 있다. 1위 대치동, 2위 목동, 3위 중계동, 4위 노량진, 5위 송파구, 6위 분당, 7위 일산 후곡마을, 8위 일산 백마마을, 9위 평촌, 10위 수원 정자동이다. 이 학원가 주변의 주거 시설은 여간해서는 시세가 빠지지 않는다. 임대 수요도 많기 때문에 아파트와 빌라는 물론이고 심지어 오피스텔과 원룸 수요도 꽤 많다.

교육 환경 프리미엄

교육 환경 프리미엄은 학교와 학원을 동시에 고려해야 정확히 파악할 수 있다. 이를 정리하면 다음과 같다.

교육 환경의 가치를 결정짓는 기준

	교육 환경의 가치	대표 지역
1등급	서울대 진학률이 높은 고등학교가 많고 대형 학원가가 형성된 지역	서울 강남구·양천구·노원구, 대구 수성구
2등급	서울대 진학률이 높은 학교가 많은 지역	서울 강동구·광진구
3등급	서울 소재 대학교 진학률이 높은 학교가 많은 지역	서울 주요 지역, 1기 신도시
4등급	동네 보습학원이 없는 지역	
5등급	학교가 없는 지역	

이것은 교육 환경에 대한 프리미엄만으로 평가한 것이다. 실제 시세를 보면 노원구가 강동구와 분당보다 낮다. 교육 환경 이외의 요소들까지 반영된 결과이기 때문이다.

교육 환경의 중요도는 점점 낮아지고 있다. 왜냐하면 학생 수가 절대적으로 감소하고 있고, 이에 따라 대학 진학률이 높아지고 있기 때문이다. 심지어는 학생 수 부족으로 통폐합되는 대학과 학과도 계속 발생하고 있다. 학생 수가 많은 쪽으로 학교 자체가 이전하는 경우도 있다. 과거에는 학교만 있다면 어느 정도 교육 환경 가치를 인정받을 수 있었다. 하지만 앞으로는 어떤 학교가 있는지, 학원가는 있는지 등 조건이 더 까다로워질 것이다. 교육 프리미엄이 반영될 만한 입지가 점점 줄어들고 있다. 따라서 입지를 평가할 때 교육 프리미엄이 있는 입지와 없는 입지가 확연하게 분리될 것이다.

결국 전국적으로 교육 환경 분석의 중요도는 낮아지더라도 교육 환

연도별 신생아 수(2011~2020년)

구분	2011년	2012년	2013년	2014년	2015년	2016년	2017년	2018년	2019년	2020년
출생아 수 (천 명)	471.3	484.6	436.5	435.4	438.4	406.2	357.8	326.8	302.6	272.4
합계 출산율 (명)	1.24	1.30	1.19	1.21	1.24	1.17	1.05	0.98	0.92	0.84

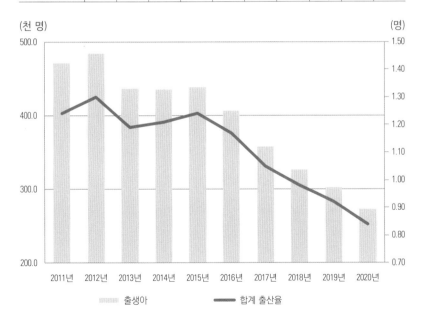

경 프리미엄은 더 높아질 것이다.

아들을 둔 학부모는 아이를 남녀공학에 보내고 싶어 하지 않는다. 남학생은 내신 경쟁에서 여학생보다 높은 등급을 받기 어렵기 때문이다. 남학생 중에서 1등을 하더라도 전체 내신을 보면 2등급이나 3등급이 되는 학교가 꽤 많다. 공부로는 여학생과의 경쟁에서 살아남기가 어렵다. 단적인 예로 육군사관학교, 해군사관학교, 공군사관학교조차 전교 1등이 늘 여자 생도다. 공무원 시험 합격자들만 보더라도 50% 이상이 여성이다. 초등학교 선생님 시험에서는 남성 할당을 의무적으로 둘

대치동 아파트별 진학 학교*

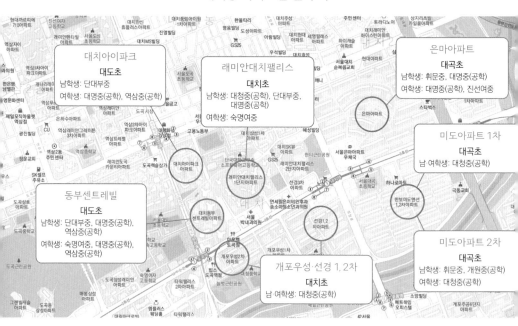

정도다. 학습 면의 이러한 여성 우위 경향 때문에 학부모들은 시험으로 평가하는 경쟁에서는 남학생이 상대적으로 불리하다고 판단한다. 그래서 의도적으로 남자 고등학교로 배정받고 싶어 한다.

이런 경향이 부동산에 어떤 영향을 미칠까? 남녀공학 배정 지역보다 남학교 배정 지역의 프리미엄이 더 높아지는 결과로 나타난다. 단지가 큰 아파트라면 같은 단지 내에서도 학교 배정이 나뉠 수 있다. 이때 남학교로 배정되는 동의 가격이 남녀공학 쪽에 배정되는 동보다 5% 이상 높다. 따라서 가격 조건이 비슷하다면 남학교에 배정되는 지역이나 동을 매수하는 것이 하나의 팁이 될 수 있다.

상권, 주거 편의성이 있거나 확장되거나

한줄 요약 주거에 유리한 상권, 주변과 시너지 효과를 내는 상권을 찾아라

생활 편의 시설은 주부들에게 매우 필요한 키 바잉 팩터다. 농업을 기반으로 했던 과거에는 생활에 필요한 것을 대부분 직접 만들어 쓰거나, 5일장이 서면 원거리를 이동하여 사 오곤 했다. 하지만 사회가 도시화되고 생활의 패턴 자체가 달라지면서 편의 시설의 중요성이 점점 더 높아졌다. 또한 과거의 소비 패턴이 필요한 것만 사는 것이었다면, 현재는 필요한 것과 즐길 수 있는 것까지 포함하는 개념으로 확대됐다. 이러한 트렌드는 점점 더 가속화될 것이고, 이에 따라 생활 편의 시설의 중요성도 갈수록 높아지고 있다. 생활 편의 시설은 크게 두 가지 측면에서 분석할 수 있다. 기존 도심 내 상권과 신도시 상권이다.

기존 도심 내 상권

어떤 동네에 가도 구멍가게 하나쯤은 꼭 있다. 시골 마을에 가도 규모는 작지만 음료, 라면, 담배 등 간단한 생필품을 파는 가게가 대부분 있다. 이것이 상권의 시작이다. 유동인구가 많아지거나 해당 마을에 거주하는 사람이 늘어나면 상가가 하나씩 추가된다. 이발소, 미용실도 생겨난다. 옷가게, 화장품 가게도 생긴다. 분식점, 휴대폰 매장, 카페도 생기고 치킨집과 호프집도 들어선다. 노래방도 생긴다. 근처에 학교가 있다면 보습학원도 생긴다. 이런 식으로 거주 인구나 유동인구를 대상으로 하는 상가들이 하나둘씩 늘어나게 된다. 시간이 어느 정도 지나면 하나로 출발했던 상가가 수십 개가 된다. 이른바 상권이 형성된 것이다. 이것이 기존 도심 내 상권이다.

기존 도심 내 상권에서 주목해야 할 포인트는 상권의 확장과 축소다. 서울의 변두리 지역이나 지방의 소도시처럼 인구가 고정된 경우는 상권이 어느 정도까지만 확장되다가 성장이 멈춘다. 딱 필요한 규모로만 상권이 유지된다. 특별한 부동산적 변화, 즉 대규모 아파트가 입주한다든가 전철역이 생긴다든가 하는 변화로 유입 인구가 증가하면 상권은 확장될 수 있다. 하지만 그런 호재가 없다면 이용 인구는 그대로 유지된다. 한편으로 인근 지역에 유사한 상권이 형성되면 경쟁을 해야 한다. 경쟁에서 지면 상권이 축소될 수 있다.

따라서 기존 도심 내 상권은 확장하는 상권인지를 파악하는 것이 매우 중요하다. 오른쪽 도표는 SK텔레콤 빅데이터 분석 플랫폼 지오비전 (Geovision)을 통해 상권별 매출, 유동인구 등을 비교 분석한 '2021년 대한민국 매출 100대 상권' 자료다. 상위 몇 개만 보자면 1위 압구정역 상권, 2위 강남역 북부 상권, 3위 강남역 남부 상권, 4위 신사~논현역 상권, 5위 천호역 상권이다. 이러한 상권들도 처음에는 작은 상가들로 시작했을 것이다. 상가가 확장하는 곳은 상가 투자자층에게 가장 좋은 대상 입지가 된다. 확장되기 전에는 시세가 낮았을 텐데 상권에 포함되면서 시세가 급등한 것이다. 이렇게 되면 상가 임대료가 상승함은 물론 시세 차익도 확보할 수 있다. 따라서 상권이 확장하는 지역을 눈여겨볼 필요가 있다.

압구정 상권

2021년 대한민국 매출 100대 상권

순위	전년 대비	상권명	월 매출(억 원)	일 유동인구(명)
1	▲ 2	서울 압구정역	4,092	231,341
2	–	서울 강남역 북부	4,030	401,423
3	▼ 2	서울 강남역 남부	3,586	463,432
4	–	서울 신사–논현역	2,319	285,545
5	–	서울 천호역	1,786	185,641
6	–	부산 서면역	1,739	473,248
7	–	서울 학동역	1,584	252,934
8	–	서울 학동사거리 상권	1,429	149,323
9	–	서울 종각역 인근	962	518,842
10	▲ 1	대구 반월당사거리	958	297,697
11	▼ 1	서울 선릉역	949	303,309
12	–	울산 남구청	840	151,877
13	–	성남 서현역	727	176,240
14	–	성남 야탑역	710	157,426
15	–	서울 서울대입구역 주변 상권	676	315,665
16	▲ 6	서울 노원역	654	268,922
17	–	대전 둔산2동 상권	635	157,988
18	▼ 2	서울 삼성역	613	241,542
19	▲ 4	서울 교대역~남부터미널역 주변 지역	604	316,341
20	▲ 4	안산 초지동(고잔신도시)	601	51,761
21	▼ 2	인천 부평시장역 인근	597	461,941
22	▼ 2	서울 성수역	582	463,972
23	▼ 5	대전 둔산 샤크존	576	183,626
24	▲ 5	서울 한티역	548	114,847
25	▼ 4	부산 자갈치, 국제시장	533	513,229
26	–	서울 잠실역	529	303,936
27	▼ 2	서울 교대역~남부터미널역 인근	524	294,548
28	▼ 2	수원시청 주변	498	203,952

순위	전년 대비	상권명	월 매출(억 원)	일 유동인구(명)
29	▲ 1	안양 범계역 인근	481	201,723
30	▼ 2	서울 신촌역	478	282,390
31	▲ 3	부산 범일동역 인근	441	332,686
32	▲ 4	서울 신천역	437	124,184
33	▼ 2	서울 영등포시장역 인근	430	321,789
34	▼ 2	이천 창전동 상권	425	182,836
35	▲ 1	부천 중동사거리	410	256,128
36	▲ 10	성남 정자역	407	137,092
37	▲ 4	부천 중1, 2, 3동	394	177,671
38	–	서울 홍대입구역	393	221,718
39	▲ 5	안산 호수동(고잔신도시)	391	112,840
40	▼ 3	부산 하단역, 당리역	385	210,445
41	▲ 1	안산 중앙역	385	193,349
42	▼ 2	구리시 구리역	376	219,910
43	▲ 15	서울 신대방역 북부 상권	374	87,887
44	▼ 1	군포시 산본 상권	366	162,190
45	–	부산 장산역 주변	360	181,385
46	▲ 3	대구 범어동	356	167,449
47	▼ 5	익산 이리동초교	352	158,381
48	▲ 16	부천 역곡역 주변	350	133,332
49	▼ 10	서울 오목공원 주변	350	109,046
50	–	인천 구월로데오거리	350	65,620
51	–	울산 울산시청	348	161,250
52	▲ 10	성남 미금역 인근	348	120,701
53	▲ 10	서울 삼전동 상권	348	184,195
54	▼ 7	서울 신당-동대문운동장역 부근	348	405,361
55	▼ 2	순천 조례동	347	60,057
56	▲ 9	천안 터미널 인근	337	92,393
57	▲ 15	성남 수내역	333	133,275
58	▲ 19	서울 반포고속터미널 주변	331	370,346

순위	전년 대비	상권명	월 매출(억 원)	일 유동인구(명)
59	▲ 29	서울 청담역 부근	331	33,218
60	▼ 5	안양 안양역	323	228,767
61	▼ 13	서울 사당역	321	300,856
62	▼ 8	부산 연산동역 인근	317	162,600
63	▼ 6	대구 이곡동 인근	317	198,305
64	▼ 3	강릉 중앙로	316	90,740
65	▲ 1	서울 연신내역	313	201,435
66	▲ 7	고양 화정동	310	165,765
67	▲ 11	광주 터미널 인근	307	85,622
68	▲ 16	대구 서문시장 인근	303	46,117
69	▲ 2	하남 신장2동 상권	303	207,530
70	▼ 14	서울 강남구청 주변	302	109,093
71	▲ 4	서울 석촌역	300	166,543
72	▼ 13	수원 곡선동 상권	300	68,616
73	▼ 13	부산 동래역	299	140,395
74	▼ 5	서울 내방역 주변	297	194,124
75	▼ 5	서울 양재역	296	131,710
76	▼ 24	여수 흥국체육관 주변	293	142,710
77	▼ 10	서울 공릉역	290	244,871
78	▼ 4	부천 부천역 주변	281	261,743
79	▼ 3	서울 신림역 주변 상권	278	235,427
80	–	부산 해운대역 주변	277	161,267
81	▼ 13	의정부 중앙-태평로	276	95,432
82	▲ 5	광명 철산역	264	160,182
83	NEW	서울 종로5가역 인근	263	150,794
84	▲ 14	서울 을지로4가역 인근	262	220,403
85	▼ 3	용인 풍덕천 주변 지역	261	114,171
86	▼ 5	인천 계산역	261	200,702
87	NEW	용인 처인김량장동 상권	259	111,479
88	NEW	광주 금남로4가역	258	100,012

순위	전년 대비	상권명	월 매출(억 원)	일 유동인구(명)
89	▲ 11	경산시 중앙동	258	32,016
90	▲ 3	서울 명동역 주변	257	138,561
91	▲ 4	서울 우림시장 주변	257	133,847
92	▼ 9	청주 성안동	257	104,280
93	▲ 3	고양 장항2동	257	57,836
94	NEW	순천 순천역	255	35,940
95	NEW	서울 미아삼거리역	253	127,279
96	▼ 14	서울 건대입구역	253	140,986
97	NEW	울산 삼산동	253	94,077
98	▼ 13	부산역 인근	251	264,389
99	–	포항 상대동 상권	250	127,526
100	▼ 10	서울 영등포구청역 인근	250	166,266

자료: SK텔레콤 뉴스룸

상권이 확장되는 대표적인 지역이 마포구 홍대 상권과 용산구 이태원 상권이다. 이 두 지역의 공통점은 상가 부동산이 아닌데도 상권 확장의 수혜를 누리는 부동산이 많았다는 것이다.

홍대 상권

홍대 상권은 홍익대학교 입구 근처에서 학생들을 고객으로 운영하던 몇몇 상가가 확장을 거듭하면서 젊은이들의 문화적 공간으로 자리잡은 것이다.

기존 상가들은 시세가 매우 높다. 서울의 주요 지역에서 상가로 분양되는 부동산을 보면 10억 원 이하는 찾아볼 수도 없다. 임대료도 매우 높다. 보증금 몇억 원에 월세가 몇천만 원까지 한다. 홍대 입구는 대학가의 저렴한 다세대주택, 빌라, 주택을 활용해 대학생 월세 수준의 비용만 지불하고 상가를 운영한 것이 시작이었다. 임대료가 낮기 때문에 싸고 좋은 상품과 서비스를 제공할 수 있었다. 그 소문이 퍼지면서 서울 전 지역에서 홍대로 유동인구가 몰려들었다. 현재 프랜차이즈화

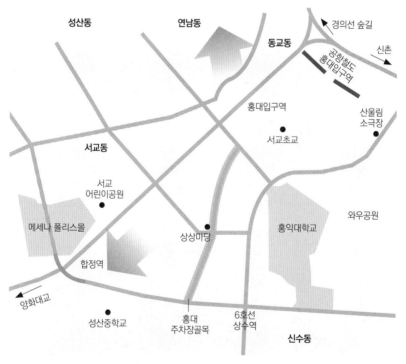

홍대를 중심으로 하던 상권이 합정동, 연남동, 망원동 등으로 확장되고 있다.

된 브랜드 가운데는 홍대에서 시작한 아이템이 많다. 떡볶이집과 노래방 등이 그 예다. 창의적인 상가가 많이 들어오면서 홍대 상권이 급성장했다.

자발적으로 찾아오는 사람이 많아지고 장사가 잘되면 그 프리미엄이 부동산 시세에 반영된다. 시세가 낮은 다세대주택·빌라·주택이었지만 상가로 전용되면서 시세가 상가와 같거나 오히려 더 높아진다. 시간이 지날수록, 창의적인 상가를 만들어 왔던 창업자들이 감당할 수 없는 수준까지 올라간다. 결국 홍대 주요 상권에는 대규모 프랜차이즈가 하

홍대 상권

나둘씩 들어오고, 애초에 상권을 만들어 낸 창업자들은 주변으로 계속 밀려났다. 서교동에서 동교동으로, 그리고 합정동으로, 상수동으로, 연남동으로, 망원동으로. 그러나 이들은 양질의 콘텐츠를 가지고 있기 때문에 이들의 동선을 따라서 상권이 확장됐다. 기존의 주요 상권에 확장된 상권까지 포함함으로써 마포구는 상권 확장의 진면목을 보여 준다.

홍대 상권의 확장으로 가장 큰 덕을 본 것은 인기 없던 다세대주택·빌라의 소유주들이었다. 이곳은 주거 지역으로는 인기가 없었다. 상권과 교육 환경은 반비례한다. 홍대 주변은 먹고 쇼핑하고 즐기는 문화로서는 좋은 입지지만 가족 단위로 거주하기에는 좋은 입지가 아니었던 것이다. 하지만 홍대 상권의 확장으로 여기는 두 가지 수요층을 확보하게 됐다.

첫째는 상가 수요다. 원래 상가는 비싸기 때문에 기존 주택들을 개조해 상가로 이용하게 된 것이다. 주택의 비주거화 결과다. 이에 따라 그전에는 임대료 싼 자취방으로 운영하던 부동산을 상가로 임대할 수 있게 됐다. 임대료가 큰 폭으로 상승해 임대 수익이 증가했다.

둘째는 거주 수요다. 상권이 확대되자 상가에서 일하는 사람들을 위한 거주 공간이 필요해졌다. 동시에 다세대주택·빌라의 인기가 높아졌다. 그리고 이런 젊은 문화를 좋아하는 층의 거주 수요도 증가했다. 상가 수요와 거주 수요가 함께 증가하면서 홍대 주변의 부동산이 활성화됐다.

홍대 상권은 성장 동력이 여전히 남아 있다. 상권이라고는 망원시장밖에 없던 망원동까지 범위가 확대되고 있고, 혐오 지역이었던 당인리 발전소 주변으로도 상권이 확대되고 있다. 아마 이 확장세는 한강까지 이어질 것이다. 이렇게 상권 확장은 많은 사람에게 부동산 성공의 기회를 제공한다. 코로나 상황만 정리되고 나면 그렇게 될 가능성이 매우 높다.

이태원 상권

홍대 상권과 유사한 형태로 성장하는 지역이 바로 용산구 이태원 상권이다. 최초에 외국인들을 대상으로 하는 상권으로 시작한 이태원은 이색적인 문화를 즐기는 내국인들도 많이 이용하면서 급격히 성장했다. 마찬가지로 상가 시세가 상승하자 주변으로 상권이 확장됐다.

그렇게 형성된 대표적인 상권이 바로 경리단길이었다. 경리단길은 상권이 들어올 만한 지역이 아니었다. 전형적인 달동네 지형이다. 주차할 공간이 전혀 없고 평지가 아니라 완전히 급경사에 꼬불꼬불한 길이다. 하지만 오히려 이런 구시대의 골목 부동산이 상권 차별화에 도움이 됐다. 주말이면 이 경리단길이 방문객들로 가득 차곤 했다. 코로나 이전까지는 말이다.

경리단길 역시 새로운 상권으로 포화 상태가 되자 길 건너편인 해방촌으로 상권이 확장됐다. 해방촌은 경리단길보다 더 심한 달동네이고 더 급경사다. 그럼에도 남산이라는 천혜의 환경을 배후로 한 이 낙후된 동네에 생기가 돌기 시작했다. 해방촌은 서울에서도 서민층이 사는 지역이다. 1960~1970년대 도심 분위기를 현재도 유지하고 있다. 이태원은 물론 경리단길과도 또 다른 상권 문화가 형성된 곳이다. 노홍철의 '철든책방'으로 더욱 유명해진 신흥 재래시장은 해방촌 상권의 전형으로 꼽히는 곳이기도 하다. 재래 문화와 현대 문화가 공존하게 된 지역이다.

이 상권은 이제 해방촌을 넘어 후암동까지 확대되고 있으며 기존 상권이던 숙대 입구, 청파동까지 연결되면서 용산구 북부 지역 전체가 대규모 상권 입지로 성장하고 있다. 미군 부대가 완전히 이전하고 미국 대사관이 이전해 오면 몇 단계 업그레이드된 상권으로 변화하게 될 것이다.

이태원 상권이 확장되면서 경리단길, 해방촌 등이 핫플레이스로 떠올랐다.

이태원 상권

　몇 지역을 덧붙이자면 성수동 상권도 또 다른 재미를 주는 곳이다. 낙후된 지역으로는 드물게 지형상 평지다. 서울숲이라는 엄청난 환경적 프리미엄을 주는 배후 요소가 있다. 한강도 가깝다. 성수동의 공장지대도 점차 상권화되고 있고, 다세대주택과 단독주택 집촌지도 상가화되고 있다. 홍대나 용산과는 또 다른 상권으로 확장됐다. 성수동을 넘어 송정동까지도 확대 중이다.

　송파구의 송리단길, 영등포구의 문예창작촌, 노원구 경춘선길 등도 새롭게 부각되는 상권 지역이다.

성수동에는 공장 지대가 그 모습 그대로 상권화된 곳도 있다.

신도시 대형 상권

신도시 대형 상권을 살펴보자. 백화점, 마트, 대형 쇼핑센터 등이 특정 지역에 들어섬으로써 지역 상권이 한번에 만들어진다. 가장 대표적인 지역이 일산신도시였다. 일산신도시는 단지 주변의 나 홀로 상권이 아주 강한 지역이었다. 대표적인 시설이 주엽역의 태영플라자였다. 지역 경제를 주도할 만한 대규모 유통 시설이 없었기 때문이다. 물론 정발산역 인근의 롯데백화점과 마두역 인근의 뉴코아백화점이 있었다. 그러나 일산에서 볼 때 큰 정도지, 타 지역에서 굳이 찾아올 일은 많지 않았다. 대형 상권의 영향력 크기는 주변 인구가 아니라 외부 인구가 특정 유통 시설을 이용하기 위해 얼마나 많이 찾아오느냐에 따라 정해진다.

2003년 라페스타라는 스트리트형 복합 쇼핑몰이 오픈했다. 6개 동이 연결되어 있으며 주변 상권과도 어우러져 단순히 하나의 대형 상가가 아니라 복합 문화 상권의 기능을 하는 최초의 유통 시설이었다. 주변 상가들뿐 아니라 홈플러스(당시 까르푸), 롯데백화점과도 시너지를 냄으로써 현재 유통 시설을 주도하는 복합 쇼핑몰로서 하나의 기준을 제시했다. 일산 주민들뿐 아니라 서울에서도, 심지어는 지방에서도 라페스타를 찾아왔다. 대박 상권이 된 것이다.

2007년에는 웨스턴돔이 오픈하면서 정발산역 주변은 대한민국 복합 쇼핑몰의 성지가 됐다. 기존 지역 상권에는 없던 다양한 콘셉트의 상가들이 생겨났다는 점에서도 이 대형 쇼핑 시설의 출현은 대한민국 상가 발전에 큰 기여를 했다. 2010년에는 대화동 현대백화점과 레이킨스몰이 오픈했다. 이 일은 이제 백화점 하나로는 부족하고 스트리트 상가와 몰 상가의 복합 쇼핑몰 형태로 가야 한다는 시사점을 주기도 했다. 2013년 오픈한 원마운트 상권과 탄현동 두산위브더제니스 상권도 같은 개념이었다.

일산에서의 이러한 다양한 상권 실험은 2015년 현대백화점 판교점 오픈에 영향을 주었다. 가장 성공한 복합 시설 오픈으로 평가받고 있으며, 이후 신세계와 롯데의 복합 쇼핑몰 오픈에도 벤치마킹됐다.

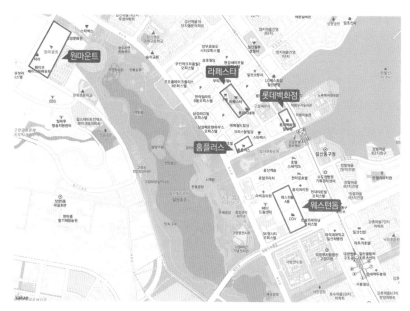

정발산역 부근 상권*

현대백화점 판교점

이러한 대형화 상권의 발달에는 장단점이 있다. 장점은 지역 주민들에게 지역 프리미엄을 준다는 것이다. 이러한 복합 쇼핑 시설의 상권을 이용할 수 있는 주거 지역에는 프리미엄이 생긴다. 주거 시설의 가치가 쇼핑 시설 오픈 전보다 상승하는 것이다. '슬리퍼 생활권'이라는 용어가 있다. 대형 쇼핑 시설에 갈 때 화장을 하지 않고 모자 하나 눌러 쓰고 아주 편한 복장으로 슬리퍼를 신고 갈 수 있는 지역이라는 의미다. 이 슬리퍼 생활권을 가능케 하는 상권이 들어서는 것은 주거 시설의 가치 상승에 크게 기여한다.

반대로 대형 유통 시설의 등장은 기존 지역 상권에는 좋지 않은 영향을 주었다. 일단 상권의 주도권을 빼앗긴다. 라페스타와 웨스턴돔 시절까지만 하더라도 주변 상권과의 조화와 어울림이 중요했다. 주변 상권에 없거나 주변 상권과 차별화되는 상가들이 복합 쇼핑몰 업종을 구성했다. 하지만 최근의 대형 쇼핑 시설은 원스톱 쇼핑을 지향한다. 한 쇼핑 시설 안에서 모든 것을 해결해 주는 형태로 개발된다. 주변 상권을 이용할 수 없게 하는 것이다. 결국 대형 쇼핑 시설이 들어오면 주변 상권의 위상은 급격히 추락하게 된다. 대형 쇼핑 시설이 오픈할 때마다 지역 상권 연합에서 오픈 반대 시위를 하는 이유가 여기에 있다.

따라서 대형 유통 시설이 개발될 때에는 두 가지를 기억해야 한다. 첫째는 주거 시설의 프리미엄이 올라가리라는 점이다. 특히 슬리퍼 생활권이 가능한 입지의 주거 시설은 시세가 상승할 가능성이 매우 크다. 생활 편의성이 이전에 비해 매우 좋아지기 때문이다. 둘째는 지역 소형 상권,

신세계백화점 강남점

특히 개별 상가에 악영향을 줄 가능성이 매우 크다는 점이다. 공실이 날 리스크가 발생하고, 상가 임대료가 낮아질 수 있다. 상가 소유주라면 이에 대비해야 한다. 대형 유통 시설과 겹치는 상가라면 이전이 하나의 방법이 될 것이고, 차별화된 업종을 유치하는 것도 대응 전략이 될 것이다.

재래시장·외곽 지역의 복합 쇼핑 시설

또 다른 차원으로 검토해 볼 상권이 있다. 재래시장과 외곽 지역에 개발하는 각종 복합 쇼핑 시설이다.

먼저 재래시장이다. 재래시장은 주로 도심 한가운데 있다. 상권이 극도로 발달하면 교육 환경에는 좋지 않다고 말했는데, 재래시장은 전형적인 상권이어서 주변 교육 환경을 고려할 필요가 없다. 따라서 재래시장만 발달한 곳은 교육 환경이 좋지 않을 가능성이 있다. 하지만 교육 환경을 고려할 필요가 없는 세대에게는 생활 편의성이 높아지는 것이기 때문에 차별화된 상권으로서의 프리미엄이 된다. 재래시장 상권을 좋아하는 세대는 주로 50대 이상의 은퇴 세대 또는 은퇴 준비 세대다. 다시 말해 베이비부머들이 선호하는 입지 조건의 하나가 될 수 있다는 것이다.

외곽 지역에 개발되는 복합 쇼핑 시설이 있다. 대표적인 시설이 프리미엄 아울렛과 복합 쇼핑 시설이다. 파주, 여주, 이천에 개발된 신세계 프리미엄 아울렛과 롯데 프리미엄 아울렛 등이 대표적인 예다. 현대도 김포와 송도에 프리미엄 아울렛 매장을 오픈했다. 3대 유통 대기업이 본격적인 경쟁에 돌입한 것이다.

프리미엄 아울렛보다 더 큰 규모로 오픈하는 유통 시설이 있다. 스타필드 하남, 스타필드 고양으로 대표되는 대규모 복합 쇼핑 시설이다. 말 그대로 유통으로 정의할 수 있는 상가는 다 입점해 있다고 보면 된다. 1평 규모의 캔디를 파는 상가에서 대형 극장 등의 문화 시설은 물론 수영장 등 체육 시설, 다양한 레스토랑, 아이들이 놀 수 있는 레저 시설, 프리미엄 아울렛과 백화점 브랜드까지 유치했다. 쇼핑 시설의 '끝판왕'이라고 할 수 있다.

여주 프리미엄 아울렛

스타필드 고양

이런 대형 쇼핑 시설 인근에서 소형 상권이나 상가를 운영하는 점주나 소유주라면 여러 가지 대응 전략이 필요하다. 웬만한 차별화 전략으로는 운영을 계속하기 어렵기 때문이다. 반대로 이 쇼핑 시설을 이용하는 입장에서 보면 이보다 좋을 순 없다. 특히 주부라면 프리미엄을 주고서라도 근처로 이사하고 싶어 할 것이다.

　정리해 보자. 도심 내 상권, 즉 지역 상권은 확장 여부로 부동산 가치를 판단하면 된다. 확장하고 있는 상권이라면 확장되는 방향에 있는 입지의 부동산에 주목하면 된다. 저렴한 주거 소유주에서 상가 소유주로 업그레이드할 기회를 발견할 수 있다.

롯데몰 은평

대형 유통 시설이 들어오는 상권은 주변 주거 시설 거주민에게는 큰 혜택을 준다. 이 혜택의 크기만큼 프리미엄이 상승한다. 대형 쇼핑 시설은 최소 3~5년 정도의 공사 기간이 필요하므로 이 기간이 주변 주거 시설을 매수하기에 가장 좋은 타이밍이 될 것이다. 반면 신설되는 대형 유통 시설 인근의 상가 운영자나 소유주는 별도의 대비 전략을 마련해야 한다.

반지하의 반전

2000년대 초반까지 다세대주택에는 반지하도 있었다. 주택 공급량에 비해 수요가 훨씬 많은 시기였기 때문에 반지하라고 해도 수요가 꽤 많았다. 물론 매매·임대 시세는 매우 저렴했다. 하지만 2010년 전후로 주택 보급률이 크게 증가하자 반지하에 입주하려는 세대가 많이 줄어들었다.

2010년 이후 공급된 다세대주택에는 아예 반지하라는 개념이 없다. 1층조차 아예 필로티로 설계해 주차장으로 활용하는 곳이 더 많다. 따라서 현재 반지하 형태의 주거 시설은 애물단지다. 매매도 어렵고, 임대료가 아무리 낮아도 세입자를 찾기가 매우 어렵다.

하지만 상권이 확장되는 지역의 반지하 세대는 상가로 활용할 수 있다. 커피숍으로도 좋고 소형 판매 시설로도 활용할 수 있다. 작은 식당으로 꾸밀 수도 있다. 홍대, 해방촌, 성수동 등에서 많은 예를 볼 수 있다. 기존 낙후된 주거 시설이 많은 지역의 반지하 세대를 차별화된 상가로 탈바꿈시켜 매력 있는 상품으로 만드는 것이다.

홍대 부근과 이태원에서는 다세대주택의 반지하를 음식점이나 매장으로 꾸며 상가로 활용하는 곳을 많이 볼 수 있다.

자연, 수(水) 공간과 녹지 공간 확보

한 줄 요약　천혜의 환경이 없더라도 제대로 된 인공 환경이 있는가?

　서울에서 프리미엄이 가장 높은 자연환경은 무엇일까? 아마도 한강일 듯하다. 한강 프리미엄이 가장 제대로 반영된 곳은 강남구 압구정동, 서초구 반포동, 용산구 동부이촌동과 서빙고동일 것이다. 한강이 도대체 무엇이길래 이렇게 높은 프리미엄이 생기는 것일까? 바로 자연환경이 주는 쾌적성 때문이다.

　'풍수지리(風水地理)'의 의미를 정확히 아는 사람이 많지 않을 것이다. 대부분 '조상의 묏자리를 잘 쓰면 후손들이 좋은 영향을 받는다' 정도로 알고 있을 것이다. 풍수지리는 한자어 그대로 해석하면 '바람과 물과 땅의 이치'라는 의미다. 중국의 풍수지리 이론서로 《장경(葬經)》

이라는 책이 있다. 여기 풍수의 어원이 나온다. 풍수는 장풍득수(藏風得水)를 줄인 말이다. 바람은 감추고 물을 얻는다는 의미다. 다시 말해 풍수지리란 '사람에게 해로운 바람은 감추고, 사람에게 필요한 물을 얻는 땅을 찾자(또는 만들자)'는 학문이다. 명당 묏자리를 찾는 학문이 아니다.

자연환경 프리미엄을 설명하기 전에 풍수 이야기로 시작하는 것은, 환경 프리미엄을 정확하게 이해하기 위해서는 이 풍수의 원리를 아는 것이 중요하기 때문이다. 사람은 대개 비슷하다. 좋은 공기로 호흡하면 머리가 맑아지고 건강해진다. 좋은 공기는 나무가 많은 곳에서 나온다. 또한 양질의 물에서도 음이온 같은 좋은 기운이 나온다. 결국 사람에게 좋은 환경이란 좋은 공기를 주는 나무와 음이온을 주는 물이 있는 곳이다. 좋은 산으로 대표되는 녹지 공간과 강으로 대표되는 수 공간이 답이 될 것이다.

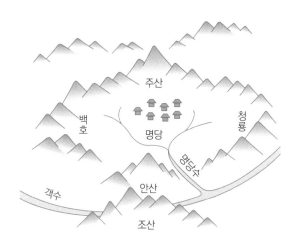

풍수 입지 용산구

그런데 산과 물을 모두 갖춘 입지는 드물다. 대한민국은 지형상 산이 많고, 기암절벽에서는 사람이 살 수 없다. 사람이 가장 살기 좋은 지형은 평지다. 따라서 평지이면서 녹지 공간을 갖는 것이 가장 좋다. 뒤에 산을 끼고 있다면 더 좋다. 여기에 양질의 물이 있다면 완벽한 조건이 된다. 이런 조건을 구비한 가장 대표적인 입지가 용산구다.

서울에서 풍수적으로 가장 좋은 입지 하나를 꼽으라 하면 단연 용산구다. 비교할 만한 입지가 없다. 그런데 용산구는 왜 지금까지 주거지로서의 인지도가 생각보다 높지 않았을까? 동부이촌동 정도가 그나마

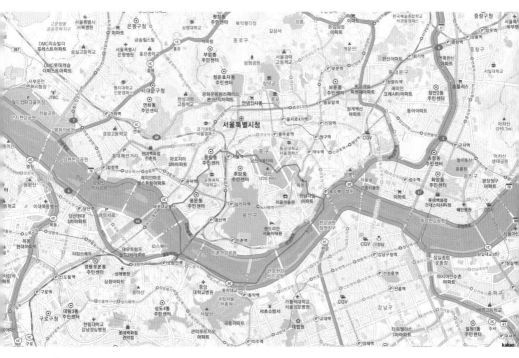

용산구*

용산구는 서울에서 풍수적으로 가장 좋은 입지다.

유명하고, 대한민국의 대표 부자들이 사는 한남동 정도가 대표적인 주
거지다. 그 외 지역은 주거지가 아니라 교통과 상권으로 유명할 뿐이었
다. 용산구가 좋은 주거 조건을 갖추었음에도 그동안 소외됐던 것은 가
장 좋은 입지를 미군이 점유하고 있었기 때문이다.

　풍수적으로 가장 좋은 입지인 용산구를 차지했던 미군 부대는 이제
평택으로 대부분 이전했고 나머지 부분이 정리 중이다. 반환된 미군 부
대를 앞으로 어떻게 활용할 것인가에 대해 정부뿐 아니라 공공기관, 지
자체에서 열심히 연구 중이다. 일반 기업체들의 관심도 뜨겁다. 어떤
형태로 개발되든지 간에 용산구의 가치는 더 올라갈 것이기 때문이다.

확정된 안은 없지만 대부분 녹지공원으로 개발할 것으로 본다. 환경 쾌적성을 높이는 방향, 즉 남산과 한강을 활용하는 천혜의 센트럴 파크로 정비할 것으로 예상한다.

미국 뉴욕시 맨해튼에 센트럴 파크가 있다. 뉴욕 인구가 800만 명인데, 센트럴 파크를 찾는 사람이 연간 약 3,800만 명이라고 한다. 뉴욕 인구의 대략 5배가 방문하는 것이다. 의미 있는 수치다. 센트럴 파크 주변의 부동산 시세도 대형 공원으로 개발되기 전 시세보다 무려 5배가 올랐다. 자발적으로 찾아오는 사람의 수만큼 부동산 시세에 반영된다는 것을 설명하는 좋은 사례다.

2022년 현재 용산구 인구는 22만 명이다. 미군 부대가 이전하고 용산 센트럴 파크가 개장하면 아무리 적게 잡아도 100만 명은 넘게 방문하지 않을까? 부동산 시세도 이에 비례해 상승할 것이다. 대한민국에서 용산구를 제대로 활용하기 시작하는 지금부터 앞으로 이 지역이 어떻게 바뀌는지 관심 가질 이유가 여기에 있다. 서울을 찾는 많은 사람에게 좋은 영향을 주는 환경 쾌적성의 변화를 눈으로 확인할 수 있을 것이다.

용산구를 제외하면 서울에는 특별히 풍수적 장점이 보이는 입지가 많지 않다. 광진구와 강남구 정도가 다른 구보다는 나을 것이다. 광진구는 아차산과 한강의 영향을 받고, 강남구는 한강과 청계천과 중랑천의 영향을 가장 제대로 받는 입지다. 자연적인 풍수만 놓고 보면 두 지역은 발전 가능성이 많다.

뉴욕 센트럴 파크

용산가족공원

사람이 채운 환경

그렇다면 자연환경이 풍수적으로 유리한 곳만 좋은 곳일까? 그렇지 않다. 조상님들이 풍수를 어떻게 활용했는지 살펴보면 그렇지 않다는 것을 알 수 있다. 대한민국의 면적은 좁다. 매우 좁다. 이 좁은 땅에서도 80%가 산지다. 활용할 수 있는 용지가 많지 않다. 이러한 조건에서 풍수적으로 좋은 입지만 사용한다면 살 곳조차 매우 부족하다.

게다가 우리나라는 면적에 비해 인구가 많다. 산지 지형을 뺀 나머지 평지 지형만 가지고 비교한다면 인구밀도상으로 아마도 세계 최고 수준이 될 것이다. 그래서 이미 고조선 시대부터 우리 민족은 풍수적인 장치를 인위적으로 만들어 왔다. 좋지 않은 입지를 좋은 입지로 만드는 일을 한 것이다. 이것을 풍수 용어로 '비보(裨補)'라고 한다. '도와서 모자라는 것을 채운다'는 의미다.

예를 들면 이런 것이다. 산을 개간해서 논밭으로 활용한다. 방파제를 세워 홍수나 해수의 피해를 방지한다. 나무를 심어 홍수를 방지하거나 지역에 좋은 공기를 공급한다. 저수지를 만들어 지역 내 가뭄 피해를 예방한다. 우리 조상들은 이렇게 결함 있는 땅을 고치고 보완해 활용해 왔다. 풍수의 발전에서 우리 민족의 슬기를 엿볼 수 있다.

고려 시대부터는 아예 풍수적인 장치를 시행하는 관청을 두기도 했다. 산천비보도감이라는 관청인데 나무 심기, 제방 쌓기, 연못 조성, 인공산 조성, 물길 돌리기 등의 활동을 했다고 한다. 이곳에서 일하는 국가 공무원을 지관이라고 했다. 지관은 땅을 관리하는 공인된 공무원으로 과거 시험을 통해 선발했다. 활용할 만한 용지가 극히 적었기 때문에 공공기관이 주도해서 인공적으로 좋은 환경을 만드는 노력을 끊임없이 해 왔던 것이다.

풍수의 목적이 무엇일까? 궁극적으로 사람들이 생활하기에 편리한 입지 조건을 만드는 것이다. 그렇다. 자연적이든 인공적이든 사람들에게 편리한 입지가 되면 풍수적으로 좋은 입지가 되는 것이다. 전문 용어로 '명당'이 되는 것이다. 이처럼 풍수적으로 비보가 된 입지들은 천혜의 환경이 좋지 않다고 하더라도 명당으로 간주할 수 있다. 녹지와 물이 부족한 지역에 나무와 호수가 있는 인공 공원을 만드는 것도 풍수적인 비보 활동이다.

아파트 단지 지상에 주차장만 있던 시절이 있었다. 현재 새롭게 개발하는 단지 대부분은 지상에 차를 세우지 않는다. 지상은 대부분 조경 공간으로 설계, 시공한다. 주차장은 모두 지하로 옮겨졌다. 이 또한 인공적인 풍수 비보책이다. 인간의 이러한 노력이 쌓인 입지나 시설은 풍수적으로도, 환경적으로도 좋다고 할 수 있다. 입지의 가치가 높아진다는 의미다. 따라서 인공적인 환경이 좋은 입지와 시설인지를 판단하는 것도 부동산 분석에서 매우 중요하다.

천연이냐 인공이냐의 구분이 중요한 것이 아니라 사람들의 생활에 긍정적 효과가 얼마나 있는지를 따져 보는 것이 부동산 환경의 가치 평가가 될 것이다.

반포 자이아파트 주차장 입구. 새로 짓는 아파트 단지는 대부분 지상을 조경 공간으로 만든다.

검단 금호어울림센트럴 조경

물론 자연환경의 가치가 당연히 더 높다. 인공 환경은 무한정 공급할 수 있지만 자연환경은 희소성이 있기 때문이다. 하지만 자연환경이라고 할지라도 무조건 가치가 높은 것은 아니다. 사람들이 생활하기에 편리한 입지여야 한다. 그게 더 중요하다. 대한민국에서 풍수적으로 가장 좋은 입지라고 평가받는 안동 하회마을, 경주 양동마을, 강릉 선교장 등의 가치가 더 높을까, 아니면 서울의 강남구 압구정동, 삼성동, 대치동의 가치가 더 높을까? 물론 직접적인 비교는 어렵겠지만, 가격으로 치면 당연히 후자가 더 높을 것이다. 강남구는 풍수적으로 더 의미 있는 지방의 마을보다 사람이 압도적으로 많기 때문이다.

부동산의 실제 가치

결국 부동산의 가치는 얼마나 많은 사람이 이용하느냐에 따라 정해진다. 사람이 많으면 많을수록 가치가 올라간다. 풍수적인 비보를 한다는 것은 보다 많은 사람이 생활할 수 있는 조건을 만드는 것이다.

지금의 강남구는 서울에서 가장 많은 사람이 생활하는 곳이다. 그렇게 지역을 인위적으로 만든 것이다. 종로구를 중심으로 한 서울의 600년 역사 중에서 지금처럼 강남이 중심이 된 것은 1980년대 이후다. 40년이 채 되지 않은 것이다.

지난 40년 동안 강남구의 변화를 살펴보면 부동산의 가치가 어떻게 높아졌는지를 알 수 있다. 모든 입지 조건, 즉 교통, 상권, 교육뿐 아니라 환경적인 가치가 더해져서 대한민국 최고의 입지가 됐다. 강남구의 환경 조건 중 하나가 한강이다. 그리고 부동산마다 적용된 인공적인 환경이 있다. 강남구에는 산지가 거의 없기 때문에 녹지 공간으로 비보를 했을 것이다. 그렇게 천연 환경에 인공 환경까지 시너지를 냈기에 강남의 가치가 크게 상승할 수 있었다.

기본적인 조건(교통, 교육, 상권)이 갖춰진 입지에 천연 환경이 있다면 환경 프리미엄이 매우 높은 지역이라고 할 수 있다. 앞에서 대한민국 환경 프리미엄 1위라고 소개한 한강 주변 대부분의 입지가 여기에 해당한다. 녹지 공간으로서 남산 주변도 프리미엄이 높다. 부산의 해운대구와 수영구도 바다라는 천혜의 환경을 프리미엄으로 가지고 있는 지역이다.

인공적으로 정비한 곳이지만 천연 환경처럼 평가받는 입지들도 마찬가지다. 일산신도시의 호수공원, 분당신도시의 율동공원과 중앙공원, 송파구의 올림픽공원, 마포구의 노을공원과 하늘공원 등도 환경 프리미엄이 존재하는 지역이다.

왕릉 주변도 숲세권이라는 의미에서 환경 가치가 높은 곳이다. 삼성동에 선정릉이 없었다면 강남 테헤란로는 숨통이 막히는 느낌이었을 것이다. 동작구의 국립현충원도 지역에 양질의 공기를 공급해 주는 산소호흡기 같은 역할을 한다. 서오릉과 서삼릉이 있는 삼송신도시, 동구릉이 있는 구리시와 별내신도시, 태릉이 있는 노원구 지역도 환경 프리미엄이 높다. 한강의 지류라고 할 수 있는 중랑천과 양재천 주변도 좋고, 분당을 가로지르는 탄천 주변도 천연 환경으로서 가치가 높다.

일산 호수공원

분당 율동공원

송파 올림픽공원

마포 하늘공원

이렇게 기존 도심 입지에 천혜의 환경이 좋은 입지는 선점하는 것이
무조건 유리하다. 환경에 대한 프리미엄은 시간이 흐르면 흐를수록 높
아질 테니까.

이런 환경 쾌적성의 중요성은 과거부터 지속되어 온 것이 아니다. 부동산 가치적인 측면에서도 말이다. 2000년까지는 수요 대비 공급량이 부족한 시기였다. 부동산이기만 하면 무조건 상승했다. 2000년대 중반이 되자 주택 보급률이 100%를 넘었다. 입지가 좋지 않을 경우 남는 주택이 생긴다는 의미다. 주택 보급률 100%는 입지를 보지 않던 시기에서 입지 조건을 따지는 시기로의 전환을 나타낸다. 이 과정에서 환경 쾌적성의 중요도가 높아지기 마련이다. 결정적인 계기가 된 환경 관련 시설이 바로 청계천이다.

점점 중요해지는 환경 쾌적성

청계천 복원 사업은 2005년 완료됐다. 박정희 정부 때 물이 흐르는 청계천을 콘크리트로 덮었다. 복개(覆蓋)라고 한다. 당시 활용할 용지가 적은 도심에서 하천을 용지로 쓰기 위해 많이 했던 일로, 도시화 시대의 상징 가운데 하나다. 복원은 복개됐던 하천을 원래대로 자연 하천화하는 작업이다. 덮었던 콘크리트를 제거하는 것이다.

청계고가도로는 서울 도심을 가로로 관통하는 유일한 고가도로였다. 당연히 차량 이용량이 매우 많았다. 그런데 이처럼 교통망으로 활용도가 높은 도로를 없애고 하천으로 활용하겠다는 당시 이명박 시장의 시도는 엄청난 반대에 부딪혔다. '도심 교통이 마비될 것이다', '복원한다 하더라도 청계천에 누가 가겠느냐' 등의 비판이 계속 쏟아졌다.

청계천을 복개한 뒤 건설했던 청계고가도로(왼쪽)와, 복원 사업 이후의 청계천(오른쪽)

하지만 2005년 청계천이 복원되자 논란은 사라졌다. 사람들이 자발적으로 청계천을 찾았다. 낮에는 물론 밤에도 방문객이 많았다. 말했다시피 부동산의 가치는 사람들이 얼마나 찾아오느냐로 결정된다. 청계천 복원은 부동산 가치를 비약적으로 상승시키는 역할을 했다. 그 전까지 청계고가도로 주변 부동산들은 가치가 매우 낮았다. 하지만 청계천 복원으로 주거든 오피스든 상가든, 그 가치가 이전에 비해 매우 큰 폭으로 상승했다. 이것이 환경 프리미엄이다.

청계천 사례는 이후 부동산 개발 방향의 전환점이 되었다. 복개된 하천을 복원하려는 시도가 이어지고, 지역마다 인공 공원을 만들려고 한다. 인공적으로 환경을 개선한 지역은 모두 성공적인 결과를 낳았다. 지역 사람들뿐 아니라 외지 사람들도 그 환경을 보고 찾아오기 때문이다. 대표적인 곳이 마포구 상암동의 하늘공원, 노을공원이다. 난지도 쓰레기 더미 위에 흙을 덮기만 했는데도 사람들이 온다. 이것이 풍수적인 비보책이다.

환경상 이러한 중요 트렌드는 아파트 단지에도 그대로 적용된다. 2005년 이후 아파트 단지의 가장 눈에 띄는 트렌드는 주차장의 지하화, 지상 공간의 공원화다. 땅을 더 깊게 파야 하니 당연히 시공비가 더 많이 들어간다. 분양가도 상승한다. 그럼에도 사람들은 조경 공간이 좋은 아파트를 선택한다. 서초구 반포동의 반포자이와 래미안퍼스티지는 지상 공간을 조경으로 가장 잘 활용한 단지들이다. 항상 강남구 아파트보다 한 단계 아래로 평가받던 반포동 아파트를 단숨에 대한민국 최고의 아파트 단지로 끌어올렸다. 아크로리버파크와 함께 시세 역시 대한민국에서 가장 비싼 아파트가 됐다.

현재 모든 부동산 개발에는 환경적인 요소가 우선 고려된다. 신도시를 설계할 때 가장 중앙은 대형 공원이 차지한다. 기존에 녹지 공간이 많은 지역은 호수공원 위주로 설계하고, 녹지가 부족한 지역은 녹지 공간 확보에 더 많은 공을 들인다. 그리고 그 주변으로 주거, 상권, 업무 시설을 배치한다. 개발 전 용지에 산과 하천이 있다면 이러한 기존 자연환경을 그대로 살리는 방향으로 개발한다. 그만큼 환경의 중요성이 커진 것이다.

반포 래미안퍼스티지

반포 아크로리버파크

반포 주공1단지 재건축 조감도

    환경 쾌적성이 획기적으로 좋아진 또 다른 사례가 있다. 지상 철도 용지와 군부대 용지의 이동이다. 지상 철도 인근 용지는 소음과 먼지 때문에 쾌적성이 매우 낮은 입지 조건에 속한다. 부동산 가치 역시 극도로 낮다. 시세가 낮은 것은 물론이거니와 거래 빈도도 높지 않다. 가치를 따질 필요도 없이 좋지 않은 입지라는 것이다.

대표적인 지역이 마포구 연남동이다. 서울역과 파주를 잇는 경의선이 지상으로 운행되던 곳이었다. 이 경의선이 지중화(地中化)됐다. 지상은 기찻길을 활용해 공원으로 탈바꿈되었다. 지역 분위기가 획기적으로 달라졌다. 혐오 시설이던 기찻길이 선호 시설인 공원으로 바뀌는 순간, 인근 부동산 가치가 폭등했다. 평당 300~500만 원 하던 곳이었는데 평당 1억 원이 넘는 입지까지 생겨났다. 주거 지역으로서만 좋은 것이 아니라 유동인구가 많아짐으로써 낡은 다세대주택, 빌라, 단독주택이 상가로 변화했기 때문이다. 환경 쾌적성의 회복이 부동산에 얼마나 큰 영향을 주는지를 설명하는 아주 명확한 사례다.

마포 경의선숲길

부산시민공원

　도심 내 군부대 이전도 지역 부동산에 매우 긍정적인 효과를 준다.
대표적인 곳이 부산의 서면이다. 녹지 공간이 극도로 부족했던 부산의
최고 도심 서면에는 '하일리야'라는 미군 부대가 있었다. 이 부대가 이
전하고 해당 용지를 부산시민공원으로 개발했다. 부대가 공원으로 바
뀐 이후 부동산 가격이 급등했다. 이 역시 사람들을 자발적으로 찾아오
게 하는 풍수적 비보책을 적용한 사례다. 군부대는 지역 내 혐오 시설
중 하나로 평가되는데, 혐오 시설이 선호 시설로 바뀐 사례다. 부산뿐
아니라 서울을 비롯한 전국 주요 도시의 도심 내에 있는 군부대들은 대

부분 이전 계획이 있다. 이 부대들의 이전 시기에 주목해야 하는 이유가 여기에 있다.

환경 쾌적성과 관련한 이슈를 정리하면 다음과 같다.

환경 쾌적성을 결정하는 주요 이슈들

장소	지역
자연환경이 좋은 곳	산과 강 인근 지역
인공 환경이 좋은 곳	공원화 지역
환경 이슈가 있는 곳	복개 또는 복원 예정 지역
호재가 있는 곳	(미군)부대 이전지
자연환경이 좋은 곳 중 개발 가능한 곳	그린벨트 해제 지역

이 입지들은 꼭 관심 지역에 포함해 두어야 한다. 투자는 현재의 낮은 가치로 미래의 높아질 가치를 미리 사는 것이다. 미래 가치가 보장된 입지를 선점하는 것이 바람직한 투자 방법이다.

절대

4부 분석

투기 말고 투자하라

원칙

◇◇◇◇◇◇◇◇◇◇

투자는 생산 활동, 즉 자본재의 총량을 유지 또는 증가시키는 활동이다. 반면 투기는 생산 활동과는 관계없이 오직 이익을 추구할 목적으로 실물 자산이나 금융 자산을 구입하는 행위다. 투자와 투기는 이익을 추구한다는 공통점이 있지만 그 방법에 차이가 있다. 투자는 생산 활동을 통한 이익 추구이고, 투기는 생산 활동과 관계없는 이익 추구라는 것이다.

구체적으로 보자.

1. 투자는 실수요자에게 자산을 제공하는 행위다.

   투기는 가수요자끼리 자산을 주고받는 행위가 대부분이다.

2. 투자는 이용·관리할 의사가 있다.

   투기는 이용·관리할 의사가 거의 없다.

3. 투자는 예측되는 미래 가치가 목적이다.

   투기는 단기적인 양도 차익이 목적이다.

4. 투자는 자신이나 타인에게 조금이라도 도움이 된다.

   투기는 타인에게 도움 되는 것이 목적이 아니다.

나는 일과 중 꽤 많은 시간 동안 다른 분들의 이야기를 듣는데, 여러 계층이 있다.

1. 부동산 투자 관심층
2. 그냥 본업만 충실히 하는 분
3. 주식이나 코인, NFT에 관심이 있는 분

이 세 가지 층 중에 누가 투자자에 가깝고 누가 투기꾼에 가까울까?

먼저 1번 부동산 투자 관심층을 보자. 작년과 올해 단 한 개의 부동산도 매수하지 못하고 과거에 투자한 부동산만 소유하고 있다. 실질적으로 2018년 이후 갭 투자 하기가 매우 어려운 시장이 되었다. 시세가 신규 아파트 위주로 상승하는데 신규 아파트는 갭 투자 하기에는 비용이 일반 아파트 대비 많이 필요하기 때문이다. 기존에 투자한 아파트들은 대부분 5년이 넘었다. 전세를 2번 이상 돌린 경우다.

다음은 2번, 본업에만 충실한 분이다. 직장 때문에 최근 3년 동안 2번 이사해야 했다. 자가로 아파트에 살다가 부서 변경이 예정되어 새로운 출퇴근지 근처의 분양권을 매수했다. 수요가 많지 않은 곳이었지만 직장 생활에 충실하기 위해 매수한 것이다. 그런데 예상과는 전혀 다른 곳으로 급하게 발령받고 또 다른 아파트를 사야 한다. 일시적 3주택이 된 것이다. 새롭게 발령받은 곳은 수요가 매우 많은 곳이지만 기존에 살던 곳과 이전해 가려고 했던 곳은 수요가 거의 없는 곳이라, 부동산에 아파트를 내놓은 지 1년 가까이 되었는데 매수 문의조차 없다고 한다. 어쩔 수 없이 전세를 주게 된 상황이다.

마지막으로 3번 사례다. 코로나 이후로 주변에서 주식으로 돈 좀 벌었다고 하는 분이 꽤 많다. 코인과 NFT도 마찬가지다. 요즘 주변에서 부동산 투자하는 분들도 주식과 코인, NFT 이야기만 한다. 이더리움 등 코인 채굴을 위해 컴퓨터를 새로 산 분도 꽤 있다. 대학교에도 코인, NFT 투자 동호회가 많이 생겼다고 한다.

다시 정리해 보자. 1번의 경우, 2018년 이후 부동산 투자를 하지 않았다. 이번 정부에서 타깃으로 하는 다주택자이기는 하지만 최근 1년 동안의 시세 상승에는 영향을 주지 않았다. 아울러 시장에 전세 물량을 시세대로 5년 이상 꾸준히 유지·공급하고 있는 다주택자다.

2번의 경우, 최근 2년 동안 기존에 살던 집 말고 투자 의도와 무관하게 2채를 더 사야 했다. 매수가 전혀 없어 매도가 안 되고 있다. 현재 3주택자다. 향후 몇 개월간 매도가 안 될 수도 있다. 그때까지도 매도를 못 한다면 객관적인 기준으로 비자발적이지만 다주택자가 된다.

3번의 경우, 주식, 코인, NFT 투자자들이 생산 활동에 기여했을까? 이미 상장되어 있는 주식들이니, 주식 가격이 더 오른다고 해서 해당 기업의 투자금이 증가하는 것은 아니다. 물론 기업 운영자들이 자신의 주식을 팔아서 시세 차익을 보고 재투자, 즉 시설 설비 보충이나 R&D 투자를 한다면 모를까, 일반 투자자들이 생산, 유지 활동에 도움이 되는 경우는 전혀 없다. 특히 코인의 경우 어떤 생산, 유지 활동이 있을까?

1번, 2번, 3번 중에 어떤 것이 투자이고 어떤 것이 투기일까? 물론 다 똑같은 투자 혹은 투기라고 할 수도 있을 것이다. 내 판단으로 1번은 투기가 아니다. 2번과 3번은 투기가 될 수 있다. 투기 여부를 실수요 유무 여부로 판단하면 그렇다. 궁극적으로 실수요층이 받아 준다면 투자가 될 수 있다. 하지만 받아 줄 실수요층이 없으면, 즉 실수요층을 확인도 하지 않고 투자한 것이라면 투기라고 판단해야 한다. 미래 가치에 대한 확실한 분석이 없었으니까.

정부에 기대하는 것은, 실수요층이 많아서 자율적으로 움직이는 시장은 되도록 시장의 논리대로 자율적으로 움직이게 하면 좋겠다는 것이다. 실수요층이 없는 시장에는 제발 정부가 적극적으로 개입하면 좋겠다.

2번처럼 수요가 없는 지역에 왜 그동안 아파트를 공급하게 내버려 두었을까? 지금 서울만 실수요가 많아서 문제가 되고 있지, 다른 곳은 거의 부동산 문제가 없다고 생각한다. 오히려 실수요가 부족한 지방 부동산 문제를 해결하기 위한 정책이 필요하지 않을까? 지방 부동산 활성화를 위해서는 어떤 정책이 있는지 정말 궁금하다. 실수요를 끌어올 수 없다면 출구 전략이라도 제안해 주면 좋겠다.

3번은 완전 가수요 시장이다. 요즘 대학생들도 비트코인에 투자를 많이 한다. 몇 년 전 대학생들이 아파트 갭 투자를 한다고 해서 사회 문제가 된 적이 있다. 하지만 갭 투자로 아파트를 산다면 가격이 좀 빠지더라도 실물은 남는다. 갭 투자 할 정도의 아파트라면 실수요가 있는 것이기 때문이다. 그런데 주식과 코인 등은 실수요라는 것이 없다. 모두 가수요다. 미래 담보 가치가 거의 없는 투자물이다. 그럼 투기가 되는 것이다. 투자 실력이 좋은 외국인, 기관 투자가, 전업 투자자야 본인이 선택한 것이니 상관없지만, 이런 투기 시장에서 시세 차익만 보고 막무가내로 진입하고 있는 대학생과 일반인을 위한 안전 제도가 있어야 하는 것 아닌가 한다.

정부의 주거복지로드맵을 보면 19세 이상이면 전세 자금 대출을 받을 수 있다. 갑자기 불안한 생각이 들었다. 전세 자금 대출 받은 돈으로 주식시장이나 코인 시장에 뛰어들 대학생들이 보인다. 전세 자금 대출은 절대 학생들에게 현찰로 주면 안 된다. 바우처 형태여야 하고, 현금은 바로 임대인에게 전달되어야 한다. 그런 제도적인 보완책이 필요하다는 것이다. 아파트야 목돈이 필요하므로 어느 정도 자산이 있는 사람만 투자할 수 있지만 주식은 1,000원 가지고도 할 수 있다. 그래서 더 걱정이다.

지난 2년간 주식시장이 좋았다. 코인과 NFT 시장은 더 좋았다. 그만큼 유동성 금액이 많다는 것이다. 올해와 내년도 더 큰 유동성 시장이 될 것이다. 3기 신도시와 광역 교통망 개발로 인한 토지 보상금이 사상 최대로 풀릴 것이기 때문이다. 대한민국 경제 컨디션을 체크하다 보니 부동산이든 주식이든 향후 시장의 움직임이 어느 정도 보이는 것 같아서 경제적 약자들의 피해가 우려된다. 확실한 것만 보고 갔으면 한다. 부동산이든 주식이든 코인이든!

얼마 전 한 공중파 방송사에 출연해서 인터뷰를 했다. 사회자가 투기와 투자의 차이점이 뭐냐고 질문하기에 짧고 굵게 답변했다.

"남이 돈을 벌면 투기이고, 내가 돈을 벌면 투자입니다!"

개인이든 기업체든 정부든 속마음은 다 그럴 것이다. 혹시 다른 의견 있다면 듣고 싶다.

지금 같은 시장에서는 뭘 해야 할까?

대세 하락인지 일시 조정인지 원인 분석 후 판단하라.

2022년 2월 3일 대선 후보 4자 토론의 제1 주제는 부동산이었다. 4명의 후보 모두 현 정부의 규제 일변도 정책을 비판했고, 일방적인 규제 정책은 부동산 시장을 왜곡할 수 있다는 데 동의했다. 지역에 따라 다른 정책이 필요하다는 의견에도 네 후보 모두 공감한 것으로 나타났다. 입지마다 정책을 달리한다는 것에서 부동산 시장을 바라보는 태도가 달라졌음을 알 수 있었다. 대한민국 부동산 시장의 안정을 위해 바람직한 태도라고 생각한다. 단순하게 동일한 정책을 일괄적으로 지정하는 것에는 반대다. 지금까지와 같은 시장의 왜곡이 발생할 수 있기 때문이다.

현재 전국 112개 시·군·구가 조정 대상 지역으로 지정되어 있다. 하지만 정부가 타깃으로 하는 지역은 강남구 등 상위 10개 전후 정도일 것이다. 조정 대상 지역 중에서도 하위 시세의 시·군·구 지역은 오히려 완화 정책이 필요해 보인다. 경기도, 인천, 그 외 지방에서도 시·군·구 지역별로, 심지어는 동 단위로도 다른 양상을 보이는 지역이 꽤 많다. 최근 KB부동산 주간 시황에서 하락했다고 조사된 화성시 내에서도 완전히 다른 양상이 나타났다. 심지어 동탄 내에서도 반대 방향의 시세 등락을 보이는 단지들이 나타나기 시작했다.

단순히 규제 지역 지정만으로는 부동산 시장의 정상적인 움직임을 유도할 수 없다는 것이다. 같은 이유로 현재 대부분 조정을 보이는 지역 부동산 시장은 규제 지역 지정만으로 시장 정상화를 유도한다는 것이 위험한 발상이라고 생각한다. 단기적인 대책이기 때문이다.

지방도 세분화해서 봐야 한다. 자체 수요로 움직이는 지역이 있는가 하면 외부 투자층이 들어와야 움직이는 지역이 있다. 두 지역의 차이는 엄청나다. 그럼에도 불구하고 같은 정책으로 시장을 조정하려 든다면 결국 문제가 심화될 뿐이다.

2010년부터 2015년까지 지방 시장은 대부분 상승했다. 대전 정도만 제외하고 말이다. 특히 대구가 전국 부동산 시장의 절대 강자로 등극한 시기였다. 부산을 역전하기도 했다. 정부의 부동산 정책과 무관하게 2015년을 고점으로 지방 부동산 시장이 각기 다른 방향으로 움직이기 시작했다. 5년 내내 상승했던 대구는 단기적으로 조정을 받았다. 하지

대구광역시 구별 평당 시세 추이(2010~2021년)

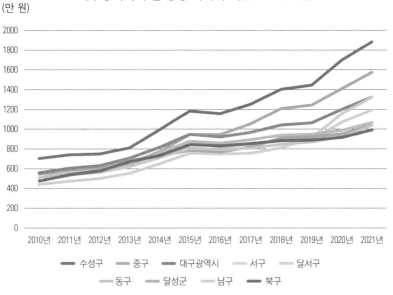

(만 원)

범례: 수성구 · 중구 · 대구광역시 · 서구 · 달서구 · 동구 · 달성군 · 남구 · 북구

만 단기적인 조정이었다. 하락 후 다시 상승하지 못한 곳도 있고 다시 상승한 단지도 있었다. 입지에 따라, 단지에 따라 다른 방향성을 보였다. 이제 대구 시장도 질적인 부동산 시장이 시작됐기 때문에 수요 양극화가 다양하게 전개된 것이다.

당시 부산이 대구보다 가격이 낮았던 이유는 두 가지로 보인다. 대구가 너무 많이 올랐거나 부산이 덜 오른 것이다. 대구는 그 때문에 조정받을 수 있지만 부산은 아마 조금 더 상승할 것이다. 이 또한 부산 내 입지마다 다른 양상을 보일 것이다. 부산 역시 질적 시장의 논리로 이해해야 한다.

2015년 이후 대구는 조정을 받다가 수성구를 중심으로 다시 상승하기 시작했다. 결국 2017년 9·5 대책에서 투기 과열 지역으로 지정됐다. 그 이후 대구는 2021년 상반기까지 오르다가 하반기부터 본격적인 조정장에 진입했다.

2022년 지방 부동산 시장은 어떻게 전개될까? 우리는 어떤 태도로 제각기 움직이는 지방 부동산 시장을 바라봐야 할까? 대구는 질적 시장에 돌입했다. 8개 구가 모두 다른 수요층을 가지게 되었기 때문이다. 최근 대구의 미분양 물량이 증가했다. 기존 아파트 매물도 증가했다. 이유는 명확하다. 규제가 강화된 상태이기 때문에 투자 목적 매수가 안 된다. 실수요자들만 매수할 수 있다.

두 가지 사례가 나온다. 신규 아파트를 분양받은 세대는 기존 아파트를 팔고 신규 아파트로 이사해야 한다. 기존 아파트를 급매로 팔아야 해서 기존 시세보다 낮게 시장에 내놓는다. 기존 아파트가 매도되지 않아 신규 아파트를 매도하는 경우도 있다. 어떤 조건이든 2주택 이상이 부담스러운 세대에서는 시세보다 낮게 매물로 내놓고 있다. 반대의 경우도 있다. 기존 아파트에서 이사할 생각이 없다. 투자 목적으로 분양권을 구입했다가 부담스러워서 프리미엄을 낮춰 시장에 내놓는 경우도 있다.

이런 시장에서는 어떻게 해야 할까? 시세 하락만 보고 있을 것인가, 아니면 선택의 대안이 많아졌다고 판단할 것인가? 선택은 공부가 되어 있는 사람들의 몫이다. 그렇다면 어떤 공부를 하면 좋을까? 적정 시세를 판단하는 연습을 하면 좋다. 적정 시세인지 판단하는 방법을 요약하면 다음과 같다.

1. 랜드마크 아파트를 찾는다.
2. 랜드마크 아파트와 관심 있는 기존 아파트의 가격을 비교한다.
3. 가격 격차가 많이 날 경우 상승할 가능성이 크다.

만약 관심 아파트가 랜드마크 아파트일 때에는 다른 방법으로 현재 가격의 적정성을 판단해야 한다. 앞으로 가격이 더 올라갈 수 있는 조건인지 확인하려면 해당 아파트에 대한 실수요층이 꾸준히 존재하는지 확인하고, 수요가 확대될 조건인지 따져 봐야 한다.

실수요층 존재 여부는 단지 내 임대 물량이 있는지 확인하고, 수요 확대 조건은 지역 내 호재가 있는지 확인하면 된다. 가장 대표적인 지역 호재는 교통망 확대다. 서울 금천구에는 2016년 강남순환고속도로가 개통됐다. 15분이면 강남권으로 출퇴근할 수 있다. 따라서 강남으로 출퇴근하려는 세대에게는 금천구가 출근 가능 지역이 된다. 이것이 수요층이 확대될 조건의 예다. 그럴 경우 금천구의 시세가 터무니없이 높지만 않다면 지속적으로 시세가 오를 수 있는 시장 환경이 조성되는 것이다.

가격이 터무니없이 높은지 판단하려면 유사 입지와 비교하면 된다. 강남권 출퇴근이 가능한 지역끼리 비교하는 것이다. 즉, 광명시, 안양시, 금천구, 관악구, 동작구에서 유사한 수준의 아파트와 시세를 비교

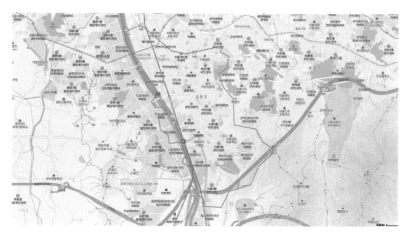

금천구*

한다. 이로써 현재 관심 지역의 해당 아파트 시세가 적정한지 아닌지 판단할 수 있다.

랜드마크 아파트의 시세를 활용한 시세 적정성 파악은 아파트 투자 여부를 결정하는 데 반드시 필요하다. 싸다고 무조건 사거나 비싸다고 반드시 제외할 것은 아니라는 뜻이다. 랜드마크 아파트는 그 지역 시세의 기준이 된다.

랜드마크 아파트의 시세를 활용하는 것은 별로 어려울 것 없는 일이다. 그러나 이것도 힘드니 책이나 강의 등을 통해 특정 지역, 특정 아파트를 찍어 주길 기대하는 분이 많다. 하지만 그렇게 하면 아무 의미가 없다. 아파트 한 채만 사고 더는 투자하지 않을 것이라면 몰라도 지속적으로 투자할 생각이라면 절대 그렇게 하면 안 된다. 그래도 굳이 찍어 달라는 분들께는 다음 4개 단지를 강력하게 추천한다.

- 서초구 반포 주공1단지
- 강남구 압구정 현대아파트
- 송파구 잠실 주공5단지
- 용산구 이촌동 한강맨션

농담이 아니다. 현재 가격으로 매수해도 10년 후면 최소 10억 원 이상의 시세 차익이 예상되는 아파트들이다. 너무 비싸다고? 확정 수익

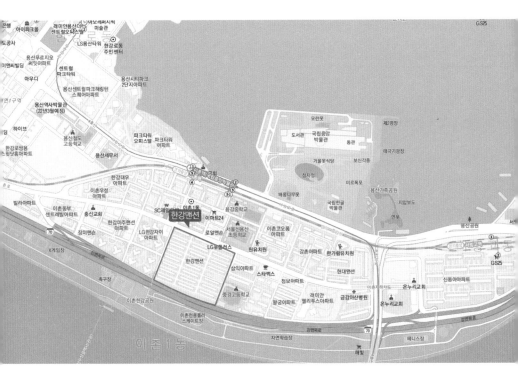

용산구 이촌동 한강맨션*

이 보장된 아파트다. 리스크가 낮고 성공 확률이 높은 상품들은 원래 시세가 높다. 공개 추천은 이렇게 절대 금액이 높은 단지들만 할 수 있는 것이다. 그 외 단지들은 모두 어느 정도의 리스크를 포함하고 있기 때문이다.

노골적으로 요구하진 않지만 아마도 투입 비용은 적고 수익률이 높은 상품을 찾아 달라는 기대를 할 것이다. 그런 상품은 정확히 예측해서 추천할 수 없다. 입지나 상품에 대한 가치 평가를 할 수 없다는 뜻이 아니라 수익금을 확정적으로 예측할 수 없기 때문이다. 앞의 절대 가격이 높은 단지들처럼 확정된 그 무엇이 없기 때문이다. 심지어는 경쟁력 있는 새로운 상품이 등장할 경우 가치가 급감할 수도 있다.

도저히 입지 분석도 모르겠고 상품 분석도 모르겠다 하는 분들께 권하는 아주 간단한 방법이 있다. 그 지역 내 랜드마크 아파트를 매수하라. 그렇게 매수한 후 매수 사실을 잊고 있으면 된다. 나머지는 시간이 다 해결해 줄 테니까. 다시 추천한다.

- 강남구에 관심이 있으면 압구정 현대아파트를 매수하시길!
- 서초구에 관심이 있으면 반포 주공1단지!
- 송파구에 관심이 있으면 잠실 주공5단지!
- 용산구에 관심이 있으면 이촌동 한강맨션!
- 영등포구에 관심이 있으면 여의도 시범아파트!
- 양천구는 목동 7단지!

이 단지들을 매수할 경제력이 없다면 상대적으로 시세가 낮은 지역의 물건들을 소개하겠다.

- 금천구라면 롯데캐슬골드파크
- 강북구라면 꿈의숲 효성해링턴플레이스
- 도봉구라면 창동 주공19단지
- 중랑구라면 사가정 센트럴아이파크
- 구로구라면 신도림 4차e편한세상

이 단지들의 수익률이 가장 높다고는 장담할 수 없다. 하지만 이 아파트들은 지역 내에서 가격이 하락할 가능성이 가장 낮다. 왜냐? 랜드

꿈의숲 효성해링턴플레이스*

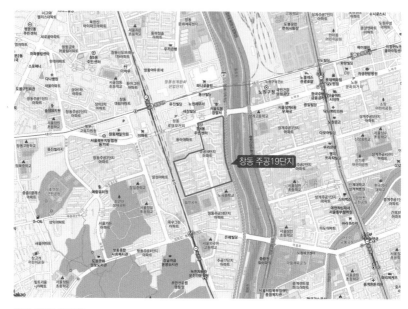

창동 주공19단지*

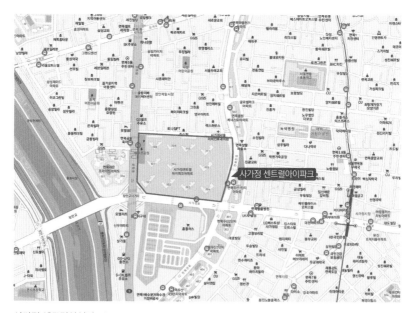

사가정 센트럴아이파크*

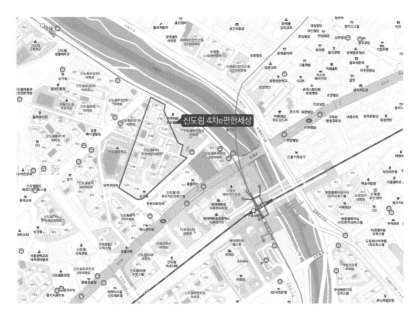

신도림 4차 e편한세상*

마크 아파트이기 때문이다.

　랜드마크 아파트는 지역 내 상한 가격을 정한다. 서울에서 가장 비싼 아파트는 서초구 반포 주공1단지다. 2021년 실거래가 기준 32평형이 62억 원에 거래됐으니 3.3㎡(1평)당 1억 9,375만 원이다. 이제 서울은 3.3㎡당 2억 원 이하의 아파트는 시장에 나와도 되는 가격대가 됐다. 입지가 좋고 상품이 좋다면 3.3㎡당 1억 원도 충분히 소화하는 시장이 됐다는 의미다. 그래서 서울 아파트들이 3.3㎡당 5,000만 원에 공급되어도 미분양이 없는 것이다.

부산은 해운대구가 대장 지역이다. 이미 3.3㎡당 3,000만 원 넘는 아파트가 많다. 그래서 엘시티가 분양가 3.3㎡당 2,700만 원에도 분양이 잘될 수 있었던 것이다. 현재 송도의 랜드마크는 3.3㎡당 3,800만 원이다. 신규 아파트 대부분이 2,000만 원대에 분양하고 있다. 입주 물량이 많은 상태이고, 지역의 일자리 등이 활성화되어 있지 않기 때문에 가끔 미분양이 나기도 한다. 그렇지만 랜드마크 아파트와의 가격 차이가 크기 때문에 장기적인 관점에서는 저평가되어 있다고도 할 수 있다. 송도는 장기적으로 투자할 만한 지역이 된다는 것이다.

투자 적격 시세

핵심은 매수한 가격보다 비싸게 매도할 수 있는가다.

　평소 알고 지내는 부동산 중개업소 소장님한테서 전화가 왔다. 5년 이상을 거래했기에 굳이 중개 때문이 아니라도 평소 자주 인사 나누는 관계였다. 전화의 내용은 좋은 급매물이 나왔다는 것이다. 급매! 부동산에 관심이 있는 사람들이라면 듣기만 해도 설레는 단어일 것이다.

　공인중개사 소장님이 알려 준 급매물의 내용은 이렇다. 현재 매도 호가가 3억 6,000만 원에서 3억 8,000만 원 정도 하고, 매수 호가는 3억 2,000만 원에서 3억 3,000만 원 정도였다. 매도 호가와 매수 호가의 차이가 많기 때문에 거래가 잘 되지 않는 아파트였다. 그런데 3억 4,000만 원에 매물이 나왔다는 것이었다. 급매로 나온 것이기 때문에 적극적으로 협상하면 500만 원 정도는 더 깎을 수 있을 것이고, 그러면 3억 3,500만 원 정도에 매수할 수 있으리라는 설명이었다. 요즘 부동산 시장 경기가 보합세이고 그 단지는 지금 사고 싶어 하는 사람보다 팔고 싶어 하는 사람이 더 많기 때문에 충분히 조정이 가능할 것 같다고 이야기했다. 이 정도 조건이면 급매물이라고 판단할 수 있을까?

급매물에 대한 판단은 단순히 가격만 가지고는 할 수 없다. 해서도 안 된다. 중개업자의 추천만 믿을 게 아니라 여러 가지 조건을 추가로 조합해 나 자신이 판단해야 한다.

아마도 급매물이라고 추천받았던 그 매물이 3억 3,500만 원에 거래 되는 순간, 그 아파트의 다음 가격은 3억 2,500만 원이 될 것이다. 해당 단지 매물의 이후 예상 거래 범위는 3억 2,000만 원에서 3억 원이 될 것이다. 거래 빈도는 높지 않겠지만 그 범위 안에서 한동안 거래가 될 것이라는 의미다. 투자 수요는 거의 없을 것이고, 실거주 위주의 거래만 간간이 이뤄질 것이다. 그렇게 보면 결국 3억 4,000만 원이라는 가격은 급매물 가격이 아니다.

해당 단지는 입지 조건만 보면 매우 좋은 곳이다. 초등학교·중학교·고등학교가 모두 도보권에 있고, 대형 마트도 도보권에 2개나 있다. 지하철도 멀지 않은 곳에 있고, 서울로 가는 광역버스도 꽤 많다. 도로망도 잘 갖추어져 있다. 교통 환경이 좋은 단지다. 최초 입주한 지 20년이 넘었기 때문에 상품으로서의 경쟁력은 거의 없다. 그렇지만 입지 조건만으로도 실거주 수요는 공실이 나지 않을 정도로 충분한 곳이다. 이것

향후 3년간 입주 예정 물량

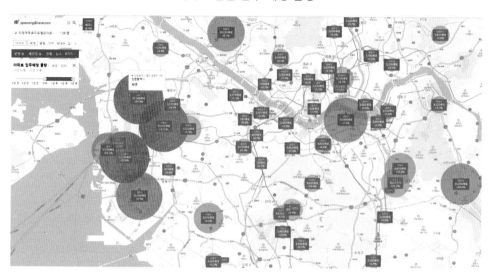

은 객관적인 사실이기 때문에 중개업소에서 이 정도까지는 방문 고객들에게 충분히 브리핑할 수 있다.

하지만 현재의 가격을 평가할 때에는 조심스러워야 한다. 전망할 때에는 더욱 그렇다. 특별한 기준이 없다면 말이다. '지금 얼마에 사면 나중에 얼마가 될 것'이라고 말하는 중개업자들의 전망은 특히 조심해야 한다.

추천받은 단지의 시세가 하향할 것이라고 보는 데는 이유가 있다. 해당 단지 인근 지역에 2년 내 5,000여 세대가 입주를 앞두고 있다. 2년 이내에 또 5,000여 세대가 추가로 신규 분양될 것이다. 새 아파트 단지들이 입주할 때마다 해당 단지의 시세에 영향을 줄 것이다. 아마도 부정적으로 말이다. 상품 경쟁력에서 밀릴 수밖에 없기 때문이다. 물론 시세가 하락하지는 않을 것이다. 인플레이션(물가상승률) 정도로 상승할 수는 있겠지만, 새 아파트가 오르는 비율만큼 오르기는 어렵다. 이것이 경쟁 상품이 계속 발생하는 지역구 아파트의 한계다. 시세가 크게 반등하기 어렵다는 것이다.

문제는 매매 시세뿐 아니라 전세 시세도 신규 아파트가 입주할 때마다 내려갈 수 있다는 것이다. 거래가 잘 안 되는 이유가 여기에 있다. 이렇게 거래가 잘 안 되는 단지의 시세 예측은 오히려 쉽다. 시세 예측이 어려운 것은 투자 수요 때문이다. 투자 수요층이 없는 상태에서는 전망이 복잡하지 않고 단순하다. 실수요층이 아파트를 선택하는 기준은 아주 단순하기 때문이다.

가장 먼저 주변 단지들의 시세와 비교한다. 유사한 수준의 단지 시세와 비교하면 현재 시세가 적정 가격인지 아닌지 바로 판단할 수 있다. 해당 단지의 전세 시세만 알아도 매매 가격을 충분히 평가할 수 있다.

급매물 말고 좋은 매물 찾기

급매물이란 뭘까? 급매물이라고 판단할 수 있는 기준이 뭘까? 일반적으로 '매도자의 개인적인 사정 등으로 현재 시세보다 낮게 시장에 내놓는 부동산 매물'을 급매물이라고 한다. 그런데 만약 시세가 하락하는 시기라면 급매물의 가격을 어떻게 판단할 수 있을까? 또 거래가 많지 않은 시기에는 급매물의 가격을 어떻게 평가할 수 있을까? 말만 급매물일 뿐, 급매물이 아닐 가능성이 매우 크다. 가장 중요한 것은 가격만 보고 결정하면 안 된다는 사실이다. 가격만 보고 매수하는 것은 절대 해서는 안 되는 이른바 '묻지 마' 투자, 즉 투기다.

급매물을 잡기 위해서 중개업자 실장님들과 친하게 지내야 한다고들 말한다. 마땅하고 옳은 일이다. 당연히 인간적인 관계가 있다면 거래 조건을 조금이라도 더 챙겨 주고, 좋은 물건이 나오면 먼저 소개해 줄 수 있을 것이다. 하지만 급매물을 소개받기 위해서라면 좀 더 생각해 볼 문제다. 급매물에 대한 판단은 중개업소 소장님이나 실장님이 아니라 본인 스스로 해야 하기 때문이다.

급매물을 찾기보다는 좋은 매물을 찾는 것이 먼저다. 시세보다 다소 비싼 물건이 오히려 앞으로 더 큰 수익이 생길 확률이 높다. 부동산 공부를 하는 것은 결국 적정 시세를 판단하기 위해서다. 지역별로 입지와 상품을 이해하는 기준이 다를 수 있고, 그 다른 입장들 때문에 해당 지역의 시세 차이가 발생한다. 따라서 가격이 너무 비싸다고 투자 대상에서 제외해서는 안 되고, 가격이 너무 싸다고 무조건 매수해서도 안 된다.

부동산에 성공적으로 투자하고 있는 분들을 꼼꼼히 비교해 보자. 스타일이 다 다르다. 각자 물건을 평가하고 매수하는 자신만의 스타일이 있다. 입지와 상품을 보는 자신만의 스타일을 만들어야 하는 것처럼,

매수의 기준을 세우는 데에도 자신만의 방법을 구축해야 한다. 그 방법에 대해서는 본인이 아닌 제삼자 누구도 어떤 게 옳다거나 어떤 게 그르다고 얘기할 수 없다. 아무리 부동산 분야의 전문가이고 성공 투자자라 하더라도 말이다.

여기서 내가 제시하는 방법은 대단히 보수적인 것들이다. 좋은 말로 '안정적인 투자'를 하자는 제안이다. 수익률이 조금 낮더라도 리스크가 낮고 성공 확률이 높은, 확실한 입지와 상품을 선택하자는 것이다.

기술적인 부분을 강조하는 분이 최근 많아졌다. 입지와 상품보다는 그 시점에 싸게 사는 것이 중요하다는 것이다. 싸게 사기 위해 경매·공매 등을 활용하기도 하고, 급매라는 이유로 매수하기도 한다. 투자라는 것은 산 가격보다 비싸게 파는 것이니 그런 차원에서 보면 좋은 방법이 될 수 있다.

그런데 이러한 기술적 투자를 하려면 정말 '올인'해야 한다. 온몸에 흐르는 에너지를 다 쏟아부어 여러 가지 복합적인 의사결정을 해야 하고, 무엇보다 시간을 많이 할애해야 한다. 그렇게 해서 꾸준한 수익을 올리는 분들이 있다. 정말 대단한 분들이다. 상당한 기간에 걸쳐 스스로의 방법과 내공을 쌓아 온 사람들인 것이다. 이 말은 곧, 스스로를 투자 초보라고 판단하는 사람들이 단순하게 따라 할 수는 없는 방법이라는 의미다.

자신의 투자 스타일은 여러 가지 시도를 해 보고 자신에게 맞게 만들어 가야 한다. 동경하는 특정인이 있다고 해도, 웬만한 노력으로는 그 사람을 따라 할 수 없다. '누구나 할 수 있다'는 이야기를 많이들 한다. 그 말은 그렇게 해서 성공한 사람들이 했던 만큼의 노력 역시 동반되어야 한다는 의미다. 세상에 공짜는 없다.

더 비싸게 매도할 수 있는가

부동산에 관심 있는 사람이 좋아하는 것 중 하나가 저평가 지역이다. 그러나 공식적인 저평가 지역은 없다. 공개된 저평가 지역 대부분은 그냥 가격이 싼 것뿐이다. 기준을 그렇게 잡으면 된다. 하지만 자신의 매수 방법으로 저평가 지역과 단지를 찾을 수는 있다. 내가 산 가격보다 비싸게 팔면 되기 때문이다. 경매·공매로 현재 거래 시세보다 10~20% 싸게 매수해서 정상가로 판다면 그것이 저평가 상품인 것이다.

급매가 있다. 급히 파느라 시세보다 싸게 나오는 것을 말한다. 그렇지만 한번 생각해 보자. 급매라는 것이 나올 확률이 과연 얼마나 될까? 과연 나에게만 급매가 소개될까?

또 매매가와 전세가의 차이가 적은 아파트가 좋은 상품일까? 갭이 적은 상품을 찾았다면 저평가 상품을 찾은 것일까? 혹시 내 실력이 아니라 그냥 대세 상승기라 오른 것은 아닐까?

'전세가는 오르는데 매매가가 안 오르는 지역이 있네? 오호, 좋은 물건이군!' 이렇게 판단해도 될까? 왜 사서 거주하지 않고 전세로만 살려고 할까? 임차인이 전세로 살다가 전세 올려 주기 싫다고 하니 매매로

서울특별시 전세가/매매가 비율(2005~2021년)

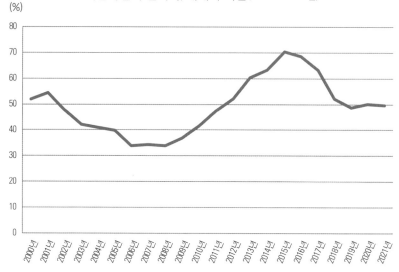

자료: 부동산114

전환한 건 아닐까? 임차인들이 그 입지를 이탈할 가능성은 없을까?

　이런 질문에 대해 정확한 답변을 듣지 못한 채 강요받은 선택이었다면 앞으로는 나만의 방법을 만들어야 한다. 자신만의 의사결정 기준을 만들어야 한다. 다시 이야기하지만 공식적인 저평가 지역이라는 것은 없다. 그것도 현재의 시장 가치가 반영된 시세다. 그만큼을 사람들이 적정 가격으로 지불한 것이다.

　물론 매도하려는 물건보다 매수하려는 사람이 많아지면 가격이 오를 것이다. 하지만 전세가가 오르니 매매가도 그만큼 오를 것이라고 공식처럼 예측해서는 절대 안 된다. 불과 10년 전까지만 하더라도 서울 지역 전세가율이 70%가 될 것이라고는 아무도 전망하지 못했다. 50%가 한계라고 생각했다.

가격이 싸다는 이유 한 가지에 근거해서 매수 결정을 하면 안 된다. 자신만의 노하우로 매수 가격보다 더 비싸게 매도할 수 있다면 매수해도 된다. 또 가격이 비싸다는 이유만으로 관심을 거둬서도 안 된다. 더 비싸게 매도할 수 있다면 비싸도 매수해야 한다. 그것이 매수 적격 시세의 기준이다.

수요 추정 방법

보편적 방법으로 윤곽을 잡지만 최종 판단은 현장에서 한다.

주택 공급량은 국토교통부나 한국감정원에서 발표하는 인허가 실적 등으로 파악할 수 있다. 그런데 특정 지역의 수요량은 어떻게 파악할 수 있을까? 특히 먼저 분양해서 착공 중인 아파트(완판)가 있는 상황에서 후발 주자로 분양할 때 수요가 있는지 어떻게 따져 볼 수 있을까?

경제란 결국 수요와 공급의 균형점을 찾는 것이다. 수요가 더 많으면 가격이 올라가고 공급이 더 많으면 가격이 내려간다. 수요와 공급 중 어떤 쪽이 더 많은지 알려면 수요와 공급을 객관적으로 측정해야 한다. 해당 지역 내 공급량은 구체적인 수치로 파악할 수 있다. 현재 주택의 재고 수량과 앞으로 입주할 신규 물량을 지속적으로 합산해 가면 된다.

더 세밀하게 하려면 멸실 주택을 빼야 한다. 좀 더 세밀하게 하려면 그 수치를 아파트와 비아파트로 나누어야 한다. 이렇게 공급량을 알아야 수요의 많고 적음을 따질 수 있다.

지역 내 수요 파악

문제는 지역 내 수요량을 어떻게 알 수 있느냐는 것이다. 다양한 방법으로 수요를 추정한다. 지역 내 주민등록이 된 인구수에 0.5%를 곱해서 신규 필요 주택 수를 추정하는 것이 가장 보편화된 방법인 듯하다. 기본적으로 매해 주택이 조금씩은 더 필요하다는 것을 구체적인 수치로 제시한 것이기 때문이다. 이 수치는 충분히 참고해도 좋다고 생각한다.

하지만 이 수치에 추가로 검토해야 하는 것이 있다. 인구수를 기준으로 하는 방법과 세대수를 기준으로 하는 방법이다. 세대당 인구가 꾸준히 줄고 있기 때문에 과거처럼 세대수와 인구수가 비례하지 않는다. 주택 수는 인구수보다 세대수의 추이와 더 밀접한 관계가 있으니 세대수 증감 추이를 이 통계에 녹여 넣을 수만 있다면 더 현실적인 데이터가 될 것이다.

수요를 추정하는 일은 매우 어렵다. 정답이 있을 수 없다. 다만 리스크를 낮추고 성공 확률을 높이기 위해 대략적인 윤곽을 잡아야 한다. 이것이 부동산 분석의 한계라고 할 수 있을 것이다.

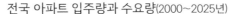

전국 아파트 입주량과 수요량(2000~2025년)

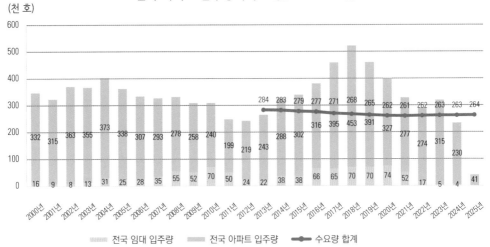

(천 호)

자료: 부동산지인

부동산은 수요를 추정하기 어려운 두 가지 속성이 있다. 바로 부증성과 부동성이다. 앞서 말했듯이 공급량은 충분히 추정할 수 있다. 일정 면적 내에 공급할 수 있는 양이 정해져 있기 때문에 양의 증가에는 한계가 있다. 이를 부증성이라 한다. 이 공급량을 다른 곳으로 옮길 수도 없다. 이것이 부동성이다.

하지만 수요에는 부증성과 부동성이 적용되지 않는다. 아무도 관심 갖지 않는 입지의 상품도 있을 수 있고, 대한민국 국민이면 누구나 원하는 부동산도 있다. 수요는 유동성이 매우 크다. 부증성이 의미 없다는 얘기다. 과거에는 인기 있었던 지역이 이제 인기 없는 지역이 되기도 하고, 수요가 전혀 없던 허허벌판 지역이 최고 인기 지역이 되기도 한다. 수요는 시기와 외부 영향에 따라 움직이기도 한다. 부동성도 적용되지 않는다는 의미다.

강남구는 전국적인 수요가 있는 지역이다. 이 지역에 적정 공급량이라는 게 있을까? 한때 모든 광역시 중 가장 잘나갔던 대전이 흔들리는 모습을 보면 대도시라 할지라도 수요가 감소할 수 있음을 알게 된다. 동탄과 송도는 인기가 매우 많지만 두 곳 모두 한때 신규 아파트 청약률이 0%인 단지가 나오기도 했다. 현재 미분양이 1세대도 없는 세종시도 첫 마을 분양 때 미분양이 있었다면 믿겠는가?

양주시와 영종도에 점포 겸용 단독주택 부지 분양을 한 적이 있다. 그런데 9,000 대 1이라는 놀라운 경쟁률이 나왔다. 이 역시 수요 추정을 어렵게 하는 사례다. 사람이 있다고 해서 공급이 계속 필요한 것도 아니고, 사람이 살지 않는다 해서 수요가 없다고 할 수도 없다. 수요가 폭발적으로 증가하는 곳도 있고 계속 감소하는 곳도 있다. 입지마다 다른 조건을 하나의 기준으로 해석하는 것은 불가능하다. 그러므로 입지 공부를 꾸준히 해야 한다.

그리고 최종적으로는 현장에서 방법을 찾아야 한다. 해당 지역 내 수요를 추정하는 방법 중 하나는 현장에서 수요를 파악하는 것이다. 현장에서 기존 아파트의 매물 수, 즉 잔여 매매와 임대 물량을 본다. 지역과 단지마다 다른 기준이 적용되겠지만 일반적으로 매물이 전체 세대수의 1%가 안 되면 수요가 더 많다고 판단하고, 10%를 초과하면 공급이 더 많다고 판단한다. 그 사이 수치는 적정 수준이다. 적정 상태는 시기와 조건에 따라 달리 판단해야 한다.

　물론 이 수치는 지역과 단지에 따라 모두 달라진다. 관심 지역, 관심 단지를 꾸준히 관찰하면서 자신만의 수치를 만들어야 한다. 지역과 단지의 수요는 현지 거주민이 가장 잘 알고 있다. 현지 거주민들에게 정보를 얻기 어렵다면 중개업자에게 직접 물어서 파악해야 한다. 매물의 잔여량과 현재 중개업자들의 거래 동향을 함께 고려해 해당 지역, 해당 단지의 수요를 추정한다. 이 방법이 현실적인 수요 추정 방법이다. 관심 단지가 있다면 위의 수치를 직접 적용해 보자. 현실적인 수준으로 적절히 가감하면 될 것이다.

　협의의 부동산은 공급이지만 광의의 부동산은 수요, 결국 사람이다. 사람들이 선택하는 입지, 선호하는 상품, 수용하는 가격은 계속 변한다. 하나의 기준으로 수요를 정의하려 하는 것 자체가 불가능하고 불필요한 시도다. 공급은 그 입지 내에 있지만, 수요는 그 입지 내에 있을 수도 있고 입지 밖에 있을 수도 있기 때문이다.

신규 아파트의 수요 파악

　신규 아파트는 수요를 어떻게 봐야 할까? 신규 아파트의 수요는 흰 도화지 위에 어떤 그림을 그리느냐와 같다. 엉망으로 그리면 수요가 없고, 잘 그리면 그릴수록 수요가 많아진다.

　신규 아파트인데도 분양이나 입주가 되지 않는 경우는 세 가지다.

1. 기반 시설이 없는 곳에 들어선 경우: 통상적으로 입지가 나쁘다고 평가하며, 이 경우는 가격이 아무리 싸도 분양받지 않는다.
2. 가격이 너무 비싼 경우: 입지나 상품이 아무리 좋아도 가격이 너무 비싸면 분양받지 않는다.
3. 분양·입주 물량이 단기간에 동시에 몰린 경우: 실거주로 모두 입주하는 것이라면 문제가 발생하지 않는다. 그런데 적어도 50% 전후는 자가 입주가 아니라 임대로 세팅되기 때문에 임대 물량을 단기간에 다 채울 수 없다. 이런 리스크 때문에 분양받지 않는다.

1, 2, 3번이 모두 해결된 지역은 신규 아파트라 하더라도 수요가 있다. 아니, 신규 아파트의 수요가 더 많다. 서울같이 도심이 발달한 곳은 장기간 미분양이 없다. 2, 3번의 이유로 미분양이 발생하기도 하지만 결국 시간이 모두 해결해 준다. 그만큼 공급할 수 있는 양보다 수요층이 충분히 있다는 것이다.

10년 전 경기도 용인시, 고양시, 김포시 등에서 대규모 미분양이 발생한 곳은 대부분 대규모 신규 택지 개발 지역이다. 택지 개발 지구 내 미분양의 이유는 1번일 가능성이 크고 2번일 때도 있다. 김포는 1번이 이유였고, 용인과 고양은 2번 이유가 핵심이었다. 물론 1번이 부족한 상태였기 때문에 2번 이유가 더 부각됐던 것이다.

위에서 설명한 미분양 발생 관련 3개 원인에 도심 또는 택지 개발지(외곽)라는 두 가지 입지 조건을 조합하면 여섯 가지 경우의 수가 나온다.

1. 기반 시설 없음 + 도심

2. 기반 시설 없음 + 택지 개발지

3. 가격 비쌈 + 도심

4. 가격 비쌈 + 택지 개발지

5. 물량 많음 + 도심

6. 물량 많음 + 택지 개발지

아파트 미분양 원인

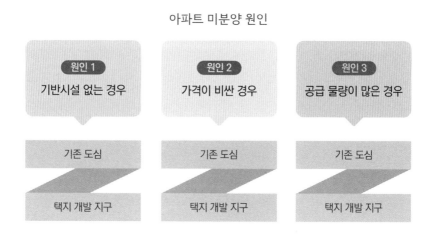

기반 시설은 교통, 상권, 교육, 환경을 가리킨다. 기반 시설이 잘 갖추어질수록 가치가 높다. 만약 관심 갖는 신규 아파트가 이 여섯 가지 경우의 수에 해당되지 않는다면 수요가 있다고 보면 된다. 예를 들어 '기반 시설 있음 + 도심'의 경우라면 걱정할 필요가 없다. 물론 가격이 비싼 3번에 해당되는지 적정 가격을 따져 봐야 한다.

적정 가격 파악

분양·입주 물량은 한국감정원이나 부동산114 자료를 통해 미리 알 수 있다. 포털 사이트에서 뉴스 검색을 해도 나온다. 이 두 가지 조건은 인터넷만 검색해도 누구나 현황을 파악할 수 있다. 가장 어려운 부분이 적정 가격을 파악하는 것이다. 이에 대해서는 공부가 필요하다. 해당 입지에 대해 조사하고 분석해야 한다.

입지 공부는 어떤 입지가 좋은지를 찾는 것이 아니다. 그 입지의 그 상품 정도라면 어느 정도 가격이 적정한지를 책정하는 것이다. 지역 내 최고가 아파트의 시세를 기준으로 보는 방법도 있고 수요와 공급을 측정하는 방법도 있다. 지역별 기준 시세를 찾는 구체적인 방법은 빠숑의 세상 답사기 블로그(https://blog.naver.com/ppassong)의 칼럼을 참고하면 도움이 될 것이다.

기반 시설이 갖추어진 도심 지역은 가격이 가장 핵심적인 이슈가 된다. 가격이 적정한지, 비싸다면 오를 여지가 있는지, 그렇게 적정 가격이 될 타이밍은 언제인지를 생각해 볼 수 있으면 된다. 기반 시설이 없는 택지 개발지는 말 그대로 기반 시설이 언제쯤 완성될지를 따져 봐야 한다. 기반 시설이 갖추어질 가능성이 작다면 수요도 없을 것이다.

기반 시설이 제대로 갖추어진다면 완성된 새 도심이 탄생하는 것이기 때문에 수요층이 증가할 것이다. 1기 신도시가 그랬고, 심지어는 강남구도 처음에는 신도시였다. 1기 신도시인 판교와 2기 신도시인 광교

4부 분석:
투기 말고 투자하라

229

도 마찬가지다. 세종시는 기반 시설 네 가지가 동시에 좋아지는 곳이기 때문에 주목할 만한 곳이다. 기반 시설을 갖춘 도심은 실수요자들이 수용 가능한 가격인지만 보면 되고, 신도시 후보인 택지 개발지들은 기반 시설이 실제 갖춰지는지를 보면 된다.

실수요와 투자 수요 구별법

한줄요약 거주 목적인지 투자 목적인지만 살펴보면 된다.

현재 서울은 실수요 시장이다. 투자 수요로 시세가 변동되기보다는 실수요로 시세가 변동된다. 실수요란 무엇일까? 오해의 여지가 있을 수 있으니 먼저 기준을 정해야 한다. 실수요는 실제 거주 수요만 의미하는 것이 아니다. 실제 거주 수요는 자가로 거주하는 수요와 임차로 거주하는 수요를 모두 포함한다. 그러나 부동산 시세에 직접 영향을 미치는 실수요는 여기서 한 단계 더 들어가야 한다. 자가로 실제 거주하려는 수요만을 의미하는 것이다. 물론 임차로 거주하는 것도 매매 시세에 영향을 줄 수 있지만 결국 매수를 어떤 가격에 하느냐가 가장 중요하다. 임차 거래는 모든 지역에 동일한 영향을 주지 않는다. 특히 전세가율과 월세 수익률이 지역마다 모두 다르기 때문에 임대 시세로 매매 시세를 유추하는 것은 매우 위험한 방법이다.

결국 아파트 매매 시세를 결정하는 실수요는 자가로 아파트를 매수해 거주하려는 수요층을 의미한다. 이 수요층이 현재 아파트 시장을 주도하고 있다. 그렇다면 그 전까지는 실수요층이 아니라 투자층이 주도했을까? 그런 지역도 있었고 아닌 지역도 있었다. 결국 입지마다 달랐다는 것이다.

내가 대세 상승기, 대세 하락기라는 말을 좋아하지 않는 이유가 여기에 있다. 입지에 따라 시세가 오르고 내리는 원리와 구조가 다르기 때문이다. 특히 서울은 중소 지방과는 완전히 다르다. 서울 내에서도 인기 지역과 비인기 지역의 시세 변동 원인도 다르다. 실수요만으로도 움직이는 시장이 있고, 투자 수요가 있어야 움직이는 시장이 있다. 만약 두 개의 수요가 모두 많다면 시세가 크게 오르는 것이다.

그런데 실수요는 대단히 보수적이다. 의사결정까지 상당한 시간이 필요하고 더 많은 고민이 있어야 한다. 당연히 그렇다. 내 돈으로 내가 매수해 거주해야 하는 집이기 때문이다. 보유 기간이 훨씬 더 길다. 재산상의 손해를 보면 절대 안 된다는 기본적인 접근 마인드가 다르다. 시세 수익을 많이 보겠다는 목적보다 인플레이션을 헤지(hedge)하겠다는 의미가 더 크다.

반면 투자 수요는 실수요에 비해 반응이 대단히 빠르다. 결국 실수요보다 더 빠른 의사결정으로 진행된다. 내가 거주할 필요가 없기 때문에 매수 시 고려할 요소도 훨씬 더 적다. 시세 상승이 예상되거나 이미 진행되고 있는 시장이라면 바로 매수하면 된다. 지금 코인 시장이 활황인 것과 마찬가지다. 시세 차익 수익이 보이면 바로 진입하는 것이다.

2014~2016년에는 투자 수요가 정말 많았다. 그것은 시세가 많이 상승하는 시장이었다는 의미다. 단기 투자 시장이 더 활성화되었다. 갭투자, 분양권 투자 등 5년 미만의 기간에 시세 차익을 보려는 수요가 주도했다.

여기서 반드시 알고 가야 할 것이 있다. 전체 시장의 규모다. 모든 아파트 세대가 시장에 참여하는 것은 아니라는 것이다. 예를 들면 이렇다. 1,000세대 단지가 있다면 1,000세대가 모두 시장 매물로 나오는 것이 아니다. 시세에 매물로 등장하는 세대수는 통상적으로 전체 세대수의 10% 미만이다. 100세대 미만이라는 것이다. 심지어는 10세대 전후일 수도 있다. 이 정도 세대수가 거래되는 것으로 실수요 시장인지 투자 수요 시장인지를 판단하는 것이다.

실수요와 투자 수요를 어떻게 구분하는지 더 자세히 보자. 1,000세대 중 100세대 미만의 세대가 매물로 등장해 거래된다고 할 때 실수요, 즉 매수해 거주하고자 하는 수요가 많은지, 투자 수요, 즉 매수해 전세나 월세로 세팅하려는 수요가 많은지를 파악하면 된다. 소위 갭 투자 지역이나 단지는 투자 수요가 훨씬 더 많을 것이다. 반대로 갭 투자 지역이 아닌 지역은 실수요가 훨씬 더 많을 것이다.

2013~2015년 서울에서 갭 투자로 가장 인기 있었던 지역이 어디일까? 강서구와 성북구였다. 강서구는 가양동, 등촌동, 염창동이었고, 성북구는 길음동에서 갭 투자가 정말 성행했다. 지금 이 지역에서 갭 투자가 활발히 진행되고 있을까?

지금 서울 시세를 주도하고 있는 지역은 어디일까? 강남구다. 강남구가 갭 투자나 월세 투자를 할 수 있는 지역일까? 그렇다고 하는 사람도 있을 수 있다. 나는 아니라고 생각한다. 지금 강남구의 인기 아파트는 매매가와 전세가 갭이 10~15억 원이다. 이것이 갭 투자일까? 투자 수요일까?

이렇게 물을 수도 있다. "당장 들어가지는 못하지만 향후에 들어가려고 미리 매수하는 것도 투자 수요로 봐야 하는 것 아닌가요?" 당장 입주하는 수요만이 실수요가 아니다. 궁극적으로 실수요와 투자 수요를 나누는 것은 거주 목적인지 투자 목적인지의 여부다. 따라서 당장 거주하는 것뿐 아니라 몇 년 후에 거주하려는 것도 포함해야 한다. 결국 매수한 세대가 실제 입주할 때까지는 매매 거래가 이루어지지 않기 때문이다. 결국 단기 거래가 되지 않는 향후 거주 아파트 역시 실수요로 봐도 무방한 것이다.

더 확장해 보자. 자녀들에게 사 주는 경우는 실수요로 봐야 할까, 투자 수요로 봐야 할까? 당연히 실수요로 봐야 한다. 더욱 장기간 거래가 되지 않을 테니까 말이다.

당장 입주하든, 몇 년 후 입주하든, 자녀 거주용이든, 실제 거주를 목적으로 매수하는 수요를 실수요라고 한다. 지금 강남을 중심으로 한 수요는 바로 이 수요다. 입주와 관계없이 시세 차익만을 위한 목적으로 매수하는 수요를 투자라고 한다. 월세를 받기 위해 투자하는 아파트는 어떻게 분류해야 할까? 이 정도는 통계에서 제외해도 시장에 영향을 주지 않을 정도로 그 수가 미미하다. 월세 수익을 위해 아파트를 매수하는 경우는 많지 않기 때문이다. 아파트는 대부분 시세 차익이 목적이다.

지금 서울 시장은 실수요 시장이다. 갭 투자를 할 수 있는 시기도 아니고, 실제 매수하는 수요층을 분석해 봐도 거주 목적 실수요가 대부분이다. 팩트 체크를 하려면 해당 지역 중개업소에 가서 물어보면 된다. 어떤 수요가 가장 많은지.

그다음으로 궁금한 것은 그렇다면 왜 실수요가 지금 갑자기 많아졌나 하는 것이다. 최근 1~2년 동안 급증한 것처럼 느껴지니 말이다.

질적인 시장이 본격화되었다. 서울은 2005년부터였다. 서울과 비서울을 나누어서 봐야 하는 가장 큰 이유가 바로 이 질적인 수요다. 질적인 수요 시장의 수용 가격대는 양적인 수요 시장의 수용 가격대와 크게 차이 난다. 서울 아파트의 평균 시세는 4,000만 원대 중반이고 비서울 아파트의 평균 시세는 2,000만 원 미만이다. 이제 더블 스코어 이상 차이가 난다. 비싼 것이 더 비싸지고 상대적으로 싼 것의 시세 움직임은 크지 않을 것이라고 말해 왔다. 그것이 지역별 가격 분화 과정이다.

질적인 수요 시장에서 가장 중요한 것은 입지 경쟁력과 상품 경쟁력이다. 앞에서 설명한 교통, 교육, 상권, 자연환경의 4가지 입지 조건을 갖추면 갖출수록, 상품 경쟁력을 갖추면 갖출수록 수요가 더 많아지고 가격이 더 올라간다. 수요에는 실수요와 투자 수요가 있다. 우선순위를 말하자면 당연히 실수요가 먼저고 그다음이 투자 수요다. 실수요가 있는 지역, 많은 지역이면 투자 수요는 부수적으로 따라온다고 보면 된다. 이것이 현재 서울 시장에 대한 총평이다.

그렇다면 왜 현재 서울 시장에서 실수요층이 급증한 것처럼 보일까? 서울은 입지 경쟁력이 압도적으로 좋은 시장이다. 당연히 실수요가 많고 부수적으로 따라오는 투자 수요도 많은 시장이라는 것이다. 하지만 입지 경쟁력이 좋은 곳일수록 상품 경쟁력에 대한 필요도가 더 높다. 이것이 포인트다.

아파트의 수명은 30년이다. 10년 단위로 나누어서 아파트 상품 경쟁력을 평가할 수 있다. 준공 이후 10년 미만을 새 아파트, 10~20년을 기존 아파트, 20년 이상을 구 아파트라고 보면 된다. 아파트의 연차별 투자 방법이 있다. 준공 20년 차 미만 아파트는 입지만 좋아도 시장 트렌드에 맞추어 간다. 상품 경쟁력이 어느 정도까지는 존재한다. 하지만 20년 차가 되면 상품 경쟁력이 급감하므로 주의해야 한다. 이런 상품에 대해 무엇을 봐야 할지 모르겠다면 일단 입지를 봐야 한다.

서울 아파트는 1970년대 초반에 본격적으로 입주가 시작됐다. 상품 경쟁력이 떨어지기 시작한 20년 차가 언제였을까? 1990년대다.

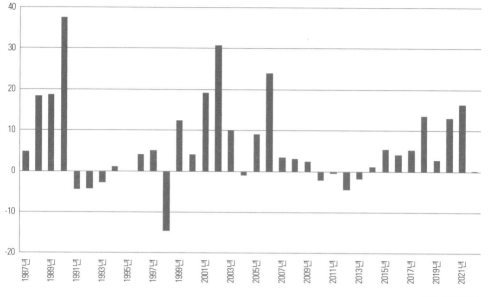

서울특별시 아파트 시세 연간 변동률(1987~2022년)

자료: KB부동산

재미있는 그래프를 하나 보자. 대한민국 서울 부동산 역사 40년 동안 가장 평온했던 시기가 언제였을까? 바로 1990년대 초반이다. 이 당시 부동산 시장의 두 가지 핵심 이슈가 있다. 하나는 서울 아파트가 대규모 입주한 지 20년 전후가 되었다는 것이다. 또 하나는 1기 신도시가 대규모로 입주하는 시기였다는 것이다. 1기 신도시의 역할이 무엇인가? 서울에만 집중되었던 수요를 분산하는 것이었다. 노태우 대통령이 사활을 걸고 추진했던 200만 호에 동시다발로 입주하던 시기였다.

정부가 꿈꾸는 부동산 시장이 1990년대 초반이 아닐까 한다. 수요와 공급이 어느 정도 균형을 이루고 가격은 안정된 시장. 이때는 강남 집 값도 조정받았다. 서울 수요가 특별한 규제 정책 없이 자연스럽게 1기 신도시로 대규모 이동을 했기 때문이다. 실수요층이 이동한 것이다. 가격에 맞추어 이동한 세대도 있고, 상품의 질을 찾아 이동한 세대도 있을 것이다. 이때만 하더라도 서울은 양적인 시장과 질적인 시장이 혼재되어 있었다. 양적인 시장과 질적인 시장의 수요를 1기 신도시가 충족해 주었던 것이다.

그로부터 20년이 다시 지났다. 정말 많은 일이 있었다. IMF를 겪었고 세계 금융위기가 지나갔다. 국내 부동산에서는 2기 신도시 개발이라는 대규모 공급이 있었다. 하지만 2005년에 완전한 질적 수요 시장으로 넘어왔다는 것이 가장 중요한 이슈라고 생각된다.

서울은 입지 조건이 매우 좋다. 지금 필요한 것은 질적으로 만족스러운 상품이다. 지금 서울 아파트에 살고 있는 세대, 그리고 1기 신도시에 살고 있는 세대들은 아파트 상품을 모두 경험했다. 뭐가 좋고 뭐가 나쁜지에 대한 인사이트가 있다. 이 정도 입지에 이 정도 상품이면 어느 정도가 적정한지도 다 알고 있다.

2005년 이전까지만 하더라도 초고층 주상복합이면 무조건 비싸야 하는 줄 알았다. 아파트는 대형이 무조건 비싸야 하는 줄 알던 시기였다. 실거주 경험치, 가치 평가에 대한 기준이 전혀 없었기 때문이다. 금융위기 때 아파트 가격이 폭락한 것은 그 전에 아파트 상품에 대한 사전 지식 없이 비싸게 매수한 경우가 대부분이어서 거품 시장을 만들어

냈기 때문이다. 하지만 지금은 그렇게 무비판적으로 아파트 가격을 받아들이지 않는다. 적어도 질적 시장이 본격화된 서울·수도권은 말이다.

지금 서울·수도권에 필요한 것은 무엇일까? 상품 경쟁력이 있는 아파트다. 서울은 상품 경쟁력이 있는 아파트가 공급되고 있을까? 그렇다. 몇 년 전부터 본격적으로 공급되고 있다. 40년 전 대규모 공급, 30년 전 대규모 공급 이후 처음으로 대규모로 공급되는 시장이다. 40년 전 서초구 반포동, 강남구 압구정동, 개포동, 대치동, 용산구 이촌동, 강동구 고덕동, 송파구 잠실동에 대량으로 공급되었던 상품들이 이제야 새 아파트로 변경되고 있다. 30년 전 양천구 목동, 노원구 중계동에 대량으로 공급되었던 상품들이 이제야 새 아파트로 변경을 준비하고 있다.

서울이라는 입지 좋은 지역에 입지에 걸맞은 좋은 상품을 희망하는 수요가 점점 더 많아지고 있다. 질적인 상품이 없어서 20년 전 서울을 떠났던 수요들도 복귀하고 있다. 이제 1기 신도시가 상품 경쟁력을 잃어 가고 있기 때문이다.

결론은 현재 서울 아파트 시장은 실수요 시장이라는 것이다. 적어도 지금 시장은 그렇다. 최근 준공된 새 아파트에 입주하는 실수요층, 건설 중인 새 아파트들에 입주하게 될 실수요층, 향후 10년 동안 분양될 새 아파트를 기다리는 실수요층, 이것이 현재 서울이라는 부동산 시장의 주요 구성원이다.

5 수용 가능 가격

한줄요약 언제 사고 언제 팔까? 조금 싼 듯할 때 사고, 좀 비싸다는 인식이 생길 때 판다.

10년간 서울 아파트 평균 매매 가격을 비교해 보자. 오른쪽 표는 2011년과 2021년을 비교한 결과다.

가격 변화만 살펴봐도 지역별 이슈를 파악할 수 있다. 성동구가 가장 크게 상승했고 이어서 서대문구, 마포구, 강동구, 동작구, 동대문구, 종로구, 노원구 등의 순이다. 상승 폭이 가장 낮은 곳은 양천구다. 이어서 용산구, 강남구, 구로구 등의 순이다.

가격이 많이 오른 지역은 오른 이유를 보고, 가격이 오르지 않은 지역은 오르지 않은 이유를 보면 된다.

서울특별시 아파트 평균 매매가 비교(평단가, 2011년 vs. 2021년)

지역	2011년	2021년	시세 등락	상승률	순위
성동구	1,654	4,421	2,767	167.3%	1
서대문구	1,236	3,293	2,057	166.4%	2
마포구	1,726	4,343	2,617	151.6%	3
강동구	1,821	4,547	2,726	149.7%	4
동작구	1,572	3,887	2,315	147.3%	5
동대문구	1,258	3,089	1,831	145.5%	6
종로구	1,658	4,067	2,409	145.3%	7
노원구	1,202	2,944	1,742	144.9%	8
도봉구	1,058	2,577	1,519	143.6%	9
송파구	2,402	5,795	3,393	141.3%	10
영등포구	1,659	3,992	2,333	140.6%	11
성북구	1,255	2,945	1,690	134.7%	12
서울특별시	1,838	4,300	2,462	133.9%	13
서초구	3,137	7,277	4,140	132.0%	14
강서구	1,427	3,302	1,875	131.4%	15
은평구	1,236	2,858	1,622	131.2%	16
금천구	1,046	2,409	1,363	130.3%	17
중구	1,741	3,997	2,256	129.6%	18
강북구	1,124	2,574	1,450	129.0%	19
광진구	1,909	4,317	2,408	126.1%	20
관악구	1,285	2,886	1,601	124.6%	21
중랑구	1,182	2,647	1,465	123.9%	22
구로구	1,245	2,781	1,536	123.4%	23
강남구	3,263	7,236	3,973	121.8%	24
용산구	2,402	5,138	2,736	113.9%	25
양천구	2,016	4,309	2,293	113.7%	26

지역별 시세 격차는 왜 발생할까?

같은 생활권에 인접해 있는 서초구와 강남구를 비교해 보자. 지난 10년간 서초구와 강남구에는 어떤 변화가 있었을까? 랜드마크 아파트끼리 비교해 보면 된다. 2011년 서초구에는 랜드마크 아파트로 특별히 부각되는 곳이 없었다. 재건축 이슈가 있었던 래미안퍼스티지와 반포자이 등 반포동의 몇몇 아파트들만 언급될 뿐이었다. 현재는 반포동, 잠원동, 방배동, 서초동 등 서초구의 모든 아파트가 주도하고 있다. 입주 아파트 중에서는 아크로리버파크(34평형, 45억 원 실거래), 재건축 아파트 중에서는 반포 주공1단지(32평형, 65억 원 실거래)가 강남구를 포함해도 현재 가장 잘나가는 아파트다.

2010년 이전 강남구의 랜드마크 아파트는 단연 삼성동 아이파크와 도곡동 타워팰리스였다. 재건축 이슈 아파트까지 포함하면 압구정동 현대아파트, 대치동 아파트, 개포동 아파트가 언론의 관심을 독차지했다. 강남구가 압도적으로 모든 면에서 1위의 위상을 가지고 있을 때였다. 지금 강남구의 랜드마크는 좀 모호하다. 래미안대치팰리스가 입주 아파트 중에서는 최고가다. 재건축 대상 아파트 중에서는 압구정 현대아파트가 최고가이긴 하지만 여전히 서초구 반포동 아파트의 평균 시세보다는 낮다. 재건축이 10년 연속 진행되자 모든 스포트라이트를 서초구 반포동이 받았고, 이로 인해 수요 자체가 증가했기 때문이다.

물론 강남구의 이슈 역시 재건축이기 때문에 재건축 아파트가 계속

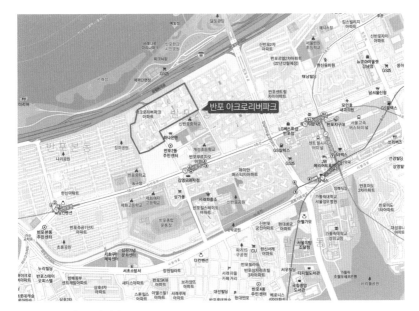

서초구 반포 아크로리버파크*

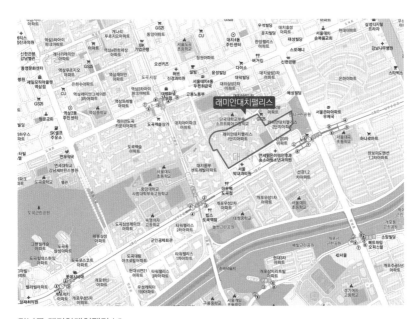

강남구 래미안대치팰리스*

스포트라이트를 받게 될 것이다. 아마도 앞으로 10년 동안 가장 많이 언급되고, 예전 강남구의 위상을 되찾으려는 시도가 계속될 것이다. 지금 상승률은 하위권이지만 10년 후에는 다시 상위권으로 올라갈 확률이 높다. 이런 랜드마크 아파트를 활용해 과거와 현재의 위상을 비교해 보면 지역별 이슈가 쉽게 드러날 것이다.

　시세 상승률 1위였던 성동구도 마찬가지다. 10년 전에는 유명한 아파트 단지가 단 한 곳도 없었지만, 지금은 성수동의 주요 아파트들이 성동구의 위상을 몇 단계는 높여 놓았다. 트리마제, 아크로서울포레스트, 갤러리아포레 등 이제 강남구에서 부러워하는 아파트가 즐비하다.

　시세 상승률이 낮은 곳은 대부분 현재 확실한 랜드마크가 없을 가능

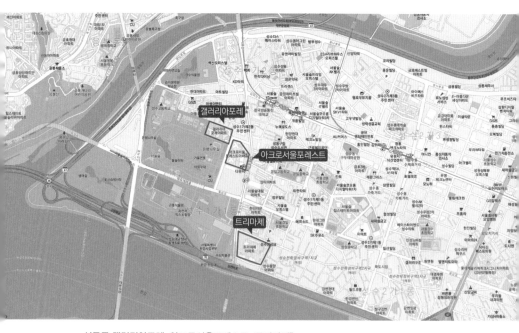

성동구 갤러리아포레, 아크로서울포레스트, 트리마제"

성이 크다. 용산구의 랜드마크는 어디일까? 동부이촌동이 가장 잘나가는 지역이다. 하지만 어떤 단지가 가장 좋다고 평가할 수는 없다. 아마도 이촌동 한강맨션, 서빙고동 신동아아파트가 재건축되고 한남뉴타운이 재개발되어 용산구를 평정할 때쯤이면 용산구의 위상도 달라져 있을 것이다.

마지막으로 상승률 최하위 지역인 양천구를 보자. 재건축 이슈가 뜨거웠던 2006년 목동 아파트 단지들은 정말 잘나갔다. 3.3㎡당 1,000만 원 하던 아파트가 모두 3,000만 원이 넘었다. 그러나 금융위기 이후로 재건축에 대한 이슈가 꺼지면서 목동 아파트의 시세가 빠지기 시작했다. 최근 10년 동안 꼭지였던 때와 현재를 비교하니 가격 상승이 없을 수밖에 없다. 양천구는 계속 이렇게 하위권일까? 이 질문에 답하려면 재건축이 다시 부각되는지만 따져 보면 된다. 목동 아파트는 재건축이 될까? 당연히 될 것이다. 그럴 경우 앞으로 10년은 무조건 시세 상승을 예상할 수 있다. 상승 하위권인 양천, 용산, 강남, 구로는 남은 재건축 이슈로 앞으로 10년 동안 가장 큰 변화를 보이는 곳이 될 것이다. 새옹지마라는 말을 써야 할 타이밍이 되는 것이다.

최적의 매수·매도 타이밍은?

그렇다면 언제 사서 언제 팔아야 할까? 매도·매수 타이밍에 정답이 있을 수 없다. 모든 사람의 기대 수준이 다르기 때문이다. 다른 사람의 기준에 내 판단을 맞추어서는 안 된다. 무조건 자신의 의사결정이어야 한다. 단타의 기준이 다르고, 장기 투자의 기준이 다르다.

하지만 분명히 이야기할 수 있는 것은 바닥에 사서 머리에 팔 수는 없다는 것이다. 그건 욕심이다. 투기하는 마음이다. 시세 차트를 보면 바닥을 알 수 있다고 말하는 사람이 있다. 물론 알 수 있다. 그런데 정작 바닥인 그 시점에는 절대 알 수 없다. 최소 3년 이상은 지나 봐야 그 시점이 바닥이었다고 판단할 수 있다. 머리는 파악하는 것 자체가 모순이다. 양호한 입지의 경쟁력 있는 상품이라면 오르락내리락을 반복하면서 우상향할 터인데 머리가 무슨 의미가 있을까.

적절한 매수·매도 타이밍은 어떻게 선정할까? 먼저 입지와 상품을 중심으로 관심 있는 대상물을 선정해 둔다. 전국 226개 시·군·구 중에서 관심 지역을 정하는 것이다. 각 시·군·구 내의 모든 읍·면·동을 볼 필요는 없다. 그 안에서도 관심을 가질 만한 읍·면·동을 추려 둔다. 그리고 그 읍·면·동에서 몇 개 단지만을 찍는다. 좋은 입지와 경쟁력 있는 상품인지 선별하는 것이다.

아무리 공부해도 잘 모르겠다면 가장 인기 있는 단지 3 ~ 5개 정도를 뽑으면 된다. 그런 다음 그 단지들의 가격을 틈틈이 체크한다. 그러면서 매수·매도 타이밍을 잡는다. 조금 싼 듯한 가격일 때 매수하고, 좀 비싸다는 인식이 생길 즈음에 매도한다.

예를 들어 보자. 대구에서 아파트 투자가 본격적으로 시작된 시기는 2010 ~ 2011년이었다. 기존 아파트의 시세가 3.3㎡당 500만 원 전후였다. 10년 안 된 24평형 아파트가 1억 원 이하인 경우가 많았다. 나름대로 대구의 중심지이고 입지 평가도 괜찮은데 신규 분양한 아파트에 비해 가격이 상당히 낮았다. 다른 광역시와 비교해도 시세가 싸다는 생각이 들었을 것이다. 그래서 투자자층이 매수를 진행했다. 그리고 투자자층은 3년이 지난 시점인 2013~2014년에 매도를 시작했다. 3.3㎡당 900만 원 전후 시장이 됐기 때문이다. 신규 아파트와의 갭도 많이 줄었고, 대구라는 시장은 1,000만 원에서 한 번 쉬어 가는 타이밍이 올 것이라는 판단이었을 것이다. 과거에 서울이 그랬으니까. 그래서 대부분의 투자자층은 실거주층이 받아 주는 가격대에서 매도하고 나왔다.

대구 시장을 잘 아는 사람들은 "아니, 2015년 전후로도 엄청 올랐는데!"라고 할 것이다. 맞다. 그 이후로 3.3㎡당 1,000만 원, 2,000만 원을 넘어 3,000~4,000만 원 아파트들도 등장했다. 그 투자자들이 2021년에 매도했더라면 더 큰 수익을 얻었을 것이다. 하지만 그건 다른 사람의 몫이라고 생각해야 한다. 머리까지 확인할 필요도 없고 그 정도면 충분한 수익을 낸 셈이다.

매수와 매도 타이밍의 기준을 잡는 것이 중요하다. '조금 싼 듯한 가격'과 '좀 비싸다는 인식이 생길 즈음'을 판단하는 기준 말이다.

두 가지로 정리해 보자.

1. 랜드마크 아파트가 아니라면 랜드마크와의 가격 차이로 판단한다.
2. 랜드마크라면 추가 상승 여력의 조건이 갖추어져 있는지 판단한다.

이 기준을 나의 관심 지역, 관심 단지에 직접 적용해 본다. 그렇게 판단하는 연습을 여러 번 반복해야 한다. 직접 투자를 해야만 하는 것은 아니다. 시세 표를 보면서 모의 투자로도 충분히 시뮬레이션할 수 있다.

다시 한번 강조하지만 바닥에 사서 머리에 팔려는 생각은 버려야 한다. 혹시 누군가 그렇게 제안하는 사람이 있다면 멀리할 필요가 있다. 거래만 성사시키려는 업자일 확률 백 퍼센트다. 내가 직접 판단해야 한다. 그게 안 되면 칼럼이든 책이든 강의든 아무 의미가 없다. 스스로 의사결정하는 훈련을 계속해야 한다. 조금이라도 더 싸게 사고 조금이라도 더 비싸게 팔 입지를 선택하려고 너무 머리 쓰지 않았으면 한다.

다만 실거주라면 큰 의미가 없다. 돈 몇백만 원 더 버는 것보다 편의성과 거주 가치가 훨씬 더 크기 때문이다. 내가 좋아하는 입지와 상품이면 그걸로도 10억 원의 가치가 있다.

아파트 가격 정보 확인 방법

부동산 투자에서 가장 중요한 것은 가격이다. 입지 평가를 하는 것도, 상품 경쟁력을 따지는 것도 궁극적으로는 매수하기에 적정한 가격인지를 파악하기 위해서다.

가격 정보를 어디에서 얻을 수 있을까? 여러 가지 사이트가 있다. 다음 중 가장 편한 것을 활용하면 된다.

- 국토교통부 실거래가 공개시스템(rt.molit.go.kr): 실제 거래된 가격을 확인할 수 있다. 마지막으로 가격을 결정할 때 활용한다.

- 한국부동산원 부동산거래관리시스템(www.reb.or.kr): 부동산 통계라고 할 수 있는 거의 모든 종류의 자료가 있다.

- KB부동산(kbland.kr): 객관적인 가격대를 제시한다고 평가받으며, 실제 대출 가능 금액을 설정할 때 기준이 된다.

- 조인스랜드부동산(joinsland.joins.com): 민간 사이트 중에서는 검색 옵션이 가장 많다. 옵션 메뉴를 그냥 보기만 해도 재미있다.

- 부동산114(r114.com): 부동산 포털 사이트 중에서 가장 큰 사이트다. 자체 리포트도 많이 발표한다. 부동산 포털 중 연구진이 가장 많고 맨파워가 있다.

- 네이버 부동산(land.naver.com): 가장 많이 보는 부동산 시세 표 정보 사이트다. 네이버 부동산 때문에 부동산 포털들의 사용량이 급감했다. 거의 모든 부동산 관련 기사와 매물 정보를 제공한다. 정보를 일일이 찾아야 하는 불편함은 있지만 가장 많은 매물 정보를 확보하고 있다.

- 다음 부동산(realty.daum.net): 가장 깔끔하게 정보를 제공한다. 시·군·구별 시세도, 매물 정보도 가장 가시성이 좋다.

- 씨:리얼(seereal.lh.or.kr): LH 한국토지주택공사에서 운영하는 부동산 정보 공공 포털 서비스다.

- 프롭테크 어플: 직방, 호갱노노, 부동산지인, 아실 이 4개 프롭테크 어플만 봐도 충분하다. 최고의 어플들!

투자와 금리

한줄요약 개인에게는 금리가 큰 의미 없다. 주택 구매 심리 파악이 더 중요하다.

금리가 낮아지면 가장 큰 혜택을 보는 사람이 누구일까? 당연히 대출을 많이 받은 사람이다. 누가 대출을 많이 받았을까? 개인일까, 기업일까, 아니면 정부일까? 우리가 초등학교 때 배운 경제의 3주체 중 누구에게 가장 이익일까? 아전인수하지 말고 시장을 있는 그대로 봐야한다.

정부가 개인을 위해서 대출 금리를 낮추거나 올리는 것이 아니다. 물론 어느 정도 고려했을 수는 있다. 하지만 0.25%p 조정한다고 개인의 대출 상황이 크게 달라지지는 않는다. 0.25%p를 변동함으로써 가장 민감하게 반응할 주체를 생각해 보자. 대출 금액이 클수록 이율 민감도가 커진다. 개인처럼 몇백만 원, 몇천만 원, 몇억 원 단위가 아니라 몇조, 최소한 몇천억 원을 대출받은 주체라면 약간의 금리 변화에도 예민해질 수밖에 없다. 그 정도 대출을 받는 주체가 누구인가? 바로 기업과 정부다.

기업체가 대출받는 것은 당연하지만 정부도 대출을 받을까? 당연히 받는다. 전 세계에 대출 안 받는 정부는 없다. 국채, 지방채 등은 결국 모두 대출의 일종이기 때문이다. 그 금액이 엄청나다. 거기에 공공기관의 빚이 상당히 많다는 것은 매스컴을 통해 이미 잘 알려진 사실이다. 대부분 빚의 규모가 조 단위다. 공공기관도 엄청난 대출 이자를 내고 있다.

자, 그렇다면 이제 금리의 인하·인상에 대해 다시 생각해 보자. 물론 금리를 인하하거나 인상하면 개인 대출에도 영향을 줄 수 있다. 영향이 전혀 없다는 의미가 아니다. 하지만 대출 금리 0.25%p 낮아졌다고 개인들이 굳이 받을 필요 없는 대출을 일부러 받거나 하지는 않는다. 금리가 당장 개인의 의사결정을 바꿀 결정적인 요소는 아니라는 것이다.

그리고 금리 때문에 투자하지 않는 사람은 생각보다 많지 않다. 투자할 물건이 있으면 투자하는 것이지, 금리 0.25%p에 좌우되지 않는다. 평소 하던 대로 하면 된다. 투자 물건을 분석해 보고 투자 적격이라고 판단되면 투자하면 되고, 투자 적격이 아니면 투자하지 않으면 된다. 금리 인하로 인해 투자 적격이 아닌 상품이 투자 적격이 되는 것은 아니라는 의미다.

이렇게 묻는 사람도 있다. "정부나 기업체가 혜택을 본다면 일반 개인에게도 낙수효과가 있지 않을까요?" "결국 시장의 유동성이 늘어나니 거래가 더 활발해지는 것 아닐까요?" "정부가 조선 업종 등에 12조를 지원한다고 하지 않았습니까?" 그동안 이런 대기업 부실 문제, 금융권 부실 문제에 대한 정부의 지원금이 과연 낙수효과로 나타났는지 한 번 생각해 보면 좋겠다.

유동성 시장이 되려면 돈을 쓰는 개인들에게 돈이 흘러 들어가야 한다. 그래야 시장에서 돈을 쓰게 된다. 가장 좋은 방법은 정부가 개인에게 직접 돈을 주는 것이다. 기업체에서 월급을 안 주는 경우가 있다. 그럴 때 정부가 직접 월급을 주는 것이다. 그럼 진짜 유동성이 늘어난다. 시장에 돈이 많아지기 때문이다. 그렇지만 대부분의 정부 지원은 기업체나 정부의 빚을 탕감해 주는 방식으로 이뤄져 왔던 게 사실이다. 이를테면 대출 금리를 낮춰 주는 것이다. 실질적으로는 돈을 안 쓰고도 돈을 지불한 효과를 보는 것이다. 빚이 10조인데, 그 빚을 탕감해 주거나 이자를 낮추어 주거나 유예해 주면 그것도 지원이다. 그렇게 하면 개인들에게까지 돈이 갈까? 그동안 밀린 월급을 줄 수 있을까? 대기업이 월급을 안 주는 경우는 거의 없다. 인상해 주지 않는 경우는 있다. 조금 깎을 수도 있다. 하지만 늘 월급을 준다. 공무원들도 공공기관에 빚이 아무리 많아도 월급을 받는다. 그것은 헌법이 보장하는 것이기 때문이다. 생존권의 문제이니 당연하다. 정부 지원금의 역할은 기업과 정부를 지원하는 데까지만이다. 낙수효과가 거의 없다.

게다가 정부는 지원금을 그냥 주는 것이 아니다. 아마도 강도 높은 구조 조정을 요구할 것이다. 물론 기업의 체질을 개선하는 데 필요하다면 해야 한다. 그런데 문제는 직원 수를 줄이는 방향으로만 구조 조정이 이루어진다는 것이다. 부실 자산을 정리하고 기업 경쟁력을 높이기 위한 구조 조정은 거의 없다. 결국 개인들만 불이익을 받을 가능성이 크다. 정리해고자가 많아지면 퇴직금이 풀린다. 그러면 유동성 장세가 될까? 이런 이야기를 공개적으로 하면 돌 맞는다. 그분들에게는 생존의 문제다.

금리 인하로 부동산 투자가 어느 정도 활성화될 수는 있다. 하지만 그건 금리가 낮아지기 때문이 아니라 부동산을 매수하고자 하는 수요층이 많아지기 때문이다.

여기서부터 우리는 신중해질 필요가 있다. 자칫 방심하면 다음과 같은 분위기로 휩쓸려 갈 가능성이 있기 때문이다.

1. 남들이 산다고 따라 사기
2. 감당하지 못할 정도로 대출받기
3. 매물 없다고 아무 물건이나 사기
4. 무조건 매수하고 보기

개인은 금리 조정에 지나치게 큰 의미를 둘 필요가 없다. 금리가 낮아지면 그저 '대출 이자가 좀 줄어서 좋네' 정도로만 판단하면 좋겠다.

투자하지 않아도 될 물건까지 매수하려는 쪽으로 확대 해석하지 않았으면 한다.

금리가 인하되면 신규 분양자와 기존 대출자들은 혜택을 본다. 그런데 신규 분양 혜택은 분양을 받을 수 있느냐가 중요하지, 금리 인하 혜택이 핵심이 아니다. 물론 금리가 낮아지면 중도금 무이자로 진행되는 대출 물건이 많아질 수는 있다. 중도금이 무이자면 분양가가 조금 비싸더라도 분양이 더 잘된다. 결국 시행사와 시공사가 혜택을 본다. 기존 대출자들은 이자가 줄어드니까 당연히 어느 정도의 혜택이 있다. 그게 다다.

최근 기준금리가 상승하고 있다. 2022년에도 계속 상승할 가능성이 높다. 기준금리가 높아지면 통상적으로 가산금리도 높아지기 때문에 금리가 부담스러운 것은 사실이다. 하지만 대한민국은 부동산 담보 대출이 철저하게 관리되고 있다. LTV(주택담보대출비율), DTI(총부채상환비율), DSR(총부채원리금상환비율)로 규제 지역은 40% 미만, 비규제 지역이라 해도 70% 정도만 대출이 가능하다. 신용대출이나 그 외 개인 대출을 영끌로 받지 않는 이상, 담보 대출에 대한 금리 인상만으로 문제가 되는 경우는 적다. 경매에 넘어간 아파트 낙찰가율을 보면 대체로 100% 전후다. 부동산 담보 대출의 문제가 아니라는 것이다.

금리 인하·인상으로 부동산 시장이 바로 어떻게 되지는 않는다. 과거에 기준금리가 5%를 넘었을 때도 시세가 올랐다. 부동산 광풍도 있었다. 더욱이 이제는 저금리 시대이기 때문에 금리 변동이 부동산 투자에

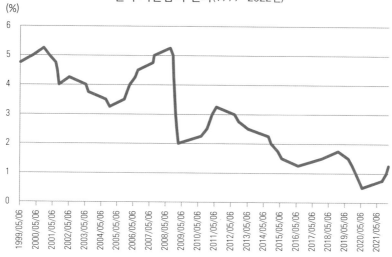

한국 기준금리 변화(1999~2022년)

(%)

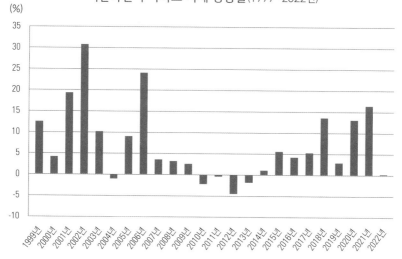

서울특별시 아파트 시세 상승률(1999~2022년)

(%)

자료: KB

미치는 영향이 과거에 비해 크게 낮아졌다. 오히려 LTV·DTI·DSR 축소, 재건축 초과 이익 환수, 다주택자 양도세 중과, 분양가 상한제 등이 부동산 시장에 더 큰 영향을 미친다.

　주관적인 입장을 버리고 시장을 있는 그대로 보자. 부동산 매매는 결국 시장의 수요와 공급이 가장 중요하다. 주택 구매 심리가 어디로 움직이느냐를 봐야지, 금리를 보고 판단할 문제가 아니다.

절대

5부 가치

가격 말고 가치를 보라

원칙

지인 중 주식 투자를 평생 해 보지 않다가, 주식 상승장이 2020년 중후반까지 지속되는 것을 목격한 뒤 첫 주식 계좌를 개설한 분이 있다. 가지고 있던 약간의 돈을 처음 투자해 삼성전자 주식을 샀는데 한 달 만에 꽤 수익을 냈다고 했다. 2020년 10월이었다. 그분은 자가 거주자였는데 거주하던 집을 전세로 돌리고 월세로 이주했다. 전세 보증금으로 담보 대출을 상환한 후 2억 원 정도 여윳돈이 생겨 2020년 12월 말에 삼성전자 주식을 매수했다. 7만 원 중반대 가격이었다고 한다. 알다시피 지난 2년간 삼성전자 주가의 고점은 2021년 1월 15일에 찍은 96,800원이었다. 2억 원이나 투자했는데 투자하고 2주도 안 지난 시점에서 주당 2만 원이나 상승했으니 얼마나 좋았을지 상상이 된다. 하지만 삼성전자 주식은 그 이후 계속 하락하고 있다. 이유는 딱 하나다. 외국인과 기관 투자가가 꽤 오랜 기간 동안 거의 매일 매도하고 있다.

최근 삼성전자 주가를 보면서 불안했는지 모처럼 연락이 왔다. 주식 전문가가 아닌 나로서는 그 어떤 코멘트도 조언도 할 수 없었다. 삼성전자는 장기적으로 보면 분명 더 많이 성장할 회사지, 망할 회사는 아니다 정도의 판단을 할 뿐, 주가가 지금이 적정가인지 거품인지 전혀 알 수 없기 때문이다.

요즘 읽는 책들에서 가치투자라는 문구가 눈에 계속 들어온다. 주변의

삼성전자 주가 그래프

자료: 네이버 증권

주식 투자하는 분들은 100% 가치투자를 한다. 대부분 이미 엄청난 부를 축적한 분들이다. 가끔 그분들의 이야기를 찬찬히 듣고 있으면 가치투자가 이런 것이구나 감탄하게 된다. 내가 좋아하는 가치투자의 대가는 이렇게 말했다. "개인 투자자들은 시장과 거대 자본에 겸손할 수밖에 없어요. 거대한 자본과 직접 경쟁해서 이길 수 있는 방법은 거의 없거든요." 거대 자본의 경우 가치투자가 아니라 투기로서의 투자, 즉 단기적인 매매 차익을 보려고 하는 경우가 대부분이기 때문에 이 자본과 기술로 무장한 거대 자본을 이길 수가 없다는 것이다.

게다가 상승장에서는 투자자들 마음속의 시장 한계 가격을 계속 수정 상승시킨다는 것이다. 4만 원일 때에는 6만 원으로, 6만 원이 되면 8만 원으로, 8만 원이 되면 10만 원으로 상한선을 계속 올린다는 것이다. 증권사 리포트에 나오는 목표 주가처럼. 여기부터는 가치투자니 밸류에이션이니 하는 논리와 근거가 먹히지 않는다고 한다. 전혀 객관적이지 않다는 것이다.

노골적으로 언급하지는 않았지만 문재인 정부의 경제 기조는 부동산 투자는 악이고 주식 투자는 선이라는 구조를 만들었다. 부동산 투자는 대한민국 경제에는 전혀 도움이 되지 않고, 주식 투자는 대한민국 경제에 큰 도움이 된다는 논리였다. 대표적인 사례가 주식 투자를 하면 그 돈으로 기업이 R&D에 투자한다는 것이다. 정말 국민들이 주식 투자를 하면 기업들이 R&D에 투자할까? 삼성전자 주식을 사면 삼성전자가 그 돈으로 R&D 투자를 한다는 것일까? 답을 뻔히 알지만 이런 주장을 활용하는 전문가들의 의견을 보면서 가끔 웃는다. 정말 주식 투자를 하면, 예를 들어 삼성전자 주식을 사면 우리에게는 어떤 실익이 있을까? 다른 기업의 주식을 사는 것은 또 어떤 의미가 있을까?

나도 주식 투자를 한다. 주식 투자를 하지 말자는 것이 아니다. 주식 투자의 첫 번째 목적은 국가와 국민을 위한 투자가 아니라 내 자산 증식이라는 것이다. 결국 리스크 낮고 상승 확률이 높은 투자를 해야 한다. 단기간 상승한 시세만 보지 말고 제대로 공부해서 가치투자를 해야 한다. 주식이든 부동산이든 말이다.

가격 인식 단계

한 줄 요약 사람들은 가격을 어떻게 인식하는가? 중요한 것은 수요층이 있는가다.

부동산 관련 의사결정 중 가격 요인은 정말 중요하다. 실거주든 투자 수요든 매수 여부는 결국 가격으로 결정하기 때문이다. 입지가 아무리 좋고 상품이 아무리 좋아도 가격이 맞지 않으면 살 수 없다. 따라서 가격에 대한 판단 기준이 명확해야 한다.

현재 대한민국에서 가장 비싼 일반 아파트는 서초구 반포동의 아크로리버파크로서 3.3㎡당 1억 원 이상이다. 강남구, 서초구, 용산구, 잠실, 여의도를 제외하고 나머지 지역에서 주민들에게 아크로리버파크의 가격을 알려 주고 어떠냐고 물어보면 대부분 너무 비싸다고 할 것이다. 아무리 부동산에 관심이 많은 층이라 해도 말이다. 더구나 부동산 폭락을 희망하는 분들은 '말도 안 되는 가격' 또는 '대한민국 부동산 정책이 실패했음을 보여 주는 대표적 사례'라고까지 평가할 것이다.

부동산 가격에 대해 이야기할 때 적정성 평가를 떠나 감정을 앞세우는 경우가 많다. 내가 가질 수 없는 가격대는 무조건 비싸다는 논리다. 이런 태도는 경계해야 한다.

내가 3.3㎡당 1,000만 원대 아파트에 살고 있다고 가정해 보자. 나한테는 적정한 가격이겠지만 3.3㎡당 500만 원대 아파트에 사는 사람들에게는 너무나 높은 가격이 될 수 있다. 반대로 상품 자체가 3.3㎡당 1,000만 원이라고 하기에는 부족하다고 평가할 수도 있다. 그렇다면 실제 가치에 비해 고평가된 아파트다. 가격은 수요와 입지, 상품 가치로 평가해야지, 단순히 금액만 비교해 평가해서는 안 된다. 그건 평가도 아니고 그저 넋두리밖에 안 된다. 우리 삶에 아무 도움이 안 되는 태도와 행동이다.

서울의 평균 시세는 3.3㎡당 4,000만 원 전후다. 33~34평형대의 경우 총액으로 따져 보면 12억 원 전후다. 서울의 33~34평형(전용 85㎡) 아파트가 12억 원이라면 싼 편인가, 비싼 편인가? 비싸다고 평가하는 사람이 아마도 더 많을 것이다.

아파트는 늘 비쌌다. 1970년대, 즉 서초구 반포동과 강남구 압구정동에 대규모 아파트 단지들이 입주하기 시작했을 때가 대한민국 아파트의 본격적인 시작이라고 본다. 당시에도 아파트는 비싼 상품이었다. 하지만 지나고 나면 항상 과거의 시세는 싼 시세가 된다. "아, 그때 샀어야 했는데!" 이런 말 많이 들어 보았을 것이다. 스스로 수없이 되뇌는 말이기도 할 것이다. 그렇다. 아파트는 항상 생각보다 비싸다. 왜 비쌀 수밖에 없을까? 우리가 가격을 인식하는 데에는 몇 가지 단계가 있기 때문이다.

가격을 인식하는 네 가지 단계
1단계: 너무 싸서 매수하지 않는 가격
2단계: 약간 싼 듯한 가격
3단계: 비싸다는 생각이지만 딱 매수할 수 있는 한계 가격
4단계: 너무 비싸서 매수하지 않는 가격

1단계: 너무 싸서 매수하지 않는 가격

진짜 너무 싸서 매수하지 않는 경우가 있을까? 있다. 그것도 아주 많이 있다. 아주 단순하게 예를 들어 보자.

서울의 평균 시세가 3.3㎡당 4,000만 원이다. 비서울 지역에서는 경기도를 제외하면 대부분 2,000만 원이 안 된다. 그럼에도 서울 부동산을 매수하려는 수요층이 가장 많다. 서울에서 매수하는 가격으로 지방의 몇 채를 살 수도 있는데, 왜 지방 부동산은 매수하지 않고 서울 부동산을 매수하려고 할까? 굳이 지방까지 갈 것도 없다. 같은 서울 안에서 보자. 서울에도 3.3㎡당 1,000만 원이 안 되는 아파트가 있다. 진짜냐

고? 진짜 있다. 많다. 최소한 5,000세대가 넘는다. 왜 이런 저가 아파트가 존재하는 것일까? 아직 투자층이 몰라서일까? 그 시세가 싸다고 판단했으면 아마도 현재 그 아파트에 사는 사람이나 그 주변 지역에 사는 사람들이 이미 매수했을 것이다. 그런데 왜 매수하지 않는 것일까?

너무 싸기 때문이다. 너무 싸서 품질이 의심되기 때문에 매수하지 않는 것이다. 아마도 그 아파트는 앞으로 10년 후에도 같은 가격일 것이다. 이후 다른 아파트들의 시세가 지속적으로 상승하는 시장에서도 계속 그 가격을 유지할 것이다.

투자란 현재 가치로 미래 가치를 사는 것이다. 순수 투자 목적이 아니라 실거주라 할지라도 미래 가치가 전혀 없다고 판단되는 물건은 사지 않는다. 누가 봐도 가격이 오르지 못할 조건의 부동산은 매수하지 않는다. 이런 까닭에 너무 싸서 매수하지 않는 가격이 존재하는 것이다.

이 부분은 부동산 매수에서 매우 중요한 포인트다. 지방에는 서울과 비교할 때 많이 저렴하고 절대적인 가치로 평가해도 매우 싼 물건들이 있다. 이러한 물건들을 매수하고자 할 때에는 남다른 전략과 목표가 있어야 한다. 단순히 싸다는 이유만으로 접근하면 실패할 확률이 너무 높다. 특히 3.3㎡당 1,000만 원 전후 시장에서는 수요가 증가할 것으로 예상되지 않는 입지 또는 상품은 매수하면 안 된다. 거주가 아니라 시세 차익을 목적으로 한다면 더욱더 그렇다.

2단계: 약간 싼 듯한 가격

투자하는 입장에서 가장 중요한 가격대다. 약간 싼 듯한 가격일 때 매수하는 것이 가장 좋다. 하지만 약간 싼 듯한 가격임을 판단하기가 어렵다는 게 문제다. 그렇기 때문에 이는 하루아침에 의사결정 할 수 있는 일이 아니다. 적어도 특정 지역의 시세를 확실하게 이해하고 있어야 한다. 최소한 그 지역의 10년간 시세를 파악해야 한다. 그래야 이 가격이 싼지 비싼지를 판단할 수 있으니까.

2013년부터 2014년까지 지방 투자자들이 서울 변두리 지역과 수도권 신도시 지역의 아파트에 많이 투자했다. 철저한 입지 분석을 통해서 매수한 분들도 당연히 있었지만, 대부분은 '묻지 마' 투자였다. 그분들이 투자를 결정한 가장 큰 이유가 가격이었다. 지방 투자자들이 보기에는 싼 가격이었으니까. '부산에서는 물론이고 대구, 광주, 구미, 전주, 대전, 울산에서도 3.3㎡당 1,000만 원 정도면 비싼 편이 아닌데. 서울·수도권이 3.3㎡당 1,000만 원이 안 된다고?' 하면서 매수할 수 있는 물건은 최대한 매수했다. 시장이 매우 큰 서울·수도권인데도 그 영향으로 가격이 상승한다. 시장에는 지방 투자자만 있었던 것이 아니라 서울·수도권 투자자도 함께 있었기 때문에 최근 3년 동안 싸다고 판단된 물건들은 거의 모두 매수되었다. 그 결과 3년 동안 서울·수도권은 오르지 않은 지역이 거의 없었다.

이 기간에 애물단지들을 매도한 사람들은 그 투자자층에게 고마워

해야 한다. 매수가 이하 가격에도 팔리지 않아 5년 이상 가지고 있던 단지들을 매수가 이상으로 처분할 수 있었으니까. 이 3년의 열풍으로 초기 투자자층과 매도 안 되는 물건을 가지고 있던 기존 소유자층이 가장 혜택을 보았다. 문제는 뒤늦게 시장에 동참한 사람들이다. 시장이 오르는 것 같아서 남들 따라 매수했는데 상승은커녕 전세가도 맞추기 어려운 시장이 됐다. 흔히 볼 수 있는 '묻지 마' 투자의 결과다.

조금 싼 듯한 가격은 그렇게 판단하면 안 된다. 물론 제대로 판단한 경우도 있었을 것이고 운이 좋았던 경우도 있었을 것이다. 하지만 같은 시장이 왔을 때 초기 투자자층이 될 자신이 없는 사람이라면 무조건 싸다고 해서 매수하면 안 된다. 그건 1단계 가격(너무 싸서 매수하지 않는 가격)일 수도 있기 때문이다.

가격 비교는 그 입지 내에서 이루어져야 하고 그 입지 주변에서 이루어져야 한다. 최근 10년 동안 가장 좋은 상승률을 보인 시장이 대구다. 2010년에 상승하기 시작해 2020년까지 쉬지 않고 꾸준히 상승했다. 2010년에 대구 시장에 들어간 투자자층은 아마도 싼 듯한 가격대라고 판단했을 것이다. 수성구의 일반 아파트 가격이 3.3㎡당 1,000만 원 전후였고, 신규 아파트는 1,300만 원 이상이었다. 그런데 당시 달서구의 아파트는 10년 차 미만이라 하더라도 3.3㎡당 400~500만 원 정도였다. 교통, 교육, 상권이 모두 양호한 입지인데도 말이다. 이건 진짜 '싼 듯한 가격대'였다. 매수 타이밍이 맞다.

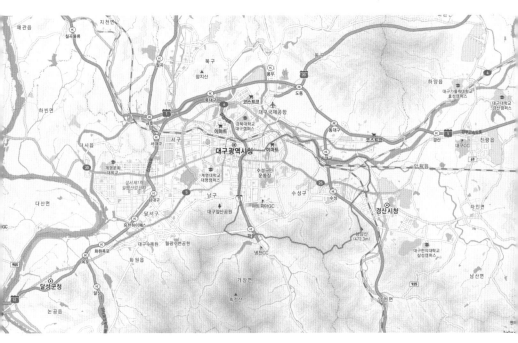

대구광역시 수성구*

그렇게 대구광역시의 대세 상승이 시작됐다. 그렇게 10년을 큰 굴곡 없이 상승했고, 3.3㎡당 1,000만 원을 돌파하고 평균 2,000만 원을 돌파하느냐 못 하느냐를 판단해야 할 타이밍이 왔다. 당시 상승세라면 당연히 돌파할 것으로 예상은 할 수 있었다. 문제는 3.3㎡당 2,000만 원이 적절한 가격인가를 판단해야 한다는 것이다.

객관적으로 평가하면 이미 많이 올랐다고 판단할 수 있었다. 그래서 2010년에 투자한 층이 물건을 시장에 내놓았다. 실거주층과 시장에 뒤

늦게 참여한 투자자층이 그 매물을 받았다. 그런 후 2020년까지 계속 상승한다. 3.3㎡당 2,000만 원까지 올라간다. 그리고 2021년이 됐다. 거래가 정지된다. 그러다가 하반기에 시세가 조금씩 빠지기 시작한다. 역전세도 일부 발생하기 시작한다. 현재 적극적인 투자자층은 없다. 빠져나갔든, 그냥 잠적했든 둘 중 하나일 것이다.

이 대구 사례를 보고 싼 듯한 가격에 대한 감을 익혀야 한다. 매수 타이밍과 매도 타이밍이 언제가 적정한지 벤치마킹을 해야 한다.

시세가 높은 입지에서도 가능하다. 이 방법은 오히려 일반인 수준에서는 현재 매물 시세가 적정한지 어떤지를 판단할 수 없는 입지에서 더 유용하다. 서초구 반포동에는 반포자이라는 아파트가 있다. 2009년 입

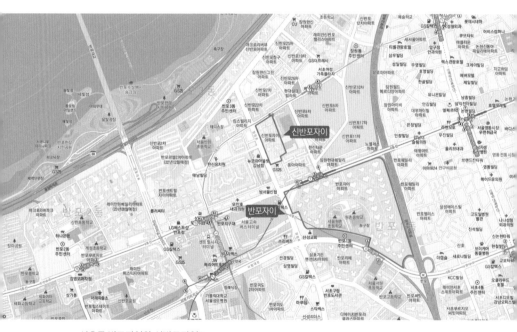

서초구 반포자이와 신반포자이*

주한 아파트이고 2016년 당시 3.3㎡당 4,400만 원 전후의 시세를 형성했다. 꾸준히 이 시세에서 거래되었으므로 일반 시세였다. 2016년 1월 반포한양아파트를 재건축한 신반포자이가 분양했다. 분양가가 3.3㎡당 4,290만 원으로 서초구 최초의 4,000만 원대 분양가 아파트였다. 일반인은 물론 그 지역 중개업자, 부동산 전망을 하는 전문가들도 모두 분양이 안 될 거라고 판단했다. 하지만 이 아파트는 분양이 잘됐다. 그것도 1순위에 분양이 완료됐다. 소형 같은 경우는 프리미엄까지 형성됐다.

왜 분양이 잘됐을까? 일반인에게는 절대 가격이 비싸 보였겠지만, 적어도 반포자이에 거주하는 실거주층은 적정한 가격으로 판단했을 것이다. '반포자이와 입지 조건이 같다. 그런데 10년이나 더 새 아파트다. 심지어 가격도 더 싸다.' 그렇다면 싼 듯한 가격이 확실하다. 그 지역의 시세를 빠삭하게 알아야 하는 이유가 여기에 있다. 싼 듯한 가격의 판단 기준은 남들의 평가가 아니라 매수할 실제 당사자 자신의 판단이 되어야 한다.

3단계: 비싸다는 생각이지만 딱 매수할 수 있는 한계 가격

실거주층이 마지막으로 받아 줄 수 있는 가격대다. 투자자층은 단기간에 시세 차익이 날 것으로 기대되지 않는 아파트는 매수하지 않는다. 하지만 실제 거주해야 하는 세대는 매수한다. 거주해야 하니까. 그 가

격대가 비싸다는 생각이 들지만 매수는 할 수 있는 한계 가격이다. 현
재 수요가 많은 서울, 수도권, 부산, 대구, 광주, 대전, 울산 등의 아파트
가 이 가격대다.

단기적으로 시세 차익을 예상할 수 없는 가격대다. 이런 도심에서 신
규 분양하는 아파트들은 대부분 분양이 될 수 있는 한계치까지 가격을
올려서 분양하고 싶어 한다. 소비자 수요 한계 가격에서 분양하고 싶은
것이다. 이 가격대는 기존 아파트에서는 시도하기가 어렵다. 가격을 최
대한 끌어올리는 역할을 해야 하기 때문에 대부분 신규 아파트에서만
활용해 왔다. 질적인 수요가 극대화됐을 때만 유효했기 때문이다. 투자

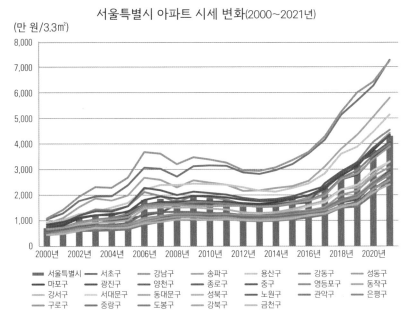

서울특별시 아파트 시세 변화(2000~2021년)

(만 원/3.3㎡)

자료: 부동산114

에 대한 심각한 고려 없이 매수하는 실제 거주 의향층이 받아 줄 수 있는 가격대다.

이 가격대가 의미 있는 것은 투자자층의 매도 타이밍을 잡아 주기 때문이다. 실거주층이 받아 주는 가격이 매도 한계라고 판단하면 된다. 매수자 중에 투자자층이 많은지 실수요자층이 많은지를 먼저 판단해야 한다. 투자자층이 많다면 당연히 시세는 좀 더 상승할 가능성이 크다. 조금 더 가져가도 된다는 의미다. 반대로 실수요자층이 많다면 매도 타이밍이 됐다는 것이다. 욕심의 한계점이다. 더 넘어가면 투기가 된다. 비자발적 장기 투자가 될 수도 있다.

참고로 현재는 주택도시보증공사(HUG)의 분양가 규제와 분양가 상한제 때문에 규제 지역 내 신규 분양가 분석은 의미가 없다. 시세의 80% 이하 수준으로 분양가를 책정하고 있기 때문이다. 재건축, 재개발 분양가는 분석하지 말고 분양받으면 된다.

4단계: 너무 비싸서 매수하지 않는 가격

이 가격대는 누구나 인식할 수 있을 것 같지만 생각보다 판단하기가 어렵다. 대부분 절대적인 가격만을 가지고 너무 비싸다고 평가하기 때문이다. 지방에서는 3.3㎡당 1,000만 원이 넘어가면 너무 비싸다고 판단한다. 3.3㎡당 2,000만 원이 넘으면 더 많은 사람이 비싸다고 생각한다. 3.3㎡당 3,000만 원은 부동산 투기꾼들이 만들어 낸 가격이라고 판단한다. 3.3㎡당 4,000만 원이 되면 말도 안 되는 미친 가격대라고 한다. 3.3㎡당 5,000만 원이라고 하면 정부든 유주택자든 무조건 욕을 한다. 3.3㎡당 6,000만 원이 넘어가면 그런 말도 안 되는 분양가 아파트가 어디 있느냐고 반문한다.

결론부터 이야기하면, 3.3㎡당 1,000만 원 시세도 너무 비싼 가격이 될 수 있고, 3.3㎡당 1억 원짜리 아파트도 싼 듯한 가격이 될 수 있다. 그건 입지와 상품을 보고 결국 수요가 있는지 판단한 후 결정해야 한다. 그 상품을 그 가격대에 매수하는 수요층이 얼마나 있는지가 가장 중요한 가격 결정 요인이 되는 것이다.

2021년 아크로리버파크 34평형 거래를 보면 총액 기준 40억 원 이상으로 3차례 거래되었다. 이 가격대에는 거래하려는 매수층이 계속 대기하고 있다. 그렇다면 이 단지는 이 시세가 적정한 가격이다. 지금도 중구 충정로 지역에 가면 50년 넘은 아파트들이 있다. 3.3㎡당 1,000만 원 전후 시세가 형성되어 있다. 이 아파트들의 시세는 매수하기에는 너무 비싼 가격이다. 이 아파트를 매수하려는 수요가 거의 없기 때문이다.

가격만으로 싸고 비싸고를 결정해서는 안 된다. 특히 너무 비싼 가격이라는 건 상대적인 개념이다.

가격 인식의 4단계는 이와 같다. 부동산에 투자하는 입장에서는 4개 단계를 모두 이해하고 있어야 한다. 가장 중요한 것은 싼 듯한 가격에서 매수하고, 조금 비싸지만 거래 가능한 가격에서 매도해야 한다는 것이다. 그렇게 하기 위해서는 그 입지의 가격대를 정확하게 알고 있어야 한다. 최소 5년간의 시세 변화도 파악하고 있어야 한다.

2016년 9월에 서초구 반포동 아크로리버파크가 입주를 시작했다. 아크로리버파크의 시세는 3.3㎡당 1억 원 이상이다. 일반 아파트로는 가장 비싼 가격이다. 2023년 래미안원베일리가 입주한다. 래미안원베일리 아파트는 3.3㎡당 1억 원 이상에 거래될 것임은 누구나 예상할 수 있다. 2016년부터 반포동의 랜드마크 아파트였던 아크로리버파크보다 더 좋은 상품이기 때문이다. 더 좋은 입지에 더 큰 규모이며 7년이나 새 아파트다. 그래서 3.3㎡당 1억 원이 넘어도 그 입지에, 그 상품에 살

서초구 래미안원베일리*

고 싶어 하는 수요층이 대기하고 있을 것이다. 이것은 가격에 대한 가치 판단법이다.

너무 싸다고 매수해서도 안 되고, 너무 비싸다고 포기해서도 안 된다. 가격의 4단계 방법으로 투자 적격, 매수 적격 가격인지를 판단해야 한다. 적정성의 판단 기준은 수요층의 유무다. 투자자층과 실거주층을 나누어서 정확하게 평가하자.

프리미엄 발생 조건

답은 키 바잉 팩터에 있다. 상품성과 가격도 한몫한다.

프리미엄(premium)의 사전적 정의는 '한 화폐의 가치와 같은 액수인 다른 화폐의 가치와의 차이'다. 경제적인 용어라고 할 수 있다. 프리미엄이라는 단어를 먼저 사용한 것은 주식시장이다. 주식의 액면 금액을 초과한 경우에 생기는 차액을 주식 프리미엄이라고 한다. 이에 따르면 주식의 가치는 액면가보다 실제 시장 거래 가격이 얼마나 높은지로 정해진다. 주식도 최초에는 그저 기업체의 소유권이라는 의미가 유통되는 유가증권이라는 의미보다 컸을 것이다. 기업체의 소유권을 지키려고 하는 쪽과 새로운 소유자가 되려고 하는 사람들의 경쟁이었을 것이다. 그래서 유통되는 주식을 조금이라도 더 소유하려고 액면가보다 더 높은 가격에 매수하고자 했을 것이다. 기업체를 소유하려는 노력이 가격에 반영된 것이다. 액면가 대비 시장 거래가가 높은 주식일수록 그 기업체를 소유하려는 의지가 강한 기업이라고 할 수도 있을 것이다.

부동산 분야에도 주식의 이런 논리가 그대로 적용된다. 부동산 분야에서 처음으로 프리미엄이라는 단어를 사용한 것은 분양권 시장이었을 것이다. 부동산 시장에서 프리미엄은 분양 가격과 실제 분양권 매도 가격 간의 차액을 의미한다. 특정 부동산을 소유하기 위해 지불하는 최초 판매 가격 플러스 알파 비용이다. 신규 아파트의 수요자가 많고 공급이 적기 때문에 발생할 수밖에 없는 구조였다. 아파트의 인기가 많으면 많을수록 프리미엄이 높아진다. 당연한 결과다.

결국 프리미엄은 부가적인 이익을 의미한다. 매수한 금액보다 높은 시세 차익을 기대한다는 의미다. 프리미엄을 얻기 위해서는 프리미엄이 추가로 발생할 수 있는 상품을 매수해야 한다. 간단한 논리다. 따라서 어떤 상품에 프리미엄이 더 많이 생길 수 있는지에 초점을 맞춰야 한다.

그렇다면 프리미엄에는 어떤 것들이 있을까? 입지와 상품 가치에서 프리미엄을 찾아내면 된다. 입지 프리미엄은 다시 교통 프리미엄, 교육 프리미엄, 상권 프리미엄, 자연환경 프리미엄으로 나뉜다. 여기에 상품 프리미엄까지 더하면 총 5가지 프리미엄이 발생한다. 하나하나 살펴보자.

교통 프리미엄

　교통 프리미엄으로 가장 잘 알려진 것이 역세권 프리미엄이다. 대중
교통을 편리하게 이용할 수 있는 전철역 프리미엄이다. 어떤 부동산의
도보권에 전철역이 있다면 전철역이 없는 곳보다는 시세가 높다. 이 시
세의 차이가 바로 프리미엄이다. 전철역에 가까우면 가까울수록 역세
권 프리미엄이 높아진다. 이것은 주거 시설뿐 아니라 상업 시설에도 그
대로 적용된다. 대부분의 역세권은 용도지역으로 분류하면 상업지역
일 확률이 높다. 주거 지역보다 용적률이 높기 때문에 당연히 용지 자
체의 시세가 높다. 이 주거 지역과 상업지역의 시세 차이도 프리미엄이
라고 할 수 있다.

　교통 프리미엄을 확보하려면 세 가지를 기억하면 된다. 먼저 부동산
경기를 활용하는 방법이다. 부동산 경기가 좋지 않을 때에는 역세권이
든 비역세권이든 시세가 비슷한 경우가 많다. 역세권 프리미엄이 없어
진다. 거래가 되지 않기 때문에 발생하는 결과다. 이 시기는 역세권을
매수하는 데 최적의 타이밍이다. 경기가 다시 활성화되면 역세권과 비
역세권은 다시 가격이 벌어진다. 역세권 프리미엄이 발생하는 것이다.
그렇게 시세 차익을 내면 된다. 이 사이클을 이용해 사고팔기를 반복할
수도 있다.

　두 번째, 교통 프리미엄이 발생할 지역을 선점하는 것이다. 대부분의
교통 프리미엄은 계획 단계부터 서서히 상승한다. 착공 등으로 가시화

지하철 역별 하차 승객 수 순위

상위 30개 역 / 하위 30개 역

순위	노선명	역명	하차 승객 수	순위	노선명	역명	하차 승객 수
1	2호선	강남	82,231	1	경의선	임진강	3
2	2호선	잠실(송파구청)	66,848	2	경원선	옥수	26
3	2호선	역삼	61,488	3	수인선	달월	61
4	2호선	구로디지털단지	61,375	4	중앙선	지평	63
5	2호선	신림	60,818	5	경춘선	백양리	90
6	2호선	삼성(무역센터)	55,982	6	경춘선	굴봉산	102
7	2호선	선릉	52,652	7	중앙선	신원	135
8	2호선	홍대입구	51,577	8	경춘선	상천	174
9	7호선	가산디지털단지	48,141	9	경춘선	김유정	211
10	2호선	서울대입구(관악구청)	46,492	10	수인선	야목	248
11	2호선	신도림	46,071	11	경강선	세종대왕릉	253
12	3호선	양재(서초구청)	43,654	12	중앙선	원덕	268
13	2호선	을지로입구	41,378	13	중앙선	오빈	290
14	1호선	서울역	40,739	14	장항선	탕정	297
15	2호선	성수	40,069	15	경춘선	대성리	360
16	2호선	사당	39,582	16	경춘선	강촌	371
17	2호선	교대(법원.검찰청)	39,259	17	중앙선	아신	481
18	경부선	영등포	36,325	18	중앙선	운길산	511
19	3호선	고속터미널	35,814	19	경의선	곡산	582
20	2호선	건대입구	35,487	20	중앙선	양정	619
21	1호선	종각	35,299	21	중앙선	국수	659
22	경부선	수원	34,624	22	경부선	직산	666
23	3호선	연신내	34,400	23	중앙선	팔당	748
24	5호선	광화문(세종문화회관)	34,314	24	수인선	어천	762
25	3호선	압구정	34,268	25	7호선	장암	847
26	4호선	수유(강북구청)	33,658	26	장항선	배방	889
27	경부선	용산	32,071	27	경강선	이매	910
28	2호선	신촌	31,965	28	경의선	파주	957
29	4호선	혜화	31,892	29	경의선	신촌	1,029
30	5호선	여의도	31,699	30	장항선	봉명	1,091

자료: 서울 열린데이터 광장, 2021년 기준

되면 다시 한번 상승한다. 준공된 이후에는 더 많이 상승하게 된다. 물론 부동산 시장이 좋지 않을 때에는 이러한 단계별 상승이 그대로 적용되지는 않는다. 하지만 10년이라는 장시간을 놓고 보면, 교통 환경이 크게 개선되는 입지 중 교통 프리미엄이 발생하지 않은 지역이 없음을 확인할 수 있다. 주저하지 말고 자신 있게 매수해도 된다.

가장 확실한 것은 교통 환경이 생긴 지 10년이 지나면 기반 시설이 완숙된다는 점이다. 비로소 교통수단으로서의 가치가 생기는 것이다. 따라서 그 전에 매수하는 것이 가장 좋다. 준공한 직후 매수해도 프리미엄을 충분히 확보할 수 있다는 의미다.

세 번째, 교통 프리미엄의 등급을 알아야 한다. 전철망에도 5등급이 있다고 앞서 설명했다. 사람들이 많이 이용하는 노선일수록 최초 시세가 높다. 용지 가격 자체도 이미 차이가 나지만, 수요층이 대기하는 상태이기 때문에 비싸게 분양할 수밖에 없다. 좋은 것을 매수하는 것이 안전한다. 리스크 헤지 비용을 포함하고 있다.

하지만 프리미엄만을 고려한다면 다른 전략이 나올 수 있다. 1등급 노선과 2등급 노선은 시세 차이가 나지만 초기 프리미엄 차이는 크지 않다. 따라서 2등급 노선을 주 타깃으로 하는 것도 하나의 전략이 될 수 있다. 분양 당시는 3.3㎡당 4,000만 원 아파트와 3.3㎡당 2,000만 원 아파트지만 초기 프리미엄은 총액으로 3,000~5,000만 원 정도로 같다. 그렇다면 무엇을 매수해야 할까? 당연히 투입 비용이 적게 드는 2등급 물건을 매수하는 것이 좋다. 투자의 목적은 좋은 물건을 찾는 것이 아니라 그 물건의 적정 시세를 평가하는 것이다. 그 논리를 그대로 투자에 적용하면 된다.

교육 프리미엄

교육 환경에는 학교가 있고 학원가가 있다. 학교는 두 가지로 이해하면 된다. 하나는 접근성이고, 다른 하나는 희망 학교 입학 가능성이다. 이 두 요소는 무조건 프리미엄이 된다. 접근성 중 특히 초등학교는 무조건 초품아(초등학교를 품은 아파트)가 프리미엄이 있다. 차로로 8차선 이상의 큰길을 건너야 한다면 무조건 마이너스다. 중학교까지도 어느 정도 적용된다. 고등학교부터는 접근성에 대한 중요도가 낮아진다. 교육 환경으로 인기가 많은 지역은 학생 수가 많다. 이 경우는 그 지역 내에 있는 학교에 배정받지 못할 수도 있다. 학교 수용 인원에 한계가 있기 때문이다. 그러면 마이너스 프리미엄이 된다. 따라서 주거 지역을 평가할 때 입학 가능 여부도 반드시 따져 봐야 한다.

학원가 프리미엄이 있다. 학원은 대형 학원가와 지역 학원으로 나눌 수 있다. 대형 학원가는 외부 지역에서도 학생들이 유입되는 학원가이고, 지역 학원은 말 그대로 그 지역 내 학생들만 이용하는 학원이다. 대형 학원가가 가까운 것이 프리미엄이 높다. 물론 지역 학원도 어느 정도의 플러스 프리미엄을 준다. 학원가가 없다면 교육 측면에서는 마이너스 요인이다. 대형 학원가 주변에는 원룸, 오피스텔, 소형 아파트의 임대가 많다. 월세 투자를 선호하는 이들에게는 아주 좋은 투자처가 될 것이다.

상권 프리미엄

상권이 생김으로써 발생하는 시세 차익을 의미한다. 상권에는 두 가지가 있다. 기존 도심 내 상권과 신도시 상권이다. 기존 도심 내 상권은 기존 주거 시설이 상권화되는 과정에 주목해야 한다. 주거 시설이 상가가 되면 프리미엄이 증가하기 때문이다. 그래서 상가가 될 수 있는 주거 시설을 선점하는 전략이 필요하다. 하지만 이렇게 상권화되는 지역의 기존 주거 시설에는 프리미엄이 감소할 수 있다. 환경 쾌적성과 교육 환경 측면에서는 마이너스 입지 평가를 할 수밖에 없기 때문이다. 따라서 상권 프리미엄을 따져 볼 때에는 플러스 프리미엄 지역과 마이너스 프리미엄 지역으로 나누어서 생각해야 한다.

먼저 플러스 프리미엄 발생 지역이다. 대형 유통 시설이 들어오면 그 시설을 이용 가능한 주거 지역에는 플러스 프리미엄이 생긴다. 대형 유통 시설은 백화점, 대형 마트, 복합 쇼핑몰 등을 의미한다. 상권에는 나에게 필요한 시설과 필요 없는 시설이 있다. 필요 없는 시설이란 없었으면 하는 시설을 포함하는 개념이다. 대표적인 예가 유흥 시설이다.

대형 유통 시설 위주의 상권은 필요한 시설로만 구성될 가능성이 크다. 따라서 주거 지역을 위한 최적의 상권이 형성되는 것이다. 신세계에서 만든 스타필드 하남, 스타필드 고양이 대표적인 시설이다. 롯데에서 만든 롯데몰 은평, 롯데몰 김포 등도 대표적인 플러스 프리미엄 유통 시설이다.

반대로 마이너스 프리미엄이 발생하는 지역도 있다. 이 경우는 다시 두 가지로 나뉜다. 상가라면 플러스 조건이 되지만, 주거에는 마이너스가 된다. 상가와 주거 시설이 똑같이 프리미엄을 얻지는 못한다는 것이다. 상가가 하나둘씩 계속 생겨남으로써 범위가 확장되는 지역은 상권이 커진다. 그래서 사람들이 더 많이 찾아오기 때문에 바람직한 현상이다. 하지만 주거 시설 입장에서 보면 번잡해지고 필요 없는 시설들이 지속적으로 증가하므로 쾌적성이 낮아진다고 할 수 있다. 따라서 주거 지역으로서는 마이너스 프리미엄이 발생하는 것이다. 대표적인 지역으로 홍대 상권, 이태원 상권, 강남역 상권 등이 있다.

자연환경 프리미엄

좋은 공기와 물이 있는 곳이 좋은 환경이다. 거주하거나 생활하기 좋은 입지에 산과 강이 있다면 최고의 입지가 된다. 서울에서는 남산 주변과 한강 주변이 가장 좋다고 평가된다. 이것이 환경 프리미엄이다. 그 입지에 거주하는 자체만으로도 다른 지역보다는 머리가 맑고 상쾌해진다는 것이다. 아이들 피부 트러블인 아토피도 타 지역에 비해 적게 나타난다. 당연히 플러스 프리미엄이 발생한다.

지하화를 마치고 지상은 공원이 된 당인리발전소

　반대로 환경 자체가 불쾌함을 주는 경우가 있다. 녹지 공간이나 수경 공간이 전혀 없는 곳, 공장 밀집 지역, 상가들만 있는 지역, 고압 전류가 발생하는 지역, 군부대, 쓰레기 매립지, 그 외 비선호 시설이 있는 곳들이 그렇다. 이 경우는 마이너스 프리미엄 지역이 된다.

　두 지역의 구분은 입지에서 몸으로 느껴진다. 굳이 지역명을 제시하진 않겠지만, 이것은 꼭 기억해야 한다. 비선호 시설로 인해 그동안 쾌적성이 낮다고 평가됐던 지역 중 비선호 시설이 없어지는 입지들은 반드시 눈여겨봐야 한다는 점이다. 마이너스에서 플러스가 되는 지역이기 때문에 시세 상승이 엄청나게 높을 수밖에 없다. 쓰레기 매립지가 공원이 되는 지역, 군부대가 이전하는 지역, 발전소나 고압 전류 시설이 다른 시설로 바뀌는 지역 등은 무조건 관심을 가져야 한다. 쓰레기 매립지가 공원화되고 있는 인천 서구, 미군 부대 이전이 진행되고 있는 용산구, 서울화력발전소(당인리발전소)가 지하화된 마포구가 대표적인 예다.

비입지 프리미엄, 상품 프리미엄

질적인 수요 시장에서 중요도가 계속 높아지고 있는 요소가 상품 프리미엄이다. 상품 프리미엄이 발생하는 원리는 두 가지다.

첫 번째는 내가 생활하는 데 번거로움이 덜해지는 방향으로 상품 구성이 되어 있다면 플러스, 번거로움이 많다면 마이너스다. 예를 들어 보자. 집은 소유하지 않아도 차는 거의 모든 세대가 1대 이상 소유하고 있기 때문에 세대당 1대 이상의 주차장 확보는 매우 중요하다. 지하 주차장까지 확보되면 플러스 프리미엄이 된다. 내가 희망하는 위치에 주차하고 세대로 들어올 수 있기 때문이다. 반대로 주차할 공간이 없어서 단지 주차장을 뱅글뱅글 2바퀴 이상 돈다고 생각해 보자. 단지 내에 주차할 공간이 없어서 단지 외부에 주차하고 아파트 단지까지 걸어서 들어온다고 생각해 보자. 그것도 비바람이 치는 날 무거운 짐까지 들었다고 생각해 보면, 시세가 더 비싸더라도 지하 주차장이 있는 단지를 선택할 수밖에 없을 것이다.

음식물 쓰레기를 매일 통이나 비닐에 담아서 엘리베이터를 타고 내려가 버리는 일, 참 불편하다. 세대 내 부엌에서 바로 음식물 쓰레기를 배출한다면? 굳이 세대 밖으로 나갈 필요가 없다. 생활이 편리해진다. 이것이 상품 프리미엄이다.

두 번째는 주변 단지보다 고급스럽다고 평가받을 수 있다면 프리미엄이 발생한다. 차를 타고 경부고속도로를 지나간다. 서초구 초입에 어마어마한 성벽 같은 단지가 펼쳐진다. 야간에는 옥탑에 근사한 조명도 켜진다. 누구나 반포자이임을 알 수 있다. 용산구 지역 강변북로나 올림픽대로를 지나가는데 첨단 오피스 같은 멋진 타워 3개가 보인다. 동부이촌동 첼리투스다. '집이야, 오피스야?' 하고 한 번 더 쳐다보게 된다. 주변 아파트와는 완전 다른 상품이니까. 그 한 번 더 쳐다보게 하는 주동의 외부 모양이 바로 상품 프리미엄이다.

생활의 번거로움을 덜어 주는 상품, 주변 아파트 대비 고급스러움으로 차별화해 주는 상품이라면 더 비싸게 매수해도 된다.

가격 프리미엄

가격이 비싼 상품일수록 시세가 더 높아질 가능성이 크다. 강남구, 서초구, 용산구의 경우 매년 시세를 갱신하고 있다. 서로 경쟁하듯이 말이다. 실제로 경쟁한다. 더 비싸져야 프리미엄이 유지되기 때문이다. 왜 시세를 올려서 프리미엄을 유지하고 싶어 할까? 그들만의 리그를 만들고 싶은 것이다. 자본주의 사회에서는, 특히 선진국 사회에서는 이런 가격 프리미엄 시장이 자연스럽게 형성되어 있다. 대한민국 사회에서는 부익부 빈익빈을 조장한다는 의미에서 지탄의 대상이 되기도 한다. 그럼에도 이런 가격 프리미엄은 오히려 가속화될 것이다.

같은 서울이라도 3.3㎡당 1,000만 원이 안 되는 아파트가 존재할 것이고. 3.3㎡당 2억 원이 넘는 아파트가 존재할 것이다. 시장이 다양화된다는 차원으로 이해해야 한다. 이러한 상품의 분화 과정에서 어떤 상품을 선택하는 것이 더 유리할지는 스스로의 기준으로 판단해야 한다.

서울의 진짜 거품

한줄요약 강남 거품은 문제가 아니다. 매물 없이 급등하는 지역을 주의
하라.

정상적으로 거래되는 부동산 시장에서도 필연적으로 거품이 발생한
다. 부동산의 시세에는 원가와 프리미엄이 모두 포함되어 있다. 바로
이 프리미엄에 거품 가격까지 포함되는 것이다.

서초구 반포동의 반포 주공1단지나 용산구 이촌동의 한강맨션이 입
주할 즈음에 본격적인 대한민국 아파트 역사가 시작된 것으로 보면
50년 가까운 시간이 지났다. 지난 대한민국 50년 아파트 역사는 결국
이 프리미엄, 즉 거품이 발생했다가 일부 제거되기를 반복하는 역사였
을 것이다. 결국 우리가 매수하고 거주하는 아파트 시세에는 늘 이 거
품이 존재했다. 그러므로 거품이 과도하게 많이 발생할 때가 있고 어

느 정도 제거되는 시기도 있다는 것을 알고 거래해야 한다. 거품이 완전히 제거될 수는 없다. 그 거품에는 아파트 상품 본연의 가치가 아니라 주변 입지 가치가 훨씬 더 많이 반영되어 있기 때문이다.

예를 들면 이런 것이다. 서초구 반포동 래미안퍼스티지는 2009년 준공된 2,444세대 대단지라는 상품 가치 외에 3호선, 7호선, 9호선 황금라인 3개를 동시에 소유한 역세권으로서의 프리미엄, 강남구 학군에 버금가는 반포동 학군 프리미엄을 가지고 있다. 또 대한민국 최고 상권지역으로 명품 백화점과 중저가 백화점, 저가의 고속터미널 상권까지 도보권에 있고, 가톨릭병원이라는 대형 병원, 서리풀공원과 한강 반포 고수부지까지 포함하고 있다. 이런 조건이기에 34평형이 38억 원의 최고가 실거래, 즉 3.3㎡당 1억 원 전후를 형성하고 있다.

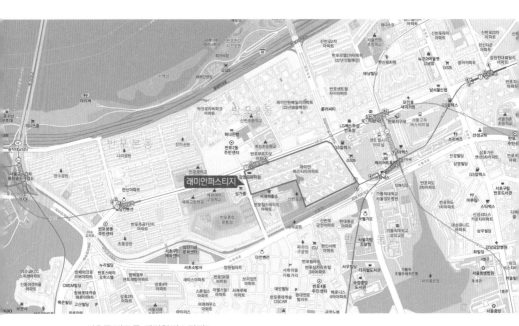

서초구 반포동 래미안퍼스티지*

이 가격이 거품이라고 말하는 사람이 많다. 맞다, 거품이다. 원가와는 큰 차이를 보이기 때문이다. 하지만 이 입지, 이 상품에는 이 거품 시세를 알고도 매수해 줄 수많은 대기 수요층이 존재한다. 지난 50년간 그 수요층들을 시장이 확인시켜 주었다. 강남구, 서초구, 용산구, 송파구 등 소위 잘나가는 지역의 아파트 시세는 모두 거품이다. 하지만 매수자도 이 가격대가 거품인 것을 알고 거래한다. 훗날 매도자가 되면 거품 가격으로 매도할 것이기 때문이다. 이것이 시장이다. 거품인 줄 알면서도 매수해 줄 수요층이 있으면 시장 거래가 된다. 그것도 정상 시장이다.

그런데 서울이라고 해서 모든 지역이, 모든 아파트가 이런 정상적인 거품 거래가 되는 것이 아니다. 이처럼 거품인 줄 알고 거래된다면 전혀 걱정할 일이 없을 것이다. 이런 상위 지역 말고 오히려 하위 지역의 거래가 거품인 줄 모르고 이루어지는 경우가 많다. 정말 운이 좋아서 내가 매수한 가격보다 매도하는 가격이 높은 시장이라면 문제없다. 그러나 기대와는 달리 거품이 빠지게 되면 어쩔 수 없이 매수가보다 더 낮은 매도가로 거래해야 할 상황이 발생할 수도 있다. 왜냐하면 그런 곳은 자체 수요가 많아서 거품이 발생한 것이 아니라 주변 지역의 거품이 흘러넘쳐서 생긴 것이기 때문이다. 그래서 자신이 얼마만큼의 거품을 만들었는지 전혀 알 수가 없다. 그러므로 만약 조정기가 오면 위험, 즉 리스크가 훨씬 더 큰 것이다.

특히 호재에 대단히 큰 반응을 한다. 대단히 큰 거품이 발생하는 것이다. 9개 서울도시철도가 모두 같은 프리미엄을 갖고 있는 것이 아니다. 앞에서 설명했듯 150만 개 일자리를 가지고 있는 강남권을 지나는 노선의 프리미엄이 가장 높다. 2, 3, 7, 9호선의 프리미엄이 가장 높은 것이다. 일부 지역만 지나가는 6, 8호선의 프리미엄은 상대적으로 낮다. 하물며 경전철의 프리미엄은 더 낮을 것이다. 대표적인 전철이 우이신설 경전철이다. 호재가 없던 지역에서의 호재는 지역 내의 축제이고 지역 발전의 큰 원동력이 된다. 이만큼 좋은 부동산 프리미엄 발생 요인이 없을 것이다. 그럼에도 불구하고 만약의 시장을 대비해야 한다. 호재 발표만 믿고 너무 급하게 의사결정 하지 않기를 바란다. 개발이 확정되고 착공하는 것을 보고 들어가도 충분히 늦지 않다.

거품은 호재가 만들기도 하지만 우리 마음이 더 크게 만드는 듯하다. 부동산 투자는 장기적이어야 하는 이유가 여기에 있다. 여유를 가지고 시장을 봐야 한다.

단언컨대 지금 매물이 없어 급등하는 지역 내 단지들 중에는 비상식적인 거품이 있는 단지가 꽤 포함되어 있다. 특히 매물이 아예 없는 단지들을 조심해야 한다. 매물이 어느 정도는 있어야 적정 가격을 산출할 수 있다.

주변 시세 대비 싼 가격만 보고 실거주든 투자든 단순한 이유로 묻지 마 매수를 하는 사람들이 있을까 봐 정말 걱정이다. 부동산은 데이 트레이딩이 아니다. 장기 투자해야 한다. 정상적인 시장의 입지 가치와 상품 가치를 모른 채 단기 투자하는 일반인들은 필패한다. 이것이 부동산이다.

부동산 시장 하락 가능성

한 줄 요약　 하락장인지 아닌지는 매물과 실거래가로 파악하라.

　최근 언론사 기사나 몇몇 부동산 전문가의 분석을 보면 부동산 시장 하락 전망이 많아지고 있다. 지난 4년 동안의 시세 상승에 대한 피로감과 최근 상승률 둔화로 그렇게 판단하는 것으로 보인다.

　부동산 시장이 하락 우세로 전환될 수도 있다. 시장에 매물이 많이 누적되고 집을 매수하려는 대기 수요층이 급감하면 발생할 일이다. 과거 몇몇 시기처럼 말이다.

　하지만 부동산 시장이 하락으로 전환되기 위해서는 전제 조건이 있다. 지금 기사들이나 몇몇 전문가 분석 자료를 보면 대부분 현재의 시세 상승률 둔화만 언급하지, 하락 조건을 제시하는 경우가 거의 없다.

많이 올라서 떨어질 때가 됐다는 단순 논리로밖에 보이지 않는다. 그렇다면 아파트 시세 하락의 가장 중요한 조건이 무엇일까?

금융권 전문가들은 금리 인상을 중요한 하락 요건으로 본다. 금리 인상으로 유동성이 축소될 수밖에 없고, 대출을 이용해 부동산을 매수한 경우 이자 부담이 커지기 때문에 추가 매수 부담, 소유 부동산 매도 압박을 받을 수 있다.

하지만 이론상 그렇다는 것이지, 지난 40년간 금리 상승 때문에 아파트 시세가 하락한 경우는 한 번도 보지 못했다. 1997년 IMF와 2008년 금융위기 말고 금리 인상으로 아파트 시세가 하락한 사례를 확인했는지 궁금하다. 오히려 금리 인상기에 아파트 시세가 오른 사례가 기록상으로 더 많았던 것 같다. 더군다나 LTV, DTI, DSR 등으로 대출 규모가 줄어든 부동산 시장에서 금리 때문에 아파트 시세가 하락할 것으로 예측하는 것 자체가 모순이라는 생각이다.

그렇다면 어떤 조건이 하락 전망을 가능하게 할까? 공급이 가장 중요한 하락 메시지다. 공급이 부동산 시장에서 가장 결정적인 역할을 한다.

공급에는 두 가지가 있다. 신규 입주 물량과 기존 시장 매물의 누적이다. 이 두 가지 조건으로 하락 가능성을 따져 보자.

먼저 신규 입주 물량이다.

수도권 아파트 입주(예정) 물량(2011~2023년)

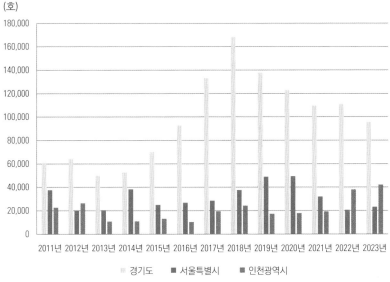

(호)

■ 경기도 ■ 서울특별시 ■ 인천광역시

　최근 10년 동안 경기도는 2018년에 공급 물량이 가장 많았고, 서울은 2020년이 가장 많았으며 이후 2년 동안 계속 줄어들고 있다. 인천은 2023년이 가장 많을 예정이다.

　인천은 2022년부터 신규 입주 물량이 시세 하락에 영향을 줄 수도 있겠지만 서울과 경기도는 향후 2년 동안 신규 공급 물량이 아파트 시세 하락에 영향을 주기는 어렵다는 판단이다. 그렇다면 기존 시장 매물이 쌓이는지만 확인하면 될 것이다. 최근 시장 매물이 증가한 곳이 꽤 있다.

매물 증감 통계(2022년 1월 24일 기준, 1년 전 수치와 비교)

자료: 아실

아실의 매물 증감 통계 데이터를 보면 2022년 1월 24일 현재 17개 광역 지자체 중 1위부터 5위까지 모두 비수도권이다. 1위는 대구광역시, 2위는 대전광역시, 3위는 세종특별자치시, 4위는 전라남도, 5위는 울산광역시다. 물론 서울, 경기, 인천에서도 매물이 증가한 곳들이 있다. 신규 입주가 있는 곳은 실제 매물이 증가했다. 그리고 신규 입주 없이 매물이 증가한 곳도 있다. 실거주 수요가 빠지는 지역들이다.

결국 아파트 시세 하락 가능성을 추정하기 위해서는 매물 증감과 더불어 한 가지를 더 봐야 한다. 바로 실거래가다. 가장 중요한 하락 조건이다. 궁금해하는 지역 아파트 단지의 최근 실거래가를 찾아보고, 이전에 거래된 실거래가와 비교해서 가격이 빠졌는지 확인해야 한다.

여기서 중요한 것은 매물 호가가 아니라 실제 거래된 가격이 빠졌는지 여부다. 호가가 하락한 지역이 꽤 많다. 다만 거래량이 많지 않은 지역에서 매도 호가와 매수 호가의 갭이 큰 경우는 분석할 필요도 없다.

또한 거래량이 많지 않은 단지의 실거래가를 분석할 때 로열 동 로열 층인지, 비선호 동 비선호 층인지 따져 봐야 한다. 같은 단지 같은 평형대라도 2억 원 이상 차이 나는 경우가 많기 때문이다.

잠실 엘스 전용 84㎡ C 타입 실거래가

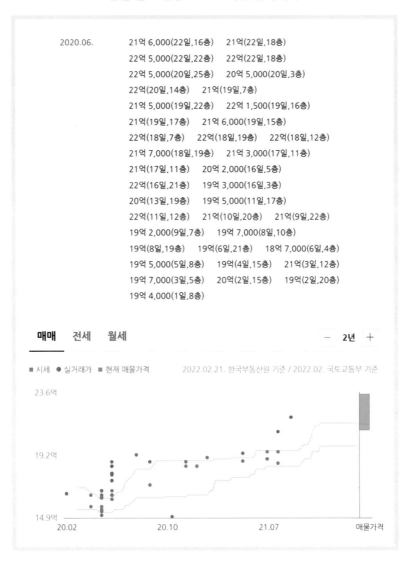

2020.06.	21억 6,000(22일,16층) 21억(22일,18층)
	22억 5,000(22일,22층) 22억(22일,18층)
	22억 5,000(20일,25층) 20억 5,000(20일,3층)
	22억(20일,14층) 21억(19일,7층)
	21억 5,000(19일,22층) 22억 1,500(19일,16층)
	21억(19일,17층) 21억 6,000(19일,15층)
	22억(18일,7층) 22억(18일,19층) 22억(18일,12층)
	21억 7,000(18일,19층) 21억 3,000(17일,11층)
	21억(17일,11층) 20억 2,000(16일,5층)
	22억(16일,21층) 19억 3,000(16일,3층)
	20억(13일,19층) 19억 5,000(11일,17층)
	22억(11일,12층) 21억(10일,20층) 21억(9일,22층)
	19억 2,000(9일,7층) 19억 7,000(8일,10층)
	19억(8일,19층) 19억(6일,21층) 18억 7,000(6일,4층)
	19억 5,000(5일,8층) 19억(4일,15층) 21억(3일,12층)
	19억 7,000(3일,5층) 20억(2일,15층) 19억(2일,20층)
	19억 4,000(1일,8층)

매매 전세 월세   − **2년** +

■ 시세 ● 실거래가 ■ 현재 매물가격   2022.02.21. 한국부동산원 기준 / 2022.02. 국토교통부 기준

자료: 네이버 부동산

지금까지 설명한 여러 요인을 다각도로 분석해 봐도 서울은 하락 시장이 아닌 것 같다. 전국 단위로 보면 가격이 조정되는 시장도 존재한다. 지방에서 조정되는 시장은 소위 투자 수요가 진입했다가 빠지는 지역, 즉 실수요가 축소되는 지역이라는 의미다. 현재 지방에서 상승하는 지역들은 투자 수요가 아니라 뒤늦은 이사 수요가 몰린 곳이 대부분이라는 의미도 된다.

서울이 하락 시장이 아닌 가장 결정적인 이유가 있다. 지금 시세가 가장 많이 오르는 시장은 인천과 경기도다. 이 두 거대 시장의 시세 상승·하락의 키는 서울이 가지고 있다. 서울 실수요 시장의 수급이 붕괴된 이후 경기도와 인천에서 실거주 집들을 마련하는 사례가 계속 증가하고 있기 때문이다.

결국 서울 전세 시장이 수도권 집값 전망의 핵심이다. 서울 전세 시장이 안정되어야 경기도와 인천 부동산 시장도 안정될 것이다.

절대
원칙

6부 미래

여기 말고 멀리 보라

지난 20년간 정말 많은 답사를 했다. 주말에도 쉬지 않고 전국을 누비던 시절이었다. 답사는 2000년부터 많이 다녔지만 2010년 전후로 달라진 것은 부동산을 보는 게 아니라 그곳 사람들의 라이프스타일을 보게 된 것이었다. 그곳 사람들을 이해하면 그곳 부동산은 저절로 이해되는 경우가 대부분이었다.

서울 분들은 지방 분들이 주택 관련 의사결정 하는 키 바잉 팩터를 이해하지 못하는 경우가 종종 있다. 심지어 유명 전문가라는 분들도 그렇다. 나는 논쟁을 정말 싫어하는 편이다. 의미가 없다고 생각하기 때문이다. 그렇지만 한번 심하게 논쟁한 적이 있었다. 모 대형 건설사 세미나에서였다. 3개의 주제 발표가 있었는데 내가 한 파트를 맡았다. 2002년 이후 소비자 조사만 해 왔으니 소비자 조사 결과를 토대로 시장을 분석하고 현장에서 파악한 내용을 추가해서 발표했다.

한 전문가는 외국 사례를 발표했다. 외국에서 학위를 받은 분이라고 했다. 또 다른 전문가는 당시 정말 유명한 분이었다. 아마 당시 가장 잘나가는 분이었을 것이다. 연구 논문이라고 하면서 발표하는데 전후 논리도 안 맞고 엉뚱한 결론이 나오는 것을 목격했다. 말도 안 되는 주장이었다. 그런데 놀라운 사실은 그 세미나를 주관한 회사 대표가 만족스러운 듯 고개를 연신 끄덕이는 것이었다! 보통 세미나에서는 질문을 받고 대답만 할 뿐, 내가 질문하는 경우는 거의 없다. 그런데 이번에는 질문을 하지 않을 수 없었다.

"은퇴 세대가 집을 팔 것이라는 전망의 근거가 도대체 무엇일까요? 은퇴 세대가 대도시를 떠나서 살 것이라는 예측의 근거가 무엇일까요?"

발표자는 여러 가지 조사 결과 사례를 답변으로 제시했다. 조사 설계를 보여 달라고 했다. 그럼 그렇지, 표본 설계, 조사 모집단, 조사 방법 모두가 엉망인, 아무래도 결론에 맞게 데이터를 짜 맞춘 것 같은 느낌을 지울 수 없는 조사였다.

최근 지방의 젊은 도시들을 답사하고 정리하면서 그때 생각이 났다. 나이가 있는 분들은 거주지를 옮기는 것을 무척이나 꺼린다. 낡아도 기존 도심에 살려고 한다. 하지만 젊은 세대들은 기성세대와 다르다. 기존 거주지에 대한 충성도가 상대적으로 낮다. 매우 낮다. 그렇게 된 데에는 여러 이유가 있다. 신도시로 성공하려면 젊은 층들이 이주해 오고 싶은 조건이 있어야 한다. 이 두 가지 기준만 보고 전국에 있는 주요 신도시의 미래 수요를 예상해 볼 수 있다.

부동산 관련 오랜 조사와 분석을 해 온 경험에서 말씀드린다. 집값 상승이 중요한 게 아니다. 이전에는 임차로 살든 자가로 살든 간에 주거 시스템에 선택의 여지가 있었다. 그런데 이제 누구든 집을 사야 하는 구조로 바뀌고 있다는 것이 문제다. 이것이 고착되면 상당히 심각한 문제가 된다.

설마 그렇게 되겠느냐고 하면 안 된다. 과거에는 매수할 생각이 전혀 없던 다세대주택, 빌라까지 매수하는 상황이다. 가지고 있던 금액에 집을 맞추려다 보니 아파트 매수가 불가능해서 다세대주택, 빌라를 선택할 수밖에 없는 궁지로 몰린 것이다. 이 추세가 계속되면 누구에게 가장 큰 손해일까? 이 질문에 대해 국민들이 매년 답변하고 있다. 바로 국토교통부에서 실시하는 주거실태조사다.

2020 주거실태조사 결과 중 일부를 분석해 보자. 먼저 향후 이사할 주택 유형이다. 아파트에서 아파트로 가려는 비율이 89.7%다. 현재 단독주택 거주 세대 중 42.1%는 아파트로 가려고 한다. 연립주택 거주 세대의 62.8%와 다세대주택 거주 세대의 45.1% 역시 아파트로 가려고 한다.

이사할 주택 유형

(단위: %)

	계	단독주택	아파트	연립주택	다세대 주택	비거주용 건물 내 주택	주택 이외의 거처
전국	100.0	16.6	65.4	4.0	10.0	0.1	4.0
단독주택	100.0	35.7	42.1	6.4	12.8	–	3.0
아파트	100.0	5.9	89.7	1.4	1.7	0.2	1.1
연립주택	100.0	6.2	62.8	20.0	10.3	–	0.6
다세대주택	100.0	14.8	45.1	4.1	32.9	–	3.1
비거주용 건물 내 주택	100.0	20.8	53.2	15.9	10.1	–	–
주택 이외의 거처	100.0	12.4	40.1	3.6	12.2	–	31.7

자료: 국토교통부

점유 형태로 보면 자가 거주 세대 중 90.1%가 자가로 가려고 하고, 전세 거주 세대 중 52.6%가 다음에는 자가로 가려고 한다.

이사할 주택 점유 형태

(단위: %)

	계	자가	전세	보증금 있는 월세	보증금 없는 월세	무상
전국	100.0	52.8	28.8	14.7	1.1	2.6
자가	100.0	90.1	8.3	0.7	-	0.9
전세	100.0	52.6	43.5	2.6	0.1	1.2
보증금 있는 월세	100.0	24.1	33.0	39.9	0.1	2.9
보증금 없는 월세*	100.0	23.0	15.0	28.9	17.3	15.8
무상	100.0	54.0	22.2	12.2	2.9	8.8

* 보증금 없는 월세: 사글세, 연세, 일세 등   자료: 국토교통부

집을 보유해야 한다고 생각하는 세대의 86.7%가 주거 안정 차원에서다. 자산 증식을 위해서는 불과 8.9%밖에 되지 않는다.

그래서 국민들은 정부가 자가 세대에는 주택 구입 자금을, 전세 세대에는 전세 자금 대출을 해 주길 기대한다. 심지어 월세 사는 세대도 월세 보조금보다 전세 자금 대출을 희망하고 있다.

조사 결과 몇 개만 보더라도 정부의 추진 방향과는 완전 다른 결과가 나온 것을 알 수 있다. 월세 살기 싫다고 한다. 그래서 전세 자금 대출 좀 해

내 집을 보유해야 한다고 생각하는 이유(1순위)

(단위: %)

		계	주거 안정 차원에서	자산 증식을 위해	노후 생활 자금으로 활용 가능 하므로	기타
	전국	100.0	86.7	8.9	4.4	0.0
행정 구역	서울	100.0	83.8	11.8	4.4	0.0
	부산	100.0	83.1	10.3	6.6	–
	대구	100.0	86.5	11.0	2.5	–
	인천	100.0	96.7	2.1	1.2	–
	광주	100.0	86.3	9.5	4.2	–
	대전	100.0	96.3	2.5	1.2	–
	울산	100.0	77.5	21.5	0.9	–
	세종	100.0	93.2	4.9	1.9	–
	경기	100.0	86.1	8.4	5.5	–
	강원	100.0	91.4	5.1	3.5	–
	충북	100.0	85.2	8.4	6.4	–
	충남	100.0	82.7	10.0	7.3	–
	전북	100.0	89.6	6.7	3.6	–
	전남	100.0	90.3	5.6	4.0	–
	경북	100.0	89.4	5.4	5.2	0.1
	경남	100.0	84.2	13.2	2.6	–
	제주	100.0	93.9	4.3	1.8	–
동부/ 읍면부	동부	100.0	86.3	9.2	4.3	0.0
	읍·면부	100.0	87.5	7.5	5.0	–
점유 형태	자가	100.0	86.3	8.9	4.8	0.0
	전세	100.0	86.4	10.4	3.2	–
	보증금 있는 월세	100.0	87.8	8.7	3.4	0.0
	보증금 없는 월세	100.0	89.4	4.8	5.8	–
	무상	100.0	88.7	5.7	5.6	–
주택 유형	단독주택	100.0	87.7	7.5	4.8	0.0
	아파트	100.0	85.8	10.0	4.3	0.0
	연립주택	100.0	85.6	7.9	6.5	–
	다세대주택	100.0	87.7	9.1	3.2	–
	비거주용 건물 내 주택	100.0	91.2	4.5	4.3	–
	주택 이외의 거처	100.0	88.5	6.5	5.0	–

자료: 국토교통부

필요한 주거 지원 프로그램(1순위)

(단위: %)

	계	월세 보조금 지원	전세 자금 대출 지원	주택 구입 자금 대출 지원	주택 개량·개보수 지원	임대 후 분양 전환 공공 임대 주택 공급	장기 공공 임대 주택 공급	공공 분양 주택 공급	주거 상담과 정보 제공 등	기타
전국	100.0	9.8	24.5	34.6	6.9	5.4	11.6	5.3	1.9	0.0
자가	100.0	0.8	8.4	57.6	15.8	3.5	6.2	5.0	2.7	0.0
전세	100.0	2.4	37.3	31.4	1.6	7.4	12.4	6.5	1.0	–
보증금 있는 월세	100.0	23.8	34.4	12.6	0.7	6.1	15.7	5.0	1.7	–
보증금 없는 월세	100.0	33.8	24.2	8.1	0.9	5.1	21.8	4.0	2.1	–
무상	100.0	6.1	26.4	30.1	8.3	5.0	16.3	5.7	2.1	–

자료: 국토교통부

달라고 한다. 결국 임차로 살기 싫다는 얘기다. 내 집 마련을 하고 싶다는 것이다. 주택 구입 자금 대출 좀 제대로 해 달라고 한다. 자산 증식이 아니라고 한다. 거주 안정을 위해서라고 한다.

모든 응답자 특성별 분석에서 향후 이사하려는 이유에 대해 "시설이나 설비가 더 양호한 집으로 이사하려고"라는 응답이 1위를 차지했다. 새 아파트 선호 트렌드가 현재 대세라는 의미다. 지역별로 보면 특히 부산, 강원, 전남, 경북 지역에서 새 아파트에 대한 선호도가 상대적으로 더 높은 것으로 나타났다.

이사 이유

	응답 비율(%)
시설이나 설비가 더 양호한 집으로 이사하려고	53.6
직주 근접, 직장 변동 때문에	26.6
교통이 편리하고 편의, 문화 시설, 공원 및 녹지 등이 좋은 지역으로 가기 위해	20.5
이미 분양받은 주택으로 이사 또는 내 집 마련	20.3
가구 상황에 적합한 주택 규모로 이사하려고	17.1
집값 혹은 집세가 너무 비싸고 부담스러워서	10.2
부모, 자녀 등과 가까이 살려고	9.2
자녀 양육 및 교육 환경 때문에	6.8

자료: 국토교통부

지역별 새 부동산 선호도

지역	응답 비율(%)	지역	응답 비율(%)
전국	53.6	경기	43.6
서울	56.3	강원	67.1
부산	63.7	충북	57.8
대구	39.9	충남	51.8
인천	62.9	전북	48.7
광주	60.9	전남	68.5
대전	59.5	경북	74.1
울산	50.5	경남	50.2
세종	46.2	제주	54.2

자료: 국토교통부

거주 주택 유형별로 보면 현재 연립주택에서 거주하는 층들이 새 부동산에 대한 니즈가 더 큰 것으로 파악된다.

주택 유형별 새 부동산 선호도

주택 유형	응답 비율(%)
단독주택	56.3
아파트	50.7
연립주택	70.2
다세대주택	56.4
비거주용 건물 내 주택	52.9
주택 이외의 거처	51.4

자료: 국토교통부

점유 형태로 보면 자가 거주자의 새 시설에 대한 기대가 가장 높은 것으로 조사됐다.

점유 형태별 새 부동산 선호도

점유 형태	응답 비율(%)
자가	62.8
전세	50.0
보증금 있는 월세	51.8
보증금 없는 월세	45.0
무상	44.8

자료: 국토교통부

한 문항에 대한 응답만 가지고도 이렇게 다양한 결과를 도출할 수 있다. 결국 지역에 관계없이 새 아파트에 대한 선호 트렌드는 지속될 것이고, 특히 더 선호되는 지역이 있으며, 다세대주택 수요는 감소할 것이고, 자가 거주층의 새 아파트 이주가 더 가속화될 것이라는 의미다. 아마도 이 과정에서 임차 세대들은 구축을 매수할 가능성이 높다.

내 집 마련을 위해서든 투자를 위해서든 부동산은 멀리 봐야 한다. 현재의 시세와 가치에만 집중하다 미래를 놓쳐서는 안 된다.

나만 기다리는 싸고 좋은 전세는 없다

한줄요약 입지냐 가격이냐 둘 중 하나 선택하라.

지난 몇 년 동안 급등한 아파트를 살 타이밍을 놓친 사람들이 매수를 포기하고 전세를 찾는 사례가 증가하고 있다. 사람 마음은 똑같다. 저렴하고 좋은 전셋집을 구하고 싶어 한다. 내 희망 사항에 부합하는 전세 매물이 과연 있을까? 소유권을 갖느냐 아니냐의 차이일 뿐, 집을 매수하는 것과 전셋집을 구하는 과정은 별 차이 없다. 매수든 전세든 싸고 좋은 물건은 없다. 그저 내 조건에 맞는 부동산을 선택할 뿐이다.

전세 만기가 다 돼 물건을 구하지 말고 가능하면 1년 전부터 최소 6개월 전까지는 이사 갈 지역과 물건을 확보하는 노력이 필요하다. 2022년 이후로 전세난이 지속될 것이다. 세대수는 증가하는데 공급 물량은 부족하기 때문이다. 결국 전세 보증금을 인상해 주거나 전세 물량에 여유가 있는 외곽으로 이동해야 한다. 현 거주 입지를 유지한 채 전세금을 올려 줄 수 없다면 반전세 혹은 월세를 선택해야 한다.

서울 강남을 제외한 대부분 지역의 전세가율이 70% 전후다. 입지에 따라 다르겠지만 전세 인기 지역은 전세가율 70~90%에 박스권이 형성될 것으로 예상된다. 전세가율이 증가하면 매매가가 오르는 경향이 있지만 최근 몇 년 동안 급격히 매매가가 오른 지역은 전세가율 상승으로 매매 시세가 오르기보다는 반전세·월세화가 가속될 것으로 전망된다.

임대 시장의 향후 트렌드를 예상해 본다면 크게 세 가지로 정리할 수 있다. 첫째, 매매 시세가 높지 않은 곳은 전세 세입자가 주택을 매수하게 될 것이다. 둘째, 매매 시세가 높고 전세 시세도 높은 곳은 매매가와 전세가가 낮은 쪽으로 이동하게 될 것이다. 즉, 도심에서 외곽으로 이동할 것이다. 셋째, 현 거주 입지를 유지하려는 사람은 반전세·월세를 선택하게 될 것이다. 입지를 포기하지 않으려는 사람이 많을수록 반전세·월세 전환 트렌드가 가속화된다.

이런 전세난을 해결하기 위해 정부가 할 일은 주택 공급량을 늘리는 것밖에 없다. 아파트든 아파트가 아니든, 임대아파트든, 시프트(장기 전세)든 추가 공급 물량을 늘려야 한다. 하지만 무한정 공급 물량을 늘릴수는 없다. 선호하는 입지 규모는 한정되어 있고, 추가 공급이 가능한 입지는 세입자들이 좋아하지 않는 지역일 가능성이 높다. 결국 입지와 가격 중에서 선택해야 한다. 가격보다 입지를 선택하는 비율이 많아지면 전세에서 월세로의 전환 속도도 빨라진다. 이 현상이 지속되면 앞으로 전세 제도는 사라지게 될 것이다. 전세는 저가 시장에서 중가 시장으로 가는 과도기적 형태이기 때문이다. 대부분의 매매가 고가 시장이 되면 전세는 시장에서 사라진다. 선진국들처럼 말이다.

현재 한국 경제 단계에서는 전세를 선택할 기회가 남아 있다. 전반적인 고가 시장으로 가려면 물리적인 시간이 좀 더 필요하다. 당장 전셋집이 필요한 사람들을 위해 눈여겨볼 만한 전세 입지를 정리해 보자.

서울은 도봉구, 금천구, 강북구, 중랑구, 노원구, 구로구, 은평구, 성북구, 동대문구, 서대문구, 강서구에서 3.3㎡당 1,000만 원 전후의 전세 물량을 찾을 수 있다. 이 입지의 비아파트는 훨씬 더 저렴한 전세 물량이 아직 많다. 신축 빌라와 다세대주택도 많다.

월세 세입자들에게는 오히려 선택의 기회가 많다. 시세가 비싼 지역들의 아파트일수록 매매가 대비 월세가 비율이 낮기 때문이다. 전세 세입자들보다 인기 있는 입지를 선택할 대안이 많다. 전세로만 한정해서 부동산을 선택하려면 양질의 입지나 선호하는 상품을 선택하기 어려운 것이 현실이다. 임대 부동산 선택 시 입지가 가장 중요하면 차라리 반전세나 월세를 생각해야 한다.

전세는 신도시 초기에 들어갈 때 가장 좋은 방법이다. 임대 물량이 한꺼번에 대량으로 나오기 때문에 저렴한 가격으로, 심지어는 좋은 동이나 층을 고를 수도 있다. 단, 남들보다 더 빨리 움직여야 한다. 최소한 최초 입주 3개월 전에 계약하는 것이 좋다. 경기권은 신규 택지 개발지구 내 대량 입주 단지를 추천한다. 평택시, 화성시, 용인시, 하남시, 고양시, 파주시, 의정부시, 김포시, 남양주시, 인천광역시 등에 대량 입주 물량이 있다.

전세, 반전세, 월세를 살면서 다음 이사 갈 곳을 꼭 생각해야 한다. 계속 임대로 살 것인지, 매수할 것인지도 판단해야 한다. 집값이 인플레이션보다 높은 속도로 오른다면 전세 제도는 유지될 것이다. 집값이 현 상태로 정지하거나 내린다면 전세 제도는 점차 사라질 것이다. 어떤 경우든 준비하고 대비해야 한다. 주택을 매수할 사람들만, 다주택자들만 부동산 공부를 해야 하는 것이 아니다. 전세를 구하는 수요층도, 월세를 구하는 수요층도 부동산 공부를 해야 한다.

관심 지역에서 신규 분양을 언제 하는지, 분양가는 어느 정도인지, 구축 아파트의 시세는 얼마인지, 전세는 얼마인지, 월세는 얼마인지, 매물이 많은지 적은지 늘 파악하자. 그 지역 중개업자들과의 커뮤니케이션은 기본이다.

나만을 기다리는 싸고 좋은 전세는 없다. 내가 들어갈 전세는 내가 구해야 한다. 내가 정한 입지에 내가 지불할 수 있는 가격대로 선택할 수밖에 없으니까 말이다.

'영끌'에도 요령 필요하다

한줄요약 외곽부터 서서히 서울로 진입하라. 단, 일자리와 교통망에 유념하라.

문재인 정부의 25번째 부동산 대책(2021년 2·4 대책)이 발표된 지 1년 이 넘었다. 2·4 대책의 주 내용은 정부(공공)가 주도하는 주택 공급 물량을 대폭 늘려 과열된 부동산 시장을 안정시키겠다는 것이다. 정부가 예상하는 공급 물량은 서울 32만 호, 전국 83만 호. 김현미 전 국토교통부 장관 때 발표한 물량까지 합치면 총 208만 호에 달한다.

무주택자들은 계속 혼란스러울 것이다. 정부 말을 믿고 공급 물량을 기다릴까? 아니면 지금이라도 서둘러 집을 사야 할까? 지난 20여 년간 부동산 리서치를 해 온 전문가로서 단언한다. "실거주자는 하루라도 빨리 집 사세요!"

정부 말 믿고 공공 물량을 기다리는 수요층이 꽤 많다. 국토부 장관 3명이 공통적으로 '기다리면 좋겠다'고 했지만 그 말대로 기다리면 정말 내 집 마련이 내가 희망하는 대로 될까? 지난 5년간의 결과는 어땠나? 투자가 아니라 내 집 마련이 목표라면 주저할 이유가 없다. 그동안 집값이 많이 올랐으니 떨어질 것이라고 생각하는 사람이 많은 듯한데 그럴 가능성은 크지 않다. 정부 역시 집값이 빠지길 기대하는 게 아니다. 공급을 늘려 단기간에 더 오르는 것을 막겠다는 것이다. "2017년 가격으로 되돌린다"라는 말은 하지도, 믿지도 말아야 한다. 팬 서비스 차원의 발언밖에 안 된다. 게다가 2017년 전 가격으로 돌려놓는 것은 우리나라 전체를 위해서도 바람직하지 않다.

어느 정도 여력이 된다면 무리하지 않는 선에서 지금이라도 집을 살 것을 권한다. 공급 계획이 입주로 이어지려면 시간이 오래 걸린다. 2·4 대책을 보면 2025년까지 '부지 확보'를 하겠다고 한다. 건물은 그로부터 3~5년 뒤 지어진다. 향후 10년 안에 입주 가능한 물량이 얼마나 될지 모르겠다. 그사이 집값이 빠질 가능성도 크지 않고, 서울·경기·인천 지역 전세가는 계속 올라간다. 입주 물량이 적기 때문이다. 지금이라도 입지 좋은 곳을 잘 골라 똑똑한 내 집 한 채를 마련해야 한다.

청약 제도도 계속 달라졌다. 상대적 박탈감을 호소하는 이가 많다. 공공분양 일반 공급 물량 중 30%를 추첨제로 하겠다는 것인데, 그동안 매달 차곡차곡 청약통장에 저축해 온 사람은 불만을 가질 수 있다. 신규로 혜택을 주면 괜찮은데 기존에 있던 파이를 나눠 먹기 하는 형식으로 제도를 개편하니 문제가 되는 것이다. 공공 쪽 비중을 늘리다 더는 늘릴 게 없으니 민간 분야까지 들어온 형국이다. 공공에 혜택을 주고 싶으면 파이를 키우면 된다. 지난 3년 동안 공급이 충분하다는 메시지로 파이를 늘리지 않다가 이제야 공급을 확대하는 것인데, 일반 정비사업 분야까지 공공을 확보하라 하니 불만이 생길 수밖에 없다.

2021년 2월 19일부터 이른바 새 아파트 전월세 금지법(주택법 시행령 일부 개정안)도 시행됐다. 전세 물량에 비상이 걸렸다. 서울·경기·인천에서 분양가 상한제를 시행하는 지역에 해당한다. 기존에는 새 아파트를 분양받을 때 각자 다양한 이유로 한두 번 전세나 월세를 줬다가 나중에 입주하는 경우가 많았다. 덕분에 새 아파트가 들어서면 전세 공급량도 대폭 늘었다. 세입자 처지에서는 저렴한 가격에 새 아파트에 거주할 수 있는 좋은 기회다.

대표적으로 2018년 입주한 송파구 가락동 헬리오시티를 들 수 있다. 9,510가구가 입주했는데 당시 전세가가 4~5억 원이었다. 그 후 임대차 3법 영향으로 전세 품귀 현상이 일더니 전세가가 폭등해 지금은 11~12억 원가량 한다. 투기꾼들이 억지로 올린 것이 아니라 수요-공급 논리에 의한 결과다.

2020년 2월 입주한 경기 김포시 고촌읍 캐슬앤파밀리에시티 2단지는 자가점유율이 97.3%에 달한다. 김포는 아파트가 생긴 40년 역사에서 2020년 입주 물량이 가장 많았다. 통상적이라면 전세가가 하락해야 한다. 하지만 전세 물량이 줄고 서울 집값을 감당하지 못해 넘어오는 사람들까지 가세하면서 전세가가 분양가를 상회해 버렸다.

주택 구매 후 후회하지 않으려면, 지금은 저렴하지만 앞으로 올라갈 곳을 선점해야 한다. 미래 가치가 높은 곳의 입지 조건은 크게 3가지로 구분할 수 있다. 일자리가 많은 곳, 일자리 많은 곳과 교통이 잘 연결된 곳, 구축보다는 신축이다.

일자리가 많은 곳은 단연 서울 강남구다. 앞으로도 계속 일자리가 늘어날 전망이다. 대표적으로 삼성역 근처 현대자동차 GBC(글로벌 비즈니스센터)를 들 수 있다. 해당 건물이 지어지면 2~3만 명이 추가로 근무하게 된다. 지방 군 단위 인구가 1만 5,000~2만 명가량 되는데 그보다 더 많은 일자리가 생기는 것이다.

하지만 문제는 삼성동을 포함한 인근 지역이 너무 비싸다는 점이다. 따라서 돈이 그리 많지 않은 3040세대에게는 서울 외곽부터 서서히 서울로 진입하는 '징검다리 방법'을 권한다.

어디부터 공략하면 될까? 일자리가 생기는 지역과 광역 교통망으로 연결되는 곳을 찾으면 된다. 특히 3기 신도시와 연결되는 GTX(수도권 광역급행철도) 노선을 눈여겨볼 필요가 있다. 경기 파주시 운정에서 동탄까지 연결되는 GTX-A 노선은 이미 공사에 들어갔다. 그래도 아직 3.3㎡당 분양가가 1,000만 원대인 물건이 많다. 이런 곳은 완공 후 더 많이 올라갈 것이다. A 노선에는 역도 많다. 연신내역은 서울 은평구, 서대문구까지도 혜택을 볼 수 있다. 아래로는 용인·화성·평택역 근처가 다 수혜 지역이라고 할 수 있다.

GTX 노선도

5년 후 많은 게 달라질 것이다. 완공을 앞둔 신림선·신안산선·대곡소사선 등도 눈여겨볼 필요가 있다. 이 중에서도 새 아파트 혹은 새 아파트가 될 재건축·재개발 물건을 선점하는 것도 추천한다.

GTX-B 노선에 대한 관심도 높아지고 있다. 계획대로라면 2024년 착공한다. 완공은 2029~2030년으로 예상되는데, 10년 안에 이사를 계획한다면 B 노선도 선점할 만하다.

인천 송도에서 경기 남양주시까지 이어지는 노선으로, 남양주는 도

서울 경전철 노선 예상도

───── 기존 계획 노선
───── 신규·연장 노선

우이-신설 연장선
동북선 연장
동북선
면목선
9호선 4단계 연장
목동선
신림~서부선 연계
위례-신사선
신림선
서부선 연장
난곡선
위례선

자료: 서울시, 연합뉴스

농 복합 도시라 대부분 농촌 지역이다. 기반 시설이 아주 좋지는 않지만 그래도 역세권에는 신도시를 개발해 놓았다. 다산신도시, 별내신도시가 대표적이다. 일단 GTX-B 노선이 지나가는 곳에는 왕숙신도시가 개발될 예정이다. 사전청약 제도도 시행할 예정이니 관심 갖고 살펴보면 좋을 것 같다.

좀 더 서쪽으로 가면 송도국제도시가 있다. 인천에서 제일 비싼 지역이긴 하지만 더 오를 여력이 있다. 송도는 분당과 비슷하다. 혐오·유해 시설이 거의 없고 상업 시설은 충분하다. 특히 교육 특구로 학부모 사이에서 인기가 많다. 국제학교를 졸업하면 외국인 특례 입학도 가능하다. 한 가지 단점은 일자리가 많지 않다는 것이다. 분당과의 가장 큰 차이점이기도 하다. 하지만 GTX 노선이 개통하면 일자리 편의성이 올라가면서 매력도가 더 높아질 것이다. B 노선에 포함되는 송도 주변 연수구나 남동구, 구월동 택지 개발 지구도 눈여겨보라. 단, '나 홀로 아파트'보다 기반 시설이 어느 정도 있는 곳이 좋다.

미분양 무덤에서 규제 지역으로 탈바꿈한 GTX-C 노선도 참 좋다. C 노선은 경기 양주에서 수원으로 이어지는데 A 노선과 마찬가지로 삼성역을 관통한다. 즉, 강남권으로 출퇴근하기 좋다는 뜻이다.

특히 요즘 양주가 뜨겁다. 미분양 관리 지역이던 곳이 규제 지역으로 지정될 정도로 새 아파트가 많이 들어섰다. 양주는 GTX-C 노선뿐 아니라 서울지하선 7호선 연장(양주 옥정~포천) 호재도 있다. 강남까지 출퇴근이 가능해지는 셈이다. GTX 노선 지역 중에서는 수원 인근이 한창 재건축·재개발 중이다. 아직까지는 많이 저렴하다.

GTX-D 노선은 아직 확정되지 않았지만, 역시 결정만 되면 호재가 분명하니 꾸준히 관심을 가지면 좋을 듯하다.

국가철도공단 사이트(https://www.kr.or.kr)에서 현재 철도 사업별 전체 노선도를 확인할 수 있다.

철도 사업별 전체 노선도

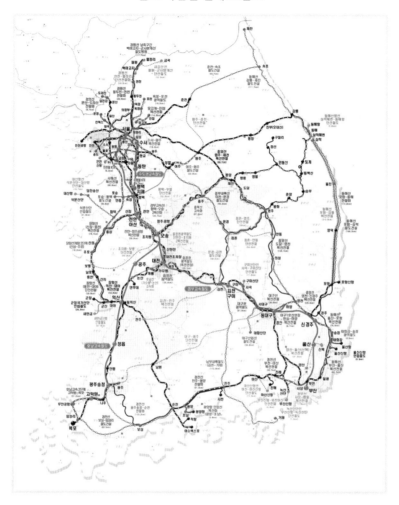

자료: 국가철도공단

국가철도공단은 국토교통부 산하의 준정부기관이다. 대한민국 철도 시설을 건설·관리하고 그 밖에 이와 관련되는 사업을 효율적으로 시행하도록 함으로써 국민의 교통편의를 증진하고 국민경제의 건전한 발전에 이바지하기 위해 운영되는 기관이다.

국가철도공단 홈페이지에 공개된, 현재 진행 중인 철도 사업을 보면 아래와 같다.

1. 고속철도 사업(시행 중인 5개 사업, 506.4㎞)

사업명	사업 구간	총 사업비(억 원)	연장(km)	사업 기간
경부고속철도 2단계	대구~부산 대전·대구 도심	82,470	169.5	2002~2024
호남고속철도	오송~목포	106,311	260.1	2006~2025
수도권 고속철도	수서~평택	30,583	61.1	2008~2022
인천발 KTX	어천~경부고속	3,826	6.2	2016~2024
수원발 KTX	서정리~지제	2,438	9.5	2016~2024

2. 일반 철도 사업

① 공사 중인 사업: 22개 사업 1,361.5㎞

노선명	사업 구간	사업 내용	연장(km)	총 사업비(억 원)
경전선	보성~임성리	단선전철	82.5	16,039
동해선	포항~삼척	단선철도	166.3	34,109
중앙선	원주~제천	복선전철화	44.1	12,000
경전선	부전~마산	복선전철(BTL)	32.7	15,484
장항선	익산~대야	복선전철화	14.3	4,783

대구선	동대구~영천	복선전철화	38.6	7,633
평택선	포승~평택	단선철도	30.3	7,161
동해선	울산~포항	복선전철화	76.5	26,763
군산항선	대야~군장국가 산업단지	단선철도	28.3	6,170
울산신항선	망양~울산신항	단선철도	9.3	2,232
동해선	부산~울산	복선전철화	65.7	28,362
서해선	송산~홍성	복선전철	90.0	40,991
중부내륙선	이천~문경	단선전철	93.2	25,246
장항선	신성~주포, 남포~간치	단선개량	32.4	8,831
경원선	동두천~연천	단선전철화	20.9	4,688
중앙선	도담~영천	복선전철화	145.1	41,338
서해선	대곡~소사	복선전철(BTL)	18.3	15,768
중앙선	영천~신경주	복선전철화	20.4	5,630
경의선	문산~도라산	단선전철화	9.7	388
장항선	신창~대야	복선전철화	118.6	8,122
경전선	진주~광양	복선전철화	51.5	1,672
동해선	포항~동해	단선전철화	172.8	4,336

② 설계 중인 사업: 6개 사업 359.6㎞

노선명	사업 구간	사업 내용	연장(km)	총 사업비(억 원)
경춘선	춘천~속초	단선전철	93.7	24,377
월곶판교선	월곶~판교	복선전철	34.2	21,768
경부선·충북선	천안~청주공항	복선전철	59.0	8,217
인덕원동탄선	인덕원~동탄	복선전철	39.0	28,137
경강선	여주~원주	복선전철	22.0	9,017
동해선	강릉~제진	단선전철	111.7	27,406

3. 광역철도 사업

① 공사 중인 사업: 7개 사업 267.6㎞

노선명	사업 구간	사업 내용	연장(km)	총 사업비(억 원)
수인선	수원~인천	복선전철	52.8	20,074
신분당선	용산~강남	복선전철	7.8	16,470
진접선	당고개~진접지구	복선전철	14.9	14,192
수도권 광역급행철도	삼성~동탄	복선전철	39.5	19,408
신안산선	안산~여의도	복선전철	44.7	43,907
대구권 광역철도	구미~경산	기존선 개량	61.9	1,851
수도권 광역급행철도	파주~삼성	복선전철	46.0	35,505

② 설계 중인 사업: 2개 사업 110.2㎞

노선명	사업 구간	사업 내용	연장(km)	총 사업비(억 원)
충청권 광역철도(1단계)	계룡~신탄진	기존선 개량, 2복선화, 단선 신설	35.4	2,694
수도권 광역급행철도	양주~수원	복선전철	74.8	43,858

공사 중인 사업은 말 그대로 이미 삽을 뜬 사업들이다. 설계 중인 사업은 아직 삽을 뜨지 않은 사업들이다. 공사 중인 사업들도 예정된 준공 일정이 조금씩 연기되고 있다. 설계 중인 사업들의 경우는 예정 일정이 더 밀릴 수밖에 없다.

다시 말하지만 중장기를 바라보면서 매수하는 사람은 삽을 뜬 사업장들을 주목해야 한다. 특히 준공 날짜가 언제인지 늘 챙겨야 한다. 여기 소개조차 되지 않은, 검토 중인 사업들이 있다. 예를 들면 제4차국가철도망과, 몇몇 정치인이 그야말로 선심성 공약으로 주장만 하는 단순 계획들이 그것이다.

제4차국가철도망 구축 계획안-제안 사업 노선도

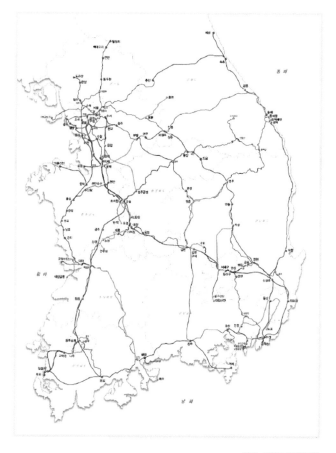

자료: 한국교통연구원

제4차국가철도망 구축 계획안-제안 사업 노선도

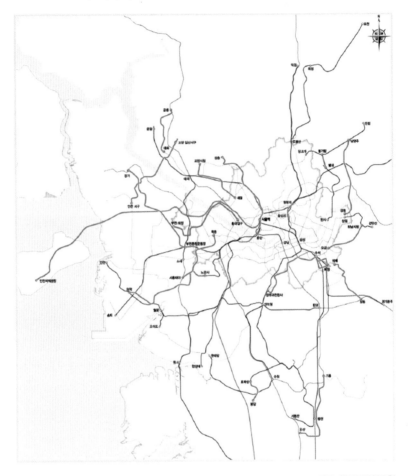

자료: 한국교통연구원

제목을 유심히 보면 '제안 사업'이다. 확정이 아니다. 명확히 구분해
야 한다!!!

국가철도망 추가 검토 사업

	노선명	사업 구간	사업 내용
1	인천2호선 안양 연장	인천대공원~안양	복선전철
2	서울6호선 구리남양주 연장	신내~남양주	복선전철
3	서울2호선 청라 연장	홍대입구(까치산)~청라	복선전철
4	서울5호선 김포검단 연장	방화역~검단~김포	복선전철
5	경강선 연장	삼동~안성	단선전철
6	별내선 의정부 연장	별가람~탑석	복선전철
7	조리금촌선(통일로선)	삼송~금촌	복선전철
8	교외선	의정부~능곡	단선전철
9	인천신항선	월곶~인천신항	단선전철
10	경원선	연천~월정리	단선전철화
11	전주김천선	전주~김천	단선전철
12	점촌안동선	점촌~신도청~안동	단선전철
13	보령선	보령~조치원	단선전철
14	내포태안선	내포~태안	단선전철
15	국가식품클러스터산업선	동익산신호장~완주산단	단선철도
16	중부권 동서횡단선	서산~울진	단선전철
17	창원산업선	창녕 대합산단~창원	단선전철
18	구미산단선	사곡~구미산단	단선철도
19	대산항선	석문산단~대산항	단선철도
20	의성영덕선	의성~영덕	단선전철
21	원주춘천선	원주~춘천	단선전철
22	마산신항선	마산~마산신항	단선전철
23	태백영동선	제천~삼척	복선전철
24	군산목포선	군산~목포	복선전철

추가 검토지, 제안 단계도 아니다. 이건 말 그대로 아이디어 수준이다. 단기 투자만 하는 사람들에게는 이 또한 하나의 매수·매도 요인이 될 것이다. 그러나 다시 말하지만 아직 확인되지 않은 사업들은 실제 추진되지 못하는 경우도 상당히 많다. 반드시 확인 또 확인해야 한다.

비싸면
내 집 마련 안 할 것인가?

내 눈에 비싸 보여도 사는 사람이 있다. 누구 잘못도 아니다.

2022년 현재 부동산 시장을 정리해 보자. 정부에서 바라는 것은 부동산 시장이 안정되고 서민들의 내 집 마련이나 거주 안정성을 도와주는 쪽이었다. 그런 쪽으로 계속 정책이 나왔다. 그 일환으로 다주택자들이 집을 많이 팔아야 시장이 안정될 것으로 본 것 같다. 하지만 다주택자들은 2017년도부터 이미 영향력이 없었다. 타깃을 잘못 설정한 것이다. 이런 정책이 우선되다 보니 정권 초기 3년 동안 공급이 거의 없었다. 최근 들어서야 공급 대책들이 나오고 있는데 이를 통해 1~2년 안에 입주할 수 있는 물량은 없다.

결국 시장의 수요만 많고 그에 대한 해소는 되지 않았다. 공급을 언제까지 할 수 있는지 확실한 사인을 주지 못하니 현재 시장은 굉장히 불안한 상태다. 시장의 안정성 측면에서 보면 공급이 많을 때 시세가 안정되거나 시장이 안정화됐다. 공급이 부족하면 가격이 올랐다. 지금은 공급이 부족하다. 그렇기 때문에 어떻게든 하나만 딱 잘못 건드리면 시장가가 쭉 올라갈 수밖에 없는 분위기가 조성돼 있다.

서울은 공급 물량이 2020년에 5만 세대, 2021년에는 3만 세대였다. 2022년은 2만 세대다. 더 중요한 것은 2023년 상황도 다르지 않다는 것이다. 구체적인 입주 물량이 적은 상태이기 때문에 불을 지피면 또다시 상승할 가능성이 높다.

2020년과 2021년 부동산 가격 폭등 때와 같은 현상이 발생할 가능성을 생각해 보자. 예전 이야기로 돌아가 보면 만약 2017년 8·2 대책과 같이 시장 매물을 없애는 정책들이 나오지 않았으면 2019년과 2020년은 정부 입장에서 굉장히 좋은 시장이었다. 사상 최대 입주 물량이 나왔기 때문이다. 하지만 갑자기 실거주 요건을 강화하고 임대차 2법을 시행하자 시장에 나와야 할 매물들이 정지됐다. 거래가 되지 않다 보니 현재 경기도와 인천의 부동산 가격이 많이 올랐다. 인천의 경우 지난 2008년부터 공개한 KB부동산 통계 자료상 2021년에 사상 최대로 상승했다. 인천까지 갔다는 얘기는 서울의 수급 문제가 해결 안 됐다는 것과 같다. 그러니 2020년과 2021년만큼은 아니더라도 다시 상승을 보일 수 있다.

실수요자들이 고민하는 것은 집을 사야 하는 적절한 타이밍이다. 현재가 집을 매수해야 하는 시기일까? 만약 투자 목적이라면 그런 타이밍을 잡는 게 맞다. 하지만 내 집 마련의 경우 그런 고민을 할 필요가 없다. 지금이 사상 최고가라고 하더라도 집을 사야 한다.

나는 연구원으로 활동한 지난 20여 년 동안 이 의견을 한 번도 바꾼 적이 없다. 한국갤럽에서 17년 동안 연구원 활동을 하면서 6년 동안 국토교통부와 '주거실태조사'를 담당했다. 조사 결과를 보면 자가로 거주하는 사람들은 한 집에서 통상 10.8년 정도 거주한다. 임차는 평균 3년이었다. 조사 결과대로라면 지금 집을 사면 최소 10년 후에나 이사하게 된다. 그러니 당장 집값이 빠지는 것을 고민하지 말고 10년 후에 이집값이 빠질 것인지 안 빠질 것인지만 생각해 보면 된다. 많은 사람이 관심을 갖는 지역 중에는 10년 후에 집값이 빠질 지역이 거의 없을 것이다. 그러면 고민할 필요가 하나도 없다.

일단 한 번 집을 사 본 사람과 그렇지 않은 사람 사이에는 큰 의식의 격차가 존재한다. 일단 집을 사면 가격 변동에 둔감해진다. 거주하는 동안에는 집값 자체가 사이버 머니라고 생각하기 때문에 그것 때문에 일희일비하지 않는다.

그렇다면 어떤 기준을 가지고 지역의 유망성을 보면 될까? 호재를 세 가지로 정리할 수 있다. 일단 제일 중요한 호재는 일자리다. 서울, 특히 강남구가 제일 비싼 것은 일자리가 제일 많기 때문이다. 일자리가 많은 지역은 앞으로도 수요가 끊기지 않을 것이다.

하지만 지금 일자리가 많은 지역은 비싸다. 그러니 관심을 가져야 할 곳은 지금 일자리보다 미래 일자리가 많아질 지역이다. 그런 일자리 지역과 연결되는 광역 교통망이 있는 지역들이 2차 호재지가 될 것이다. 그러므로 광역 교통망도 굉장히 중요한 이슈다.

세 번째는 새 아파트에 대한 선호도다. 새 아파트에 대한 선호도가 굉장히 많이 높아졌다. 약 10년 전까지만 하더라도 아파트는 무조건 입지였다. 새 아파트인지는 크게 중요하지 않았다. 하지만 2010년 이후 상품에 대한 트렌드가 바뀌었다. 2015년 이후부터는 새 아파트 프리미엄이 입지 프리미엄보다 더 높다.

결국 일자리, 교통망, 새 아파트 증가 등의 요소가 겹치면 정말 좋은 곳이다. 하지만 2022년 혹은 2023년 조정장을 예상하는 전문가가 많다. 물론 그분들이 우려하는 시각도 공감한다. 그럴듯하고 맞는 부분도 있지만 나는 그런 식의 예측은 하지 않는다. 다만 그런 논리들을 모아보면 그쯤이면 3기 신도시가 사전청약을 끝냈을 것이고 입주 물량들이 좀 있으니 그것 때문에 조금 완화될 것이라고 말한다.

이 모든 것은 정상적인 시장일 때 가능한 논리다. 하지만 지금은 상당히 변칙적인 시장이다. 대표적인 것이 2020년의 경우였다. 이때는 정말 특이한 시장이었다. 가만히 뒀으면 부동산 시장을 잡을 수 있었다. 하지만 정부가 불안하니까 그렇게 하지 못했고 결국 시장은 폭발했다.

당시 김포의 사례를 참고할 수 있다. 김포에 1만 7,000세대가 입주했다. 김포시 아파트 역사상 최대로 많은 입주 물량이었는데 그 상태가 그대로 유지됐으면 전세가든 매매가든 다 빠졌을 것이다. 하지만 실거주 요건을 강화하고 서울에서 수요가 밀려오다 보니 그 1만 7,000세대가 그냥 품절돼 버렸다. 김포 고촌에 있는 한 아파트는 실거주가 97.3%에 달했다. 신축 아파트는 전세가 50% 이상 나오는 게 정상인데 전세가 없었다. 그러다 보니 전세가와 분양가가 똑같아졌다. 전세가 올라가니 매매가가 올라가 버렸다.

그러므로 지금 2022년이나 2023년을 예측하는 것은 어렵다. 그리고 2022년이나 2023년에 조정이 올 것이라고 얘기하면 안 된다. 내 집 마련을 해야 할 사람들이 또 마냥 기다리고만 있을 것이기 때문이다. 그때도 또 올라가면 어떡할 것인가.

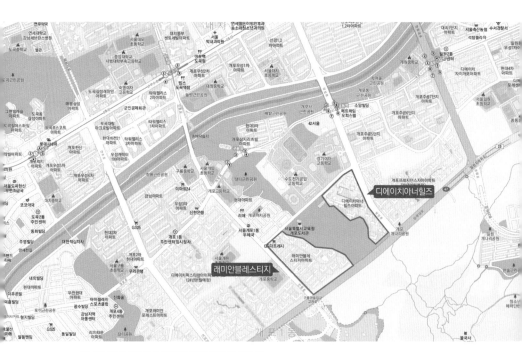

강남구 래미안블레스티지와 디에이치아너힐즈*

현재의 집값을 '거품'이라고 생각하는 사람이 많다. 실제 비싸다. 나 같은 사람이 부담스러울 정도라고 하면 진짜 비싼 것이다. 하지만 비싼가 안 비싼가와, 그것들을 살 수 있는 사람이 있는가 없는가는 다른 문제다. 비싼 줄 알면서 구매하는 사람이 대부분이기 때문이다.

2016년에 서울 강남구 개포동을 처음 분양할 때였다. 개포 주공2단지가 지금 래미안블레스티지이고 개포 주공3단지가 뒤에 있는 디에이치아너힐즈인데 3.3㎡당 4,000만 원 전후 가격에 분양했다. 당시 삼성물산의 의뢰를 받아 수요 조사를 하고 있는데 한 할머니가 오셔서 불만을 토로했다. "여기 너무 비싸지 않아?"라고 말이다. 그런데 그 할머니는 그 자리에서 두 채 계약을 맺었다.

이런 모습을 보면 거품인지 아닌지에 대한 논란이 무슨 의미가 있는가? 그 물건들을 2016년에 3.3㎡당 4,000만 원 주고 살 수 있는 사람들이 있는데. 그 사람들이 그거 비싼 줄 모르고 샀을까? 투자 목적으로 샀을까? 둘 다 아니다.

규제 속에서 할 수 있는 것

그럼에도 불구하고 무언가 해야 한다. 우선 공부 먼저다.

    대출 규제가 지속되고 있다. 대출 규제가 아파트 수요의 규모에 어느 정도는 영향을 미치는 것이 분명하다. 정부가 대출 규제를 하는 이유는 여러 가지겠지만 부동산으로 대출이 흘러 들어가지 못하게 하겠다는 의지도 분명히 포함되어 있을 것이다. 이로 인해 아파트 시세가 하락할 것이라는 사인을 주겠다는 의도일 수도 있다.

    언론을 통해 보도되는 정부의 메시지를 보면 계속 하락에 대해 홍보하는 것처럼 느껴질 때도 있다. 무주택자는 물론 유주택자들도 헷갈려한다. 정말 집값이 빠질 것인가 하고 말이다. 정부 규제는 거의 끝까지 왔다고 생각한다. 세금과 대출로 할 수 있는 최대한의 규제 정책이었다. 이로 인해 부동산 시장을 안정화하려고 했던 것이다. 하지만 현실은 그렇게 되지 못했다. 주택 시세 하락을 기대했던 사람들에게 심적인 위안을 일시적으로 몇 번 주었던 것 말고는 어떤 순기능도 없었다.

어쩌면 불안해하는 유주택자들의 매도를 유도하려고 했던 것인지도 모르겠다. 하지만 이 전략이 먹히려면 입주 물량이 많았던 2019~2020년에 했어야 했다. 이때 양도세 완화 카드를 내밀었으면 시장은 바로 안정되었을 것이다. 역대급 신규 입주 물량에 양도세 완화 기간을 이용한 기존 매물들이 쏟아졌을 테니까 말이다.

2022~2023년은 입주 물량 자체가 너무 적다. 2020년까지 어느 정도 있던 입주 물량이 2021년 이후 급감했다. 이 사정을 정부가 모르고 있었을까? 당연히 알고 있었다. 차라리 수요가 많고 공급이 부족한 곳에 집중적으로 4년 내내 공급했다면 이런 일이 발생하지 않았을 수도 있을 것이다.

적당한 매물이 없다. 그러다 보니 시세가 많이 오르고 결국 집을 매수하기도, 전세를 구하기도 어려운 시장이 되어 버렸다. 입지를 계속 양보해야 한다. 돈을 더 지불할 수 있는 신규 대기 수요자들에게 말이다. 이 상황에서 대출 규제가 나온 것이다. 돈 없는 수요자에게는 청천벽력 같은 조치다. 가뜩이나 무기가 부족한 병사들에게 이제 맨주먹으로 싸우라고 등 떠미는 격이다.

어떤 시장이든 현찰이 있는 사람들에게 대출 규제 카드는 아무 의미 없다. 대출 규모를 축소하면 늘 그렇듯이 중하위층이 가장 큰 타격을 받는다. 지난 1~2년을 복기해 보자. 새로운 부동산 이슈는 이제 거의 없다. 갭 투자 이야기도 없고, 투기 이야기도 없다. 거의 모든 2030이 주식과 코인 이야기만 한다.

친한 후배 한 명이 얼마 전 회사를 그만두고 주변 사람들에게 은퇴를 선언했다. 부동산 투자를 하기 위해서 4년 전부터 열심히 공부했고 나름 성과를 보이던 친구였다. 하지만 2018년부터는 투자 금액이 묶이고 여러 가지 규제가 심해지다 보니 2019년에 주식과 코인 투자를 하기 시작했다. 입지 분석, 상품 분석을 해도 잘 모르겠으면 그 지역의 대장 아파트를 사라는 내 조언대로 주식과 코인을 했다고 한다. 물론 주식과 코인 분야도 열심히 공부했다. 이제 내가 자문을 구할 정도다.

한동안 그 후배와 연락하지 못했는데 2021년에 연락해서는 이렇게 말했다.

"형~ 저 은퇴하기로 했어요! 이제 한동안 쉬려고요."

지난 2020년 1년 동안, 정확히는 11개월 동안 두 자릿수 억 단위에서 세 자릿수 억 단위 자산가가 되었던 것이다. 투자 종목은 주식과 코인이었다. 그동안 가지고 있던 부동산을 모두 정리했고 딱 하나, 3년 전에 돈 생기면 내가 사라고 했던 재개발 구역을 정말 매입했다고 한다. 그리고 나머지 자산은 다양한 포트폴리오로 자산 분배를 했다고 한다. 이제 잃을까 봐 겁이 나서 더는 못 하겠다고 하면서.

후배가 말했다. "만약 현 정부가 부동산 정책을 이렇게 하지 않았으면 저는 주식 투자나 코인 투자는 시작도 안 했을 것 같아요. 덕분에 돈을 많이 벌었지만 지난 2~3년 동안 속은 그리 편하지 않았습니다."

여러 가지 생각이 들었다. 문재인 정부의 부동산 정책은 세금 규제와 대출 규제 말고는 없었다. 솔직히 평가하자면 정책이 아니었다. 단순한 수요 억제책일 뿐이었으니까. 결국 그 부동산 수요 억제책 때문에 투자 수요가 어느 정도는 주식과 코인으로 이동할 수밖에 없었고 기대 이상의 성공을 한 사례가 주변에 꽤 많아졌다. 이 후배 말고도 몇 명이 비슷한 성공을 했으니까.

아직도 정부의 대출 규제와 세금 규제가 우리의 보금자리를 마련해줄 수 있을 것이라 믿고 있는가? 주식시장과 코인 시장은 솔직히 잘 모르겠다. 하지만 오롯이 실력으로 돈들을 번 것은 아닌 것 같다. 여전히 하이 리스크 하이 리턴처럼 보이는 것도 사실이다. 그렇다고 부동산 투자만을 하라는 말은 아니다. 2030 젊은 후배들이 그저 단기간 부자가 되기 위한 노력만 하고 있는 것은 아닌지, 현재의 대한민국 경제 시장 참여자들이 우려될 뿐이다. 투자와 투기를 구분하려고 하지 않기 바란다. 다시 말하지만 아무것도 하지 않는 것보다는 무엇이라도 하자. 제대로 공부하면서 하자. 그리고 리스크는 늘 헤지할 수 있는 준비가 되어 있어야 한다.

투자 시장은 늘 움직인다. 상승하는 시장과 하락하는 시장이 공존한다. 많은 이가 선택의 기로에서 고민한다. 의사결정의 결과에 대한 책임은 스스로 지는 것이다. 부디 나의 조언이 투자 의사결정에 도움이 되길 바랄 뿐이다.

나이 불문! 당장 안정적으로
거주할 곳 확보하라

한줄요약　집은 투자 상품이 아니다. 안정적인 거주지 확보가 일순위다.

집값 상승·하락이 중요한 것이 아니다. 임차로 살든 자가로 살든 선택의 여지가 있던 주거 시스템이 이제 누구든 집을 사야 하는 시스템으로 바뀌고 있다는 것이 문제다. 이 시스템이 고착되면 정말 상당히 심각한 문제가 된다. 설마 그렇게 되겠느냐고? 과거에는 매수할 생각이 전혀 없던 다세대주택, 빌라까지 매수하고 있다. 가지고 있는 금액에 집을 맞추려다 보니 아파트 매수는 불가능하고 다세대주택, 빌라를 선택할 수밖에 없는 궁지에 몰린 것이다.

이 추세가 계속되면 누구에게 가장 큰 손해일까? 어떤 유명한 분이 이런 말을 하는 것을 들었다. "그 투기꾼 놈들, 추가로 집 못 사는 것 보니

속이 다 시원하다!" 나는 이런 생각을 했다. '정말 속이 없는 분이구나.'

돈이 없는 사람들도 어떻게든 거주할 집을 마련해야 한다. 내 집 마련이 어렵기 때문에 임대주택을 선택해야 하는데, 임대주택 대부분은 민간 다주택자들이 공급해야 한다. 여기서부터 문제가 발생한다. 다주택자들이 추가 집을 사야 전세든 월세든 시장에 공급이 될 텐데 지금처럼 다주택자를 엄청나게 규제하는 정책 내에서는 집을 한 채 더 사는 것이 매우 어렵다. 이미 있는 집도 매도하려고 하는 상황이다. 세금 때문이다.

정부에서는 다주택자들에게 세금을 많이 걷고 있다. 왜 그럴까? 다주택자들이 얄미워서? 아니다. 돈 쓸 곳이 많기 때문이다. 소위 복지 기금들이다. 더군다나 코로나로 인해 쓸 돈이 더 많이 필요한 상황이다. 이미 공짜로 퍼 주기 시작한 복지 기금은 줄일 수 없다. 줄이려는 시도가 시작되는 순간부터 지지표가 줄어들 테니까. 세금은 계속 더 많이 필요할 것이다. 정권이 바뀌어도 크게 달라지지 않았다. 돈을 추가로 만들어 올 데가 거기밖에 없기 때문이다.

결국 다주택자들의 숫자는 계속 줄어들 것이다. 전세, 월세 물량도 계속 줄어들 것이다. 전세, 월세가 공급되지 않으면 결국 무주택자들은 선택지가 줄어든다. 집을 사야 한다.

문제는 고기도 먹어 본 사람이 고기 맛을 알듯, 집도 사 본 사람이 어떤 집이 좋은 집인지 안다는 것이다. 부익부 빈익빈이 더 가속화될 것이다. 왜냐하면 좋은 집에 대한 수요는 계속 증가하겠지만 좋은 집은 숫자가 한정되어 있기 때문이다.

여전히 폭락을 주장하는 전문가들이 있다. 정치인들도 있다. 곧 폭락할 것이니 기다리라는 것이다. 좋다. 기다릴 수 있다. 단, 기다리는 한계 시간이 정해져 있으면 말이다. 하지만 기다리는 그 기간 동안에도 여전히 살 집은 필요하다는 팩트에 대해서는 아무도 말을 안 한다.

집은 늘 필요하다. 호텔, 여관에서 자는 것은 임시방편일 뿐, 가족 단위로는 무조건 집이 필요하다. 예전에 부동산 공부하다가 깜짝깜짝 놀랄 때가 많았다. 1990년 임대차 의무 기간이 1년에서 2년으로 연장됐을 때 엄청난 전세 가격 상승이 있었다, 그 이후로도 전세 시장은 안정되지 않았다. 2020년 임대차 의무 기간이 2년에서 4년으로 연장됐다. 그 후 1년 동안 엄청난 전세 가격 상승이 있었고 아마도 계속 상승할 것이다. 임대차 기간을 연장하면 할수록 임대 물건이 묶인다는 것은 이제 누구나 다 아는 사실이다. 혹시나 하지만 늘 역시나다. 왜 자꾸 같은 실수를 반복할까?

부자들은 지금 오히려 여유가 있다. 주식에도 이제 꽤 많이 투자한다. 코인도 한다. 심지어 손해 봐도 상관없다고 한다. 돈은 다른 쪽에서도 계속 벌고 있으니까. 돈을 벌지 못하는 사람들만 계속 고통받고 있다. 집 살 돈이라도 있는 사람은 그나마 사정이 나은 것이다. 집 살 돈이 없는 젊은 친구들은 주식이나 코인을 한다. 무리한 베팅을 할 수밖에 없다.

절대 손해 보면 안 되는 돈이 있다. 종잣돈이다. 손해를 봐도 되는 돈이 있다. 말 그대로 여윳돈이다. 종잣돈으로 투자하는 사람과 여윳돈으로 투자하는 사람 중 누가 돈을 벌 확률이 더 높을까?

부동산도 마찬가지다. 이미 집이 있는 세대와 집이 없는 세대의 재테크는 확률 차원에서도 천지 차이다. 너무 많이 올랐으니 지금은 집을 살 때가 아니라고 말하는 사람이 있을까? 실제 거주할 집은 오롯이 단기 투자 상품이 아니다. 투자 목적보다는 실거주 목적이 훨씬 더 크다. 말 그대로 보금자리로서의 역할이다. 집을 주식, 코인처럼 투자 상품으로만 보는 사람들과는 친하게 지내면 안 된다. 내 인생만 피곤해진다.

미분양 통계는 착시다

한줄 요약 숫자에 속지 마라. 아파트 미분양은 계속 감소 추세다.

국토교통부에서 발표한 미분양 통계 자료와 관련해 수도권 미분양이 증가한다는 기사들이 꽤 많이 보이길래 2021년 9월 말 기준으로 데이터를 직접 살펴봤다. 서울부터 살펴보자. 서울의 미분양 통계는 그대로다. 신규 분양한 물량 중에서는 미분양이 단 한 세대도 없었고, 준공 후 미분양이 55세대 있다. 준공 후 미분양은 악성 미분양이라고 한다. 매수 수요가 없는 경우다. 통상적으로 입지가 나쁘거나 가격이 비싸거나 상품 경쟁력이 떨어지는 경우에 발생한다.

서울 내 준공 후 미분양 주택을 검색해 보면 강동구 길동의 원룸형 주택 경지아리움 37호가 미분양 상태이고, 강동구 천호동의 초소형 주

| 구분 | 2016/12 | 2017/12 | 2018/12 | 2019/12 | 2020/12 | 2021/06 | 2021/07 | 2021/08 | 2021/09 | 전월 대비 | |
										증감	증감률(%)
계	56,413	57,330	58,838	47,797	19,005	16,289	15,198	14,864	13,842	△1,022	△6.9
수도권	16,689	10,387	6,319	6,202	2,131	1,666	1,381	1,183	1,413	230	19.4
서울	274	45	27	151	49	65	59	55	55	0	0.0
인천	3,053	1,549	1,324	966	466	334	341	339	440	101	29.8
경기	13,362	8,793	4,968	5,065	1,616	1,267	981	789	918	129	16.3
지방	39,724	46,943	52,519	41,595	16,874	14,623	13,817	13,681	12,429	△1,252	△9.2
부산	1,171	1,920	4,153	2,115	973	1,048	982	951	962	11	1.2
대구	915	126	362	1,790	280	1,017	1,148	2,365	2,093	△272	△11.5
광주	554	707	58	148	31	66	54	39	36	△3	△7.7
대전	644	759	1,183	724	638	565	527	503	471	△32	△6.4
울산	481	855	997	1,269	468	407	405	403	467	64	15.9
강원	3,314	2,816	5,736	5,945	3,115	1,517	1,496	1,296	1,301	5	0.4
충북	3,989	4,980	4,560	1,672	273	541	553	340	324	△16	△4.7
충남	9,323	11,283	7,763	5,569	2,510	1,856	1,738	1,320	1,205	△115	△8.7
세종	0	0	0	0	0	0	0	0	0	0	0.0
전북	2,382	1,881	1,607	1,043	661	258	227	311	176	△135	△43.4
전남	1,245	627	1,663	1,857	1,059	1,335	1,298	1,247	1,235	△12	△1.0
경북	7,421	7,630	8,995	6,122	2,154	1,952	1,757	1,721	1,495	△226	△13.1
경남	8,014	12,088	14,147	12,269	3,617	3,074	2,699	2,285	1,794	△491	△21.5
제주	271	1,271	1,295	1,072	1,095	987	933	900	870	△30	△3.3

자료: 국토교통부

택 현진리버파크 9호와 광진구 자양동 자양호반써밋플레이스 5호, 구로구 오류동의 도시형 생활주택 다원리치타운 4호가 추가된다. 일반적인 20평형대 이상 아파트의 미분양은 단 한 세대도 없다. 세종시와 더

불어 미분양이 전혀 없는 광역 지자체다.

인천 미분양은 2021년 8월까지 총 339호였다가 9월에 101호가 증가해 총 440호가 됐다. 신규 추가된 인천 미분양 물량은 미추홀구 문학동의 에스아이파크 107호다. 순수 증가분이 101호이고 신규 추가된 미분양이 107호니까 기존 미분양이 감소한 것이다. 특히 에스아이파크는 아파트가 아니라 대규모 빌라 단지다. 결국 인천광역시 역시 아파트 미분양은 계속 감소하고 있다.

경기도는 8월까지 총 789호가 미분양 세대였는데 9월에 129호 증가해 918호가 되었다. 신규 미분양으로 조사된 주택을 보면 용인시 처인구 이동읍의 도시형 생활주택 리메인시티인데 총 247호 미분양됐다. 247호의 신규 미분양을 감안하고 129호 순수 증가했다면 경기도 역시 아파트 미분양이 감소했다.

결국 아파트 미분양은 여전히 감소하고 있는 추세이며, 사상 최저의 미분양 기록을 경신하고 있다. 이런 사정이다 보니 경기도와 인천광역시의 아파트 시세 상승률이 연일 최고가를 경신하는 것이다.

수도권 입주 물량 추이(2020~2023년)

(단위: 호)

지역	2020년	2021년	2022년	2023년
경기도	122,724	113,607	106,264	88,758
서울특별시	49,455	31,727	20,520	22,085
인천광역시	17,821	19,258	37,269	40,327

자료: 부동산114

인천광역시의 2021년 입주 물량은 1만 9,000호 정도다. 2022년 입주 물량은 3만 7,000호, 2023년 입주 물량은 4만 호 정도다. 2022년이 인천광역시에 가장 중요한 시기가 될 듯하다. 미분양이 증가할 것인지, 그래서 시세 조정까지 연결될 것인지 매월 미분양 통계를 지켜볼 필요가 있다.

반면 경기도의 입주 물량은 2021년 11만 3,000호였는데, 2022년 10만 6,000호, 2023년 8만 8,000호로 2년 연속 감소한다. 경기도의 상승률이 지역에 따라 등락 차이가 심할 듯하다.

하지만 수도권의 시세 및 미분양 키는 늘 그래 왔듯 서울특별시가 쥐고 있다. 2020년 입주 물량이 4만 9,000호가 넘었지만 2021년 3만 1,000호로 크게 줄었고, 2022년은 2만 호, 2023년은 2만 2,000호 정도가 예정돼 있다. 인천의 입주 물량이 증가한다 해도 서울시의 수요가 인천시로 분산된다면 인천시 부동산 시장은 2021년처럼 계속 상승할 수도 있다.

경기도 주요 지역과 서울 주요 지역의 부동산 시장은 쉽지 않은 시장이 될 전망이다. 어떤 수치를 봐도 내 집 마련이나 임차로 이사를 가야 하는 세대들에게 부담이 될 것으로 보인다. 미리 이사 대책을 세워야 할 것이다.

인천광역시는 예측이 어려운 시장이다. 입주 물량만 보면 당연히 조정돼야 할 시장이다. 인천시 자체 수요만으로는 꽤 오랜 기간 해소해야 하는 양이기 때문이다.

인천광역시 서구 인구 이동 현황(2018/12~2021/12)

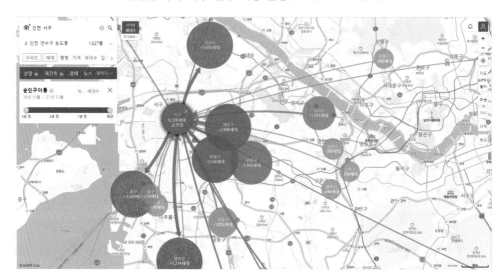

자료: 호갱노노

하지만 광역 교통망이 좋아지고 서울, 경기, 인천 간 이동이 많아진 최근 주거지 선택 트렌드를 고려하면 서울이나 경기도에서 인천을 대체 수요지로 선택할 가능성도 높아 보인다. 왜냐하면 인천은, 서울은 말할 것도 없고, 경기도와 비교해서도 가격이 월등히 낮기 때문이다. 그리고 여러 가지 개발 호재로 입지 기반 시설이 좋아지는 곳이 많아 실제 이주를 많이 하는 것도 사실이다.

미분양 통계를 분석하는 것은 현재 큰 의미가 없다. 금융위기 전후와 비교하면 전국 모든 지자체의 미분양 수치는 미미한 수준이다. 오히려 입주 물량과 지역 간의 이동 통계에 주목해야 할 듯하다.

다시 말하지만 서울, 경기, 인천 지역 내에서 이사해야 하는 세대는 미리미리 이사할 집을 마련해야 한다. 매매든 전세든 월세든 말이다. 미리 준비하지 않으면 상승장이든 하락장이든 이사 자체가 힘들 것이다. 그래서 늘 준비가 되어 있어야 한다.

절대

원칙

아전인수 말고 시장을 보라

◇◇◇◇◇◇◇◇◇◇

향후 시장 전망을 많이 물어보는데, 내 생각에는 폭등도 없고 폭락도 없을 것 같다. 제도권에서 주장하는 것과 시장의 현실은 대체로 다르다. 늘 그랬던 것 같다. 지역별로 의미가 있거나 없는 수준으로 상승만이 있을 뿐이다. 당연한 말이다. 왜 상승하는지는 이제 대부분 알고 있다. 집을 사지 못하게 규제로 막고 있다 보니 그 부작용으로 매매든 전월세든 미미한 상승이 이어지고 있는 것이다.

안타까운 사실은 현시점에서 집을 매수할 수 있는 사람은 어느 정도 자산 축적이 된 사람이라는 것이다. 서민층이라고 할 수 없는 사람들이다. 그러다 보니 현재 여당이든 야당이든 집을 살 수 있는 사람을 고려한 정책 자체가 나오기 어려운 상황이었다. 지난 4년간 문재인 정부의 부동산 규제 정책 속에는 이런 사정이 고스란히 반영되어 있었다.

하지만 근본적인 해결이 아니라 단기적이고 임시방편적인 정책에는 늘 문제가 발생한다. 이번 문제는 다주택자의 문제가 아니다. 오히려 무주택자와 1주택자에게 발생했다. 4년이라는 시간 동안 무주택자들이 주택 구입이 더 어려워졌다는 것이다. 그리고 자산 축적이 추가되지 않은 1주택자들은 상급지는커녕 동급지로 이사하는 것도 거의 불가능에 가까워졌다.

결국 정치권에서는 그동안 강하게 밀어 왔던 정책을 지속해서 추진할 수 없는 한계에 봉착했다. 그동안 무주택자들의 편에서 혹은 1주택자들의 편에서 정책을 추진해 왔는데 이제 그 지지층 유지마저 녹록지 않은 상황이 된 것이다.

더 심각한 것은 주택 구입의 잠재 수요층뿐 아니라 주택 구입과 관계없이 임차인으로 살고자 하는 세대, 즉 현 정부의 절대적인 지지층에게도 문제가 발생한 것이다. 전월세 가격이 상승하고 있고, 중요하게도 그 가격대의 임차 물건조차 점점 줄어들고 있다. 서울에서 거주 주택을 확보하기가 점점 더 어려워질 것이다.

상황이 이렇다 보니 현재 여당의 정책 지지층 비율이 크게 줄어들었다. 아마 지지층 비율은 점점 더 줄어들 것이다. 선택할 수 있는 주택의 숫자가 줄어드는 만큼 말이다. 수요는 공급으로 해결하는 것이 가장 좋은 방법이다. 늘 그랬지만 결국 감정적인 대응이 아니라 이성적인 대응이 올바른 방법이다.

다시 말하지만 거래가 거의 어려운 조건이기 때문에 큰 폭의 상승과 하락은 없다. 상승을 해도 하락을 해도 미미한 수준일 것이다. 다만 내 자산이 증가하지 않는 이상 내가 희망하는 지역의 희망하는 주택에 거주할 확률이 점점 줄어들 것이다. 세상에 나만을 위한 맞춤 정책은 없다. 당장은 이익이 될 것처럼 보여도 이렇게 시간이 지나면 부메랑이 되어 더 빠른 스피드로 역공을 당하게 된다. 이에 대한 책임은 본인이 져야 한다. 누구를 원망해도 방법이 없다.

정부가 보기에는 현재 부동산 시장이 안정되었다고 할 수도 있다. 기존 전세 세입자의 거주 연한이 4년으로 늘어났고 다주택자가 투자할 수 없는 조건이니, 다주택자들이 물건을 시장에 내놓기만 하면 결국 내 집 마련 쪽으로 수요가 옮겨 갈 수도 있을 것이라 판단했기 때문이다.

하지만 임대차 2법(계약갱신청구권, 전월세 상한제)은 결국 기존 임차 세대들에게 4년이라는 시한부 경제적 지대를 마련했을 뿐, 그 이후 어떻게 이사해야 할지에 대한 방향성조차 제시하지 못하고 있다. 게다가 임차인들이 선호하던 전세 물량까지 축소되고 있고, 임차로 거주하기 위해서는 결국 월세를 선택할 수밖에 없는 조건으로 내몰리고 있다. 전세가 없고 월세만 있는 시장, 과연 그 이후 대한민국 월세 시세는 만족할 만한 수준일까? 절대 아닐 것이다. 월세가 만족스러운 나라는 전 세계 어디에도 없다. 미국, 영국, 프랑스는 물론 복지 강국 북유럽 국가, 심지어는 공산주의 국가에서도 임대료는 비싸기만 하다. 이 점이 나는 가장 걱정된다.

이런 문제를 해결하기 위해 정부는, 그리고 특히 서울시는 무엇을 했나 싶다. 서울의 부동산 시장이 가장 엉망이다. 시대착오적인 도시 재생 프로젝트와 구시대적 용적률 규제, 재건축 불허로 인한 토지의 비효율적 사용 등 이해할 수 없는 문제들을 방치하고 있다. 정부에서 지자체의 이런 말도 안 되는 부동산 조치들을 제대로 인식하고 있었는지도 궁금하다. 오히려 앞장서서 더 망치고 있었던 것인지도 모르겠다.

"집 팔 기회 드리겠습니다"라고 호기롭게 외치던 사회수석은 자신의 주택 재건축 성공에 이어 단지 앞을 광역철도 역세권으로 만드는 놀라운 부동산 투자 실력만 증명했다. 기획재정부 장관은 세입자의 계약갱신청구권 발동으로 이주비를 지불하는 해프닝을 벌이기도 했고, 일부 청와대 참모진의 다주택 보유 논란으로 인해 정책의 선의도 훼손됐다.

그럼에도 불구하고 부동산 시장은 스스로 계속 진도를 나가고 있다. 2022년 1~2월 현재 시장이 안정된 것처럼 보이기도 한다. 하락 지역까지 발생했으니 말이다. 그래서 이제 집값이 폭발적으로 오르지 않으니 시장이 안정화되었다고 할 수 있는가? 여전히 서울에 작은 아파트 한 채 마련하는 것은 대다수가 불가능하고, 저렴한 전세는 찾을 수가 없고, 월세가 계속 보일 뿐이다. 단순히 집값이 내려가는 것만이 주거 안정이라고 할 수 없다. 대한민국 경제가 망하는 것이 주거 안정의 전제조건이 되어야 할지도 모르는데 정책 목표가 이것이었다는 점이 문제라는 뜻이다.

향후 아파트 시장이 어떻게 등락해 갈지 정확히 예측할 수는 없다. 하지만 시장 조건들이 갈수록 주거 안정 달성이 힘들어지는 쪽으로 가고 있음은 누구나 알 수 있다. 이미 문재인 정부는 손을 놓았다. 이제 새로운 대통령과 정부가 이 문제를 해결해 가야 한다. 해결할 수 있을까? 솔직히 정부를 믿고 기다리기에는 이제 신뢰가 깨져 버렸다.

나의 결론은 이렇다. 그렇게 정부와 정부를 추종하는 제도권 전문가들 이야기 듣지 말고 내 집 마련 하루라도 빨리 하라고 수없이 말씀드렸다. 지금도 늦지 않았다고 생각한다. 여전히 기다리고 있다는 분들께 다시 말씀드린다. "여러분이 그 주택을 포기하지 않고 있는 이상, 그 아파트 시세가 빠질 가능성은 매우 낮습니다." 지금이라도 할 수 있는 사람들은 최선을 다해 내 집 마련을 해야 한다. 내가 드릴 수 있는 조언은 여기까지다.

최악의 전세난 해결법

한줄요약 인허가나 입주 물량 탓 아니다. 전세 매물이 나오게 해야 한다.

'김현미가 만든 '빵', 5년 전 박근혜 정부보다 28% 적다'

'5년 전 전국 주택 인허가 물량은 70만 가구가 넘었으나, 금년 10월까지의 누적 인허가 물량은 38.2만 가구에 불과'

'인허가 부족으로 인해 앞으로 5년간 전세난은 더 심화될 전망'

위와 같은 2020년 12월 〈조선일보〉 보도 내용에 대해 국토교통부는 바로 반박 자료를 냈다.

"2017년 이후 주택 인허가 물량은 주거 수요가 많은 수도권 및 서울을 중심으로 예년 수준이 유지되고 있다"는 것이다. 특히 "선호도가 높은 아파트의 경우 모든 지역에서 인허가가 예년 대비 증가했고, 이에 따라

2019년 서울 아파트 착공 물량도 역대 최고치를 기록했다"고 반박했다.

이에 대한 근거로 제시한 통계 수치가 '서울 APT 착공 물량: 2.5만 호 (2008~2012), 3.3만 호(2013~2016), 5.1만 호(2017), 4.5만 호(2018), 5.4만 호(2019)'다. 따라서 "향후 주택 인허가 부족으로 인해 전세난이 더 심화될 수 있다는 보도는 사실과 다르다"며 "정부는 실수요자를 위한 충분한 물량의 주택이 안정적으로 공급될 수 있도록 주택 공급 확대를 위해 지속적으로 노력하고 있다"고 덧붙였다.

또한 "2017년 '주거복지로드맵'을 통한 공공주택 105.2만 호 공급 발표, 2018년 3기 신도시 지정 등 '수도권 30만 호 공급 계획' 발표, 금년 5·6 대책 및 8·4 대책, 11·19 대책에 이르기까지 주택 공급 확대를 위한 과제 발굴과 후속 조치에 만전을 기하고 있다"고 강조했다.

문재인 정부의 주요 공급 대책 현황을 정리해 보자.

주요 공급 대책 현황

대책	연도	주요 내용
주거복지로드맵	2017	· 서민 주거 안정을 위해 공공주택 105.2만 호 공급(~2022년) · 공공임대 70.2만 호, 공공지원 20만 호, 공공분양 15만 호
수도권 30만 호 공급계획	2018	· 3기 신도시 5곳 등 수도권 내 30만 호 공급
주거복지로드맵 2.0	2020	· 공공주택 지속 공급으로 2025년 공공임대 재고 240만 호 달성
5·6 대책	2020	· 2022년까지 서울 도심 내 7만 호 부지 확보, 2023년 이후 수도권에 연평균 25만 호+α 수준의 주택 공급
8·4 대책	2020	· 2028년까지 서울 중심으로 수도권 내 127만 호 공급 (신규 공급 13.2만 호)
11·19 대책	2020	· 2022년까지 전국에 11.4만 호의 전세형 주택 공급

자료: 국토교통부

정부는 8·4 대책을 기점으로 실수요자를 위한 충분한 주택 공급에 정책 주안점을 두고, 꾸준한 공공택지 공급은 물론 공공재개발·재건축 등 도심 내 주택 공급 확대를 위한 정책을 발표했다고 강조했다.

11월 19일 발표한 '서민·중산층 주거 안정 지원 방안'에서도 이러한 방침을 재확인하고, 민·관의 역량을 총동원해 단기간 내 주택을 집중 공급하겠다는 계획을 밝힌 바 있다. 꾸준한 공급 대책 추진으로 2021~2022년 수도권·서울에는 예년(2010~2019년)보다 각각 연 4.9만 호, 1.2만 호 많은 주택이 공급될 전망이며, 아파트 또한 수도권은 연평균 18.6만 호(예년 대비 4.3만 호 증가), 서울은 연평균 3.9만 호(예년 대비 0.5만 호 증가)가 공급된다고 발표했다.

특히 2023년 이후에는 공공택지 공급 효과가 본격화되면서 아파트를 중심으로 주택 공급이 대폭 증가한다고 한다.

- 수도권 아파트: 연평균 15.4만 호(2011~2022년) → 연평균 22.2만 호(2023~2027년)
- 서울 아파트: 연평균 3.7만 호(2011~2022년) → 연평균 5.9만 호(2023~2027년)

- 2013~2015년 공공택지 지정이 적어 택지 재고가 충분치 않아
- 2017~2018년 공공택지에서의 인허가가 감소했던 것과 달리,
- 2018년 이후 대규모 공공택지 지정이 이어지며

- 2019년 공공택지 인허가 실적이 반등하는 등
- 2023년 이후 주택 공급 확대를 위한 기반이 실제로 착실히 마련되고 있다며, 현재 공급 물량이 줄어드는 것은 이전 정부의 택지사업 감소 정책 때문이었다고 비판했다.

공공택지 지정 실적과 인허가 비교(2013~2019년)

(단위: 만 호)

	2013년	2014년	2015년	2016년	2017년	2018년	2019년
공공택지 지정 실적	0.1	0.0	0.5	3.0	0.8	5.5	14.6
공공택지 인허가	13.1	15.3	22.0	18.9	15.4	13.9	16.0

자료: 국토교통부

결론으로 "이번 정부의 제도 개혁으로 주택 시장이 실수요자 중심으로 재편됐으며, 정부는 현 상황에서 최선의 주거 안정 방안은 실수요자를 위한 양질의 주택 공급 확대라고 판단하고 있다"면서 "앞으로도 꾸준하게 공공택지를 추가 발굴해 나감과 동시에, 민간 주도의 주택 공급이 활성화될 수 있도록 제도 개선 과제를 지속 발굴해 나가는 등 충분한 주택 공급을 위해 총력을 다하겠다"고 보도자료를 발표했다.

정부 반박 자료로 제시한 통계 자료에 일일이 코멘트를 하고 싶지는 않다. 실제 부동산 문제를 해결하기는커녕 아무 의미 없는 논쟁만 되풀이하기 때문이다. 중요한 것은 현재 대한민국 부동산 시장에서 벌어지고 있는 사상 최악의 전세난을 어떻게 해소할 것이냐다.

다음 그래프는 2000~2023년의 서울 아파트 입주 물량이다. 지난

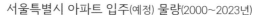

서울특별시 아파트 입주(예정) 물량(2000~2023년)

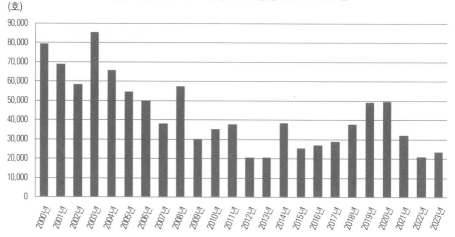

자료: 부동산114

10년 중에서는 2019년, 2020년 입주 물량이 최대였다. 중요한 건 바로이 부분이다. 입주 물량이 최대였는데 왜 전세난이 최악이 되었을까? 인허가를 많이 해 줘도 실제 분양까지 연결되는 것은 많지 않다. 분양이 된다 하더라도 실제 시장에서는 엉뚱한 결과가 발생하는 것을 쭉지켜봐 왔다.

현재 시장에 전세 물량이 없는 것이 문제지, 입주 물량이 문제가 아니었다는 것이다. 결국 인허가나 착공 물량이 아니라 다른 문제가 있는지 깊이 있는 반성과 대책이 필요하다.

또 하나 팩트 체크를 해 보자. 2019년, 2020년 입주 물량이 많을 수있었던 것은 이로부터 3년 전인 2016년, 2017년 분양 물량이 많았기

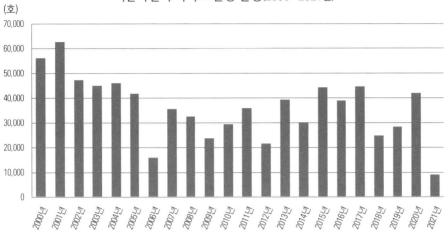

서울특별시 아파트 분양 물량(2000~2021년)

자료: 부동산114

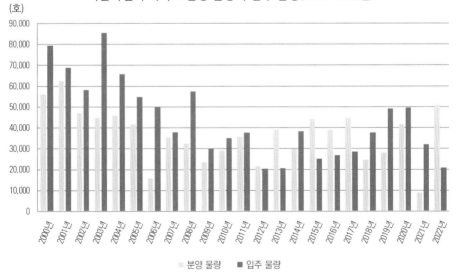

서울특별시 아파트 분양 물량과 입주 물량(2000~2022년)

분양 물량　■ 입주 물량

자료: 부동산114

때문이다. 하지만 2018년, 2019년 분양 물량이 급감했다. 당연히 3년 후인 2021년, 2022년 입주량이 급감할 것이다. 많은 시장 전문가가 걱정하는 부분이 바로 여기다. 입주 물량이 많을 때도 전세난이 심화됐는데 입주 물량이 크게 줄면 전세난이 더 심각해지는 것은 자명한 일이니까.

지금 중요한 것은 인허가 물량, 착공 물량, 분양 물량, 입주 물량에 대한 논란이 아니다. 어떻게 하면 이 사상 최악의 전세난을 극복할 수 있느냐 하는 것이다.

답은 하나다. 시장에 전세 매물이 많이 나오게 해야 한다. 정책적으로 묶여 있을 수밖에 없는 전세 물량들이 쏟아져 나올 수 있도록 제도적인 개선이 필요하다. 현재 벌어지는 물량 논쟁은 대한민국 부동산 문제의 본질과는 완전히 동떨어진 논의라는 것을 다시 한번 확인하고 싶다.

임대차 2법(계약갱신청구권, 전월세 상한제)같이 시장의 기능에 역행하는 법은 폐지하자. 잠수교로 걸어가면 될 길을 굳이 한강으로 헤엄쳐 가라고 하는 알 수 없는 지침은 그만 나왔으면 좋겠다.

내 집 마련 관련 이슈 4가지

정부는 경쟁자도 적도 아니다. 내 편이라 여기고 활용하자.

"1~2년 살고 말 게 아니라 적어도 20년을 살 수 있는 '현명한 내 집 마련'을 하고 싶어요."

2020년 7월 10일 정부의 부동산 대책 발표가 있은 후 구독자들로부터 많이 받은 질문이다. 질문에 대한 답변을 네 가지 이슈로 정리해 봤다.

그 전에 분명히 해 두고 싶은 전제가 있다. 이왕 내 집 마련을 하는 것이면 매도할 때 내가 산 시세보다 올라와 있기를 희망할 것이다. 국토교통부의 주거실태조사 결과를 보면 자가 거주 세대는 통상적으로 11년 전후를 거주한다. 11년 후에 집값이 확실히 상승해 있기를 기대하는 것은 당연한 욕심이다. 이런 측면에서 보면 내 집 마련도 결국 장기 투자의 일환이다. 집값 하락을 예상하고 내 집을 마련하는 경우는 없기 때문이다. 내 집을 마련하려는 사람도 가격이 상승할 조건을 갖춘 아파트를 구매해야 한다는 뜻이다.

규제 지역 내 대출 규제

우선 살펴봐야 할 것은 '규제 지역 내 대출 규제에 대한 전망'이다. 대출 규제 정책은 한쪽으로만 과열되는 것을 막으려는 정부의 의도다. 실수요자가 아닌 투자 세력이 대출을 받아 단기 매매를 함으로써 아파트 시세가 급등하는 것을 막기 위함이다. 결국 아파트 투자를 적당한 선에서 통제하는 정도지, 완전히 거래를 막는 경우는 없다. 매매·전세 담보 대출을 통한 단기성 투자를 막거나 일부 지역으로 지나치게 수요가 몰리는 것을 방지하기 위한 경고성 메시지 정도로 보면 된다.

대출을 규제할 정도의 지역에 이미 내 집을 마련한 실수요자라면 맘 편하게 거주하면 된다. 사람들이 좋아하는 입지, 즉 수요가 많은 아파트를 선택했으니 미래 가치가 하락할 리스크가 적다. 물론 그런 지역이라도 이미 시세가 많이 오른 뒤 매수하려면 일정 기간 하락하지 않을지 따져 봐야 한다. 하지만 이 또한 장기간 소유하거나 거주할 세대라면 크게 걱정할 일이 아니다.

반대로 대출 규제 정책과 무관한 지역, 즉 비규제 지역이면 상대적으로 사람들의 선호도가 낮은 지역이니 매수 여부를 고민해 봐야 한다.

꼭 거주해야 하는 상황이면 오히려 전세나 월세로 거주 형태를 선택하는 것도 방법이다.

3기 신도시 정책

다음으로 살펴볼 것은 '3기 신도시 정책에 대한 전망'이다. 3기 신도시는 문재인 정부가 뒤늦게 내놓은 공급 정책의 일환이며 차기 정부의 1순위 부동산 정책이다. 노무현 정부의 2기 신도시, 이명박 정부의 보금자리 주택, 박근혜 정부의 행복주택과 같은 정책적 결과물이라고 보면 된다.

특히 3기 신도시는 시간의 문제지, 공급은 될 것이다. 다만 실거주를 위해서는 상당 시간 대기해야 한다는 걸 전제해야 한다. 그래야 3기 신도시에 대한 대처 방법이 나온다.

만약 당장 거주할 집이 필요한 세대라면 다른 청약 전략 혹은 이사 전략을 세우면 된다. 되도록 목표로 하는 3기 신도시가 개발되는 지자체 내에 거주해야 한다. 그래야 청약 당첨 가능성이 조금이라도 더 높아지기 때문이다.

하지만 현재의 거주 가치가 더 중요한 세대에게는 3기 신도시를 기다리는 게 합리적인 선택인지 따져 봐야 한다. 또한 3기 신도시의 개발·입주로 수요층을 빼앗기는 기존 도심의 전망도 고려해 볼 필요가 있다.

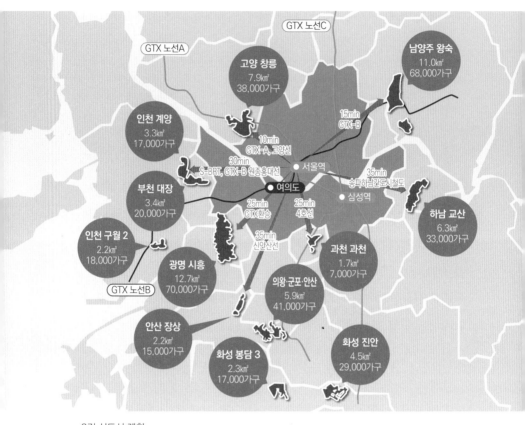

3기 신도시 계획

    해당 지자체에 거주하는 인구 총량은 정해져 있는데 그 총량을 가지
고 수요층을 나누어야 하는 지역은 기존 도심의 아파트 거주민들이 싫
어할 수 있다. 따라서 3기 신도시가 어떤 지역에 들어오느냐를 가지고
호재인지 비호재인지 따져 봐야 한다.

세금 규제 강화 정책

어떤 정부든 부동산이 침체된 시장보다 활성화된 시장을 선호한다. 그래야 국가 예산으로 활용할 세금이 더 걷히기 때문이다. 취득세는 해당 지자체, 양도소득세는 정부의 주요 수입원이다. 보유세에는 지자체 수입원인 '재산세'와 정부 수입원인 '종합부동산세'가 있다.

결국 정부가 부동산 세금을 더 걷으려는 건 국가 예산이 부족하다는 걸 보여 주는 셈이다. 어떤 정부든, 지자체장이든 국민의 저항이 발생하지 않는 수준에서 세금을 최대한 많이 걷고 싶어 할 것이다. 문재인 정부의 부동산 정책도 조세 저항이 어느 수준까지 발생하는지 테스트하고 있는 듯하다.

향후 세금 중과를 축소할 수도, 강화할 수도 있지만 결국 과거보다는 세금을 더 많이 낼 수밖에 없는 사회가 됐다. '자산이 증가한다면, 그리고 소득이 많다면 세금을 내야 한다'는 자세로 부동산 활동에 임하면 좋겠다. 그게 곧 선진국이 되는 길이다.

'이익이 발생하면 세금을 낸다'고 생각하며 정부 정책을 보면 서서히 익숙해질 것이다.

해외 부동산 벤치마킹

마지막은 '벤치마킹한 해외 부동산 정책'이다. 이 부분에는 역으로 질문하고 싶다. 어느 나라의 부동산 시장처럼 되면 좋을까? 일본? 미국? 중국? 영국? 북한?

대통령을 포함한 그 누구도 일본과 같은 폭락을 경험하고 싶진 않을 것이다. 정부는 부동산이 적당히 활성화되고 세금이 꾸준히 걷히는 정책을 원한다. 속마음 또한 부동산 투자층이 계속 꾸준한 수익을 얻고 이를 통해 부동산 거래와 소득이 모두 노출돼 세금을 안전하게 걷을 수 있길 원할 것이다.

당연히 누구도 일본처럼 거품이 생긴 뒤 붕괴로 이어져 세금을 걷을 수 없게 되는 사태를 희망하진 않는다. 그런 측면에서 보면 세금을 확실하게 걷을 수 있는 매매와 월세만이 가능한 나라를 벤치마킹할 가능성이 높다. 미국이 대표적이다. 그래서인지 전세를 축소하려는 시도도 보인다. 핵심은 국민들의 조세 저항을 최대한 억제하면서 세금을 꾸준히 걷을 수 있는 방향이다.

이제까지 '현명한 내 집 마련'에 대한 답변을 4가지로 나눠서 정리해보았다. 1~2년이 아니라 20년 이상 거주할 내 집을 마련하고 싶은 사람들에게 제안할 수 있는 가장 현실적인 조언은 정부 정책을 예견하지 말고 어떻게 활용할까에 집중하라는 것이다.

정부는 경쟁자도, 적도 아니다. 우리 편이라고 생각한 뒤 그에 대한 전략을 짜는 게 가장 합리적인 태도와 방법이다.

이유 있는 하락

한줄요약   사야 할 아파트는 많다. 사면 안 될 곳도 많다.

전국 226개 시·군·구 중 아파트 전세 가격이 연간 단위로 하락한 지역은 단 한 곳도 없다. 입주 물량 감소와 임대차 3법의 영향으로 임차세대의 회전이 되지 않기 때문에 지역에 관계없이 시장에서 거래될 수 있는 전세 매물이 나오기 전까지 전세 가격은 여간해선 조정되기가 어려울 듯하다.

2021년 매매 시세 상승률 최하위 지역은 전라남도였다. 목포시가 꽤 오랜 기간 조정을 받았기 때문이다. 목포가 하락한 이유는 단순 명쾌하다.

17개 광역 지자체 매매가와 전세가 상승 순위(2021년)

매매 상승 순위		증감률(%)	전세 상승 순위		증감률(%)
1	인천광역시	32.60	1	인천광역시	18.04
2	경기도	28.33	2	경기도	14.63
3	제주특별자치도	24.28	3	제주특별자치도	14.19
4	대전광역시	19.89	4	대전광역시	12.59
5	강원도	18.10	5	충청북도	11.88
6	충청북도	17.07	6	서울특별시	11.13
7	부산광역시	16.59	7	충청남도	10.78
8	서울특별시	15.61	8	경상남도	10.60
9	충청남도	15.04	9	울산광역시	10.49
10	광주광역시	14.83	10	부산광역시	9.16
11	전라북도	13.78	11	강원도	9.03
12	경상남도	12.06	12	대구광역시	8.46
13	경상북도	11.99	13	경상북도	7.44
14	울산광역시	10.93	14	전라북도	7.25
15	대구광역시	9.30	15	광주광역시	6.59
16	세종특별자치시	5.80	16	전라남도	4.43
17	전라남도	4.39	17	세종특별자치시	4.13

자료: KB부동산

목포시 인구 이동 현황(2018/12~2021/12)

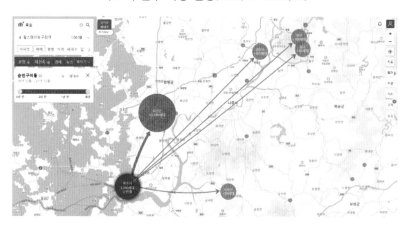

자료: 호갱노노

목포시 주택 매매 가격의 전월 대비 증감률(1986~2022년)

	전월 대비 증감률(%)												전년 말 대비 증감률(%)
	1월	2월	3월	4월	5월	6월	7월	8월	9월	10월	11월	12월	
1986년		0.54	0.00	0.00	0.00	−0.54	0.00	0.00	0.00	0.11	0.00	0.00	
1987년	0.00	−0.75	0.00	−0.43	2.61	0.00	0.53	0.53	6.09	0.00	3.36	0.00	12.37
1988년	−0.48	0.00	0.00	−0.42	0.88	6.45	1.47	5.40	1.99	0.00	−1.13	0.00	26.12
1989년	1.06	−5.93	0.16	0.00	0.24	0.00	0.00	0.00	0.00	−4.53	2.41	0.00	−6.68
1990년	−0.33	0.33	0.16	2.03	0.00	−0.16	0.08	0.00	0.00	−0.08	0.00	−1.04	0.98
1991년	−0.24	−1.21	0.00	0.00	0.16	0.00	0.00	0.00	−0.16	0.16	−1.39	−3.72	−6.28
1992년	−0.43	−0.09	0.00	−1.30	−1.31	0.00	−1.06	−0.81	−0.27	−0.72	−1.28	−0.09	−7.13
1993년	−0.09	−0.37	−1.02	−0.28	−0.47	−0.09	−0.38	−0.57	−0.38	0.10	−0.38	−0.19	−4.07
1994년	−0.19	−0.10	11.90	−10.98	−0.29	−0.10	−0.19	−0.49	0.00	−0.29	−0.20	−0.20	−2.41
1995년	−0.20	0.00	0.00	−0.10	0.00	−0.20	−0.10	−0.10	0.00	−0.10	−0.30	−0.10	−1.19
1996년	0.00	0.00	0.00	−0.10	0.00	0.00	−0.30	0.10	0.00	0.00	−0.30	0.00	−0.60
1997년	0.00	−0.30	−0.10	0.00	0.00	0.00	−1.11	−0.72	−0.21	0.21	0.10	0.00	−2.11
1998년	0.00	0.00	0.00	0.00	−4.52	−0.22	−0.22	0.00	0.00	0.00	0.00	0.00	−4.93
1999년	0.54	1.61	0.00	0.00	0.00	−1.38	1.50	−0.11	0.00	0.32	0.00	0.00	2.49
2000년	0.00	2.00	0.21	0.62	0.00	−0.31	0.00	0.21	0.00	0.41	0.00	−0.41	2.74
2001년	−0.92	−0.31	−0.10	−0.52	−0.10	0.21	0.00	−0.21	−0.10	0.00	0.00	0.10	−2.05
2002년	0.00	−0.84	0.00	0.00	0.11	0.11	−0.53	−0.21	−0.11	−1.28	−1.40	−0.98	−5.03
2003년	0.00	−0.11	0.00	−0.33	−0.55	−1.23	0.15	−0.47	−0.42	−1.24	−0.24	−0.03	−4.38
2004년	−0.20	−0.58	−0.46	−0.14	−0.38	−0.03	−0.15	−0.38	−0.46	−0.08	−0.03	−0.09	−2.95
2005년	−0.15	0.07	−0.11	−0.15	−0.67	0.01	0.18	−0.34	0.41	0.20	0.18	0.37	−0.02
2006년	0.08	0.28	−0.22	0.02	0.11	0.19	0.08	0.02	0.18	0.44	0.14	0.19	1.52
2007년	0.29	0.28	−0.25	0.07	0.11	−0.10	−0.01	0.00	0.30	−0.25	−0.16	−0.30	−0.01
2008년	−0.09	−0.16	−0.06	−0.06	−0.11	−0.03	0.09	−0.05	0.01	0.03	0.76	0.08	0.39
2009년	−0.20	−0.05	0.19	0.03	0.17	0.16	0.14	0.09	0.12	0.09	0.03	0.28	1.06
2010년	0.13	0.52	0.15	0.53	0.21	0.15	0.30	0.37	0.54	0.61	1.33	0.70	5.68
2011년	0.71	1.02	1.43	1.27	5.36	2.17	0.19	1.34	0.82	0.69	0.96	1.37	18.66
2012년	0.40	0.29	0.35	0.43	0.22	−0.05	−0.02	0.01	−0.06	−0.40	−0.15	−0.25	0.76
2013년	−0.24	−0.15	−0.13	−0.32	−0.10	−0.43	−0.08	−0.07	0.00	−0.03	−0.11	−0.27	−1.92
2014년	−0.07	−0.18	−0.11	−0.32	−0.08	−0.31	−0.19	−0.09	−0.12	−0.02	0.00	−0.27	−1.74
2015년	−0.10	0.00	0.02	0.13	0.06	0.20	0.09	0.06	0.07	0.14	0.57	0.04	1.29
2016년	0.04	0.16	0.16	0.09	0.07	−0.04	−0.04	−0.07	0.07	0.17	0.19	0.09	0.88
2017년	0.15	0.09	0.05	0.10	0.03	0.00	0.06	0.10	0.17	0.10	0.11	0.05	1.01
2018년	0.09	0.11	0.14	−0.03	0.00	0.03	0.04	0.08	0.04	0.08	−0.05	0.08	0.61
2019년	−0.06	−0.37	−0.11	0.00	−0.02	−0.12	−0.02	−0.14	−0.08	−0.20	−0.03	−0.03	−1.17
2020년	−0.01	−0.40	−0.26	−0.26	−0.07	−0.17	−0.60	−0.11	−0.24	−0.46	−0.20	−0.13	−2.87
2021년	−0.43	0.02	0.01	0.00	0.00	−0.09	−0.01	−0.17	−0.06	0.54	0.76	0.48	1.05
2022년	0.12												0.12
평균	−0.03	−0.15	0.34	−0.01	0.04	0.13	0	0.09	0.23	−0.16	0.1	−0.12	0.57

자료: KB부동산

지난 3년간 목포의 세대 전입·전출 결과를 살펴보면 무안군으로 이주한 세대가 무려 2,390세대다. 무안에 목포 인구를 유인할 대규모 호재가 있었던 것일까?

목포에서 가장 인기 있는 주거 지역은 하당동이었다. 상동이라고도 한다. 하지만 남악신도시가 개발되면서 메인 주거지가 남악신도시로 이전했다. 남악신도시는 전라남도청이 있으며 전라남도의 행정타운으로 개발되고 있다. 신도시로서 기존 도심에 없는 최신 기반 시설이 생기는 곳이다.

전라남도 주요 지역의 입주 물량을 살펴보자.

무안의 전체 아파트 재고량이 1만 8,035호인데 2020년에만 3,229세대가 입주했다. 같은 생활권인 목포에도 2,667세대가 입주했다. 목포

전라남도 아파트 입주(예정) 물량(2013~2023년)

(단위: 호)

지역	전체	2013년	2014년	2015년	2016년	2017년	2018년	2019년	2020년	2021년	2022년	2023년
전라남도	371,259	11,090	15,549	11,630	12,935	8,652	11,747	9,687	13,506	10,242	7,520	8,497
순천시	80,508	1,696	2,902	3,558	1,632	2,541	1,367	3,013	2,026	1,226	1,734	3,224
여수시	71,666	2,056	4,094	2,100		1,451	552	2,067	1,374	2,651	1,587	845
목포시	68,257	2,002	2,041	942	2,569	513	764	1,610	2,667	1,204	640	1,052
광양시	50,578	2,113	1,645		1,498	616	420			3,233	704	2,892
나주시	30,953		2,297	3,907	5,140	2,011	4,638		1,478		1,630	
무안군	18,035	2,124	935	102	204	291	140		3,229	137	208	
화순군	13,698		34	570	406				612	1,263		
영암군	10,040	130	365		273	804	2,519	1,636			150	100

자료: 부동산114

도 전라남도 내 수요가 많은 입지다. 인구 증감은 있지만 외지로 수요가 거의 빠져나가지 않는 곳이라는 의미다. 그런데도 시세가 빠졌다.

입주 물량 때문이다. 물량에는 장사 없다는 사실이 다시 한번 입증된 것이다. 같은 생활권인 무안군과 함께 입주 물량이 시장에서 단기간 소화할 수 없을 정도로 많아 1년 이상 조정된 것이다. 2021년 하반기에 정상화된 이유가 여기에 있다. 더 이상 입주 물량의 부담이 없기 때문이다.

두 번째 지역은 대구광역시 중구다. 2019년 하반기부터 2021년 3분기까지 크게 급등한 후 2021년 4분기부터 조정되고 있다. 조금 더 지켜봐야겠지만 2022년부터 현재 재고량 대비 꽤 많은 입주 물량이 대기하고 있어 매매든 전세든 조정장을 준비할 필요가 있어 보인다. 주거 입지

대구광역시 아파트 입주(예정) 물량(2013~2024년)

(단위: 호)

지역	2013년	2014년	2015년	2016년	2017년	2018년	2019년	2020년	2021년	2022년	2023년	2024년
대구광역시	9,358	9,771	15,495	27,831	23,249	14,323	10,875	15,549	17,156	20,840	34,128	20,948
달서구	2,655	950	2,034	3,464	38	2,095	3,403	1,045	1,533	5,098	2,240	4,732
북구	657	3,092	1,469	3,694	6,663	1,371	2,793	4,658	4,642	820	3,138	2,590
수성구	2,414	347	1,939	1,223	244	1,826	2,289	2,182	1,995	2,437	5,975	1,803
동구	2,891	3,210	2,151	4,279	3,168	3,828		3,130	5,374	1,751	8,561	3,962
달성군		665	6,217	14,800	11,707	3,586	1,480	3,520	2,118	2,622	2,083	568
중구	730	1,445	1,557	43	1,021	882		348	987	4,625	4,214	3,759
서구	11	38	26	127	90	12	76	44		902	7,072	1,404
남구		24	102	201	318	723	834	622	507	2,585	845	2,130

자료: 부동산114

대구광역시 중구 주택 매매 가격의 전월 대비 증감률(2003~2022년)

	전월 대비 증감률(%)												전년 말 대비 증감률(%)
	1월	2월	3월	4월	5월	6월	7월	8월	9월	10월	11월	12월	
2003년										0.14	−1.65	−1.27	
2004년	−0.46	−0.14	−1.27	−0.16	0.28	−0.24	−1.10	−0.57	−0.39	0.09	−0.27	−0.67	−4.79
2005년	0.18	0.04	0.25	3.94	0.37	0.06	1.10	0.12	1.30	0.22	0.01	0.50	8.34
2006년	0.15	0.23	1.04	0.31	0.00	0.01	−0.08	0.01	−0.07	0.43	−0.10	−0.14	1.80
2007년	−0.06	0.00	−0.01	−0.04	−0.13	−0.19	−0.09	0.00	−0.09	−0.02	−0.01	−0.07	−0.71
2008년	−0.04	−0.05	−0.11	−0.05	−0.03	−0.01	−0.02	−0.01	−0.05	0.00	−0.04	−1.43	−1.83
2009년	−0.15	−0.21	−0.31	−0.28	−0.01	−0.03	0.00	0.03	0.18	0.36	0.00	0.00	−0.41
2010년	−0.06	0.02	0.02	−0.01	0.05	−0.02	−0.01	−0.01	−0.01	1.27	0.06	−0.01	1.27
2011년	0.00	0.07	0.14	0.03	0.18	0.19	0.03	0.34	1.22	0.78	0.79	0.31	4.15
2012년	0.25	0.29	0.24	0.65	0.03	0.09	0.32	0.17	0.10	0.14	0.40	1.03	3.77
2013년	0.30	0.63	0.31	0.16	0.27	0.09	0.43	0.06	0.23	0.05	0.25	0.52	3.35
2014년	0.26	0.07	0.42	0.71	0.18	0.32	0.19	0.05	0.32	0.76	0.32	0.80	4.48
2015년	0.67	1.03	0.85	0.98	0.44	1.19	0.97	0.72	0.32	0.37	0.36	0.10	8.29
2016년	0.06	−0.02	−0.04	0.02	−0.05	0.03	−0.02	−0.07	0.02	0.04	−0.01	0.05	0.01
2017년	0.00	0.02	0.00	0.00	0.00	0.00	0.04	0.16	0.41	0.13	0.45	0.10	1.32
2018년	0.03	0.00	0.40	0.16	0.08	0.10	0.57	0.29	1.24	0.82	0.39	0.09	4.24
2019년	0.00	0.04	0.01	0.07	0.04	−0.01	0.19	0.21	0.22	0.35	0.13	0.19	1.45
2020년	0.05	0.09	0.07	0.03	0.05	0.28	0.45	0.15	0.57	0.18	1.10	1.28	4.37
2021년	2.30	1.81	1.64	1.55	0.44	0.76	0.53	0.02	0.13	−0.03	0.42	−0.02	9.93
2022년	−0.04												−0.04
평균	0.19	0.22	0.20	0.45	0.12	0.15	0.19	0.09	0.31	0.32	0.14	0.07	2.72

자료: KB부동산

선호도가 떨어지는 구축 아파트들은 2022~2023년 시세 조정이 불가피할 것 같다.

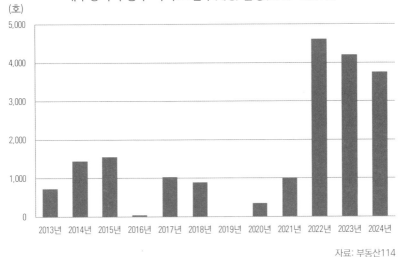

대구광역시 중구 아파트 입주(예정) 물량(2013~2024년)

(호)

자료: 부동산114

세 번째 지역은 세종특별자치시다. 세종시는 2020년 상승률 1위 지역이다. 2020년 크게 상승했던 가격이 2021년 하반기부터 조정되기 시작했다. 한동안 약보합세가 지속될 것으로 보인다.

2020년에 주변(대전, 청주, 천안)이 규제 지역으로 지정되어, 가장 강한 규제를 받던 세종으로 수요가 더 몰렸고, 입주 물량도 줄어 세종시 시세가 상승할 수밖에 없는 조건이었지만 2021년 시장은 달랐다.

세종의 가격 상승 대비 대전, 청주, 천안의 시세가 상대적으로 경쟁력을 얻었고, 세종시의 입주 물량 역시 2020년 대비 크게 증가했다. 따라서 2021년에는 약보합 시장이었고, 입주 물량이 크게 줄어드는 2022년부터 회복될 것으로 전망된다.

세종특별자치시 아파트 입주(예정) 물량(2011~2024년)

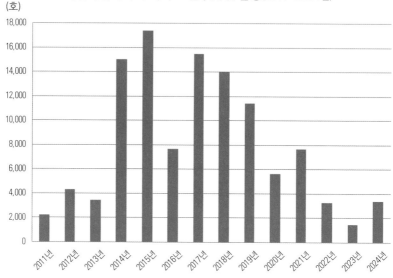

자료: 부동산114

정리해 보자. 2017~2019년에는 상위 지역이 주로 상승했다. 2020년에는 중위 지역이 주로 상승했고 2021년에는 하위 지역이 주로 상승했다. 상위 지역에서 수급이 꼬이자 중위 지역으로 수요가 밀려났고, 중위 지역마다 수급이 꼬이자 하위 지역으로 수요가 밀려났다. 이 과정에서 수급이 꼬인 지역들은 거래량이 미미한 가운데 신고가를 경신하고 있고, 하위 지역들은 거래량이 급증하는 가운데 사상 최대 호황을 누렸다. 이런 상황에서 2022년을 맞이했다.

이제 '묻지 마 매수'를 조심할 타이밍이 온 듯하다. 상급 입지, 상급 상품들은 시간이 해결해 주는 투자를 할 수 있지만 하급 입지, 하급 상품들은 시간이 오히려 결함이 될 수 있다.

물론 지금도 사야 할 아파트는 많다. 하지만 지금부터는 사면 안 될 부동산도 증가하고 있다. 두 부동산은 반드시 구분해야 한다. 케이스 스터디로 위 3개 사례를 반복해서 살펴보자.

2020 주거실태조사 결과

한줄요약 정부는 국민이 원하는 주거 지원 프로그램을 가동해야 한다.

국토교통부는 국토연구원에 의뢰해 2020년 7~12월 표본 5.1만 가구를 대상으로 실시한 2020년도 주거실태조사 결과를 2021년 8월에 발표했다. 주요 발표 내용을 보면 주거복지로드맵, 신혼부부·청년 주거 지원 방안 등 지속적인 주거 복지 향상을 위해 노력한 결과, 국민 주거의 질적 측면이 개선되는 성과가 있었다고 자평했다.

그 근거로 첫째, 최저주거기준 미달가구의 비중이 2019년 5.3%에서 2020년 4.6%로 감소하고, 1인당 주거 면적은 2019년 32.9㎡에서 2020년 33.9㎡로 증가했다.

두 번째, 공공임대주택 거주 가구의 만족도는 2019년 93.5%에서

2020년 94.4%로 개선됐고, 전체 가구 중 공공임대주택 입주 의향이 있는 가구도 2019년 33.9%에서 2020년 35.6%로 증가했다.

세 번째, 그간 지속적인 주택 공급에도 불구하고, 역대 최고 수준의 가구 분화로 인해 자가점유율은 57.9%로 2019년(58.0%)과 유사한 수준이나, 자가보유율은 2019년 61.2%에서 2020년 60.6%로 감소했다. 전체 주택 입주 물량은 2019년 51.8만 호, 2020년 47.1만 호로 과거 10년 평균 46.9만 호 대비 많았던 반면, 가구 수로는 2018년 30.5만 가구, 2019년 36.4만 가구, 2020년 58.4만 가구가 인구주택총조사 결과 증가했다고 비교했다.

앞으로도 정부는 무주택 서민의 주거 안정을 위해 그동안 발표한 공급 대책 등의 신속한 추진과, 2025년까지 장기 공공임대주택 재고 240만 호 확보(재고율 10%)를 위해 지속 노력할 계획이라고 포부를 밝혔다.

주거실태조사를 3번이나 담당했던 조사기관 연구원으로서 한숨이 먼저 나왔다. 주거실태조사는 말 그대로 대한민국 전체 주거실태를 조사하는 것이다. 최저주거기준 미달가구와 공공임대주택 거주 가주 조사가 중심이 되고 주택 공급보다 가구 분화가 더 많았다는 변명을 들으려고 하는 조사가 아니라는 의미다.

현재 대한민국 주거실태는 심각한 문제에 빠져 있다. 대부분의 세대가 원하는 지역, 원하는 주택으로 이사 가지 못하고 있다. 그럼 왜 그런지에 대한 분석부터 시작돼야 한다. 그러나 최저주거기준 미달가구가 감소하고 공공임대주택 만족도가 높아졌다는 것이 조사 결과 발표의

지역별 자가보유율(2006~2020년)

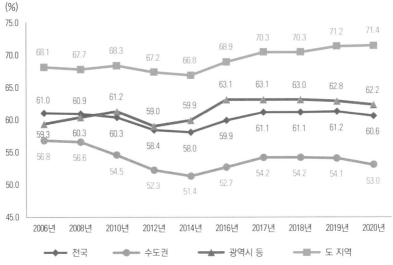

자료: 국토교통부

거의 전부였다.

이건 아니다 싶었다. 조사 주관 기관에서 의미 있는 리포트를 발표할 계획이 없는 듯하니, 과거 주거실태조사를 진행했던 실무 연구원의 도의적 책임으로 대한민국 주거실태의 현실과 대안을 이야기해 보고자 한다.

먼저 자가보유율이다. 자가보유율 현황을 보면 전국 평균 0.6%p 감소했다. 지역별로 보면 수도권이 무려 1.1%p 감소했고 광역시가 0.6%p 감소했다. 반면 도 지역은 0.2%p 증가했다. 수도권과 광역시급 도시는 내 집 마련이 더 어려워진 것이다. 그럼 수도권과 광역시의 내 집 마련을 위한 정책들이 대안으로 제시되어야 한다.

점유 형태별 현재 주택 거주 기간(2006~2020년)

(단위: %, 년)

구분		1년 미만	1~2년	2~3년	3~5년	5~10년	10~15년	15~20년	20~25년	25년 이상	계	평균
자가	2006	5.1	7.0	7.3	15.7	22.0	17.2	8.5	5.8	11.3	100.0	11.0
	2010	3.8	6.3	7.0	13.0	24.1	16.8	10.8	7.1	11.1	100.0	11.4
	2014	5.8	7.5	6.6	11.6	21.4	18.6	9.9	8.1	10.5	100.0	11.2
	2016	5.6	9.1	7.9	12.3	21.0	16.0	10.4	8.0	9.7	100.0	10.6
	2017	4.0	8.5	8.4	13.3	19.4	16.3	10.9	8.9	10.4	100.0	11.1
	2018	5.2	9.0	7.5	15.0	19.4	15.2	10.2	8.2	10.3	100.0	10.7
	2019	5.3	7.6	7.4	15.5	21.4	14.8	9.8	7.8	10.4	100.0	10.7
	2020	4.9	7.1	8.8	14.3	22.7	14.5	9.0	8.4	10.3	100.0	10.6
전세	2006	22.4	22.9	16.1	18.2	13.9	4.5	1.3	0.4	0.3	100.0	2.9
	2010	16.6	24.2	17.4	19.0	14.4	5.7	1.4	0.8	0.4	100.0	3.3
	2014	17.0	22.3	16.6	19.7	15.3	6.1	1.8	0.9	0.3	100.0	3.5
	2016	16.7	23.4	17.1	19.1	15.9	5.0	1.4	1.0	0.5	100.0	3.4
	2017	13.3	24.7	16.5	19.3	17.3	5.5	2.1	0.9	0.4	100.0	3.6
	2018	18.8	23.1	15.1	20.1	15.4	4.6	1.8	0.7	0.4	100.0	3.3
	2019	20.9	23.2	16.8	19.2	13.1	4.1	1.7	0.7	0.3	100.0	3.0
	2020	16.3	27.3	18.6	18.9	12.5	4.3	1.1	0.7	0.4	100.0	3.0
보증금 있는 월세	2006	27.3	21.3	13.3	16.1	11.8	7.5	1.6	0.7	0.4	100.0	3.2
	2010	21.8	23.7	14.5	16.1	15.0	5.2	2.9	0.6	0.2	100.0	3.3
	2014	26.0	19.8	12.7	18.0	13.6	5.7	2.2	1.5	0.4	100.0	3.4
	2016	24.3	21.9	12.4	14.9	16.9	5.4	2.0	1.5	0.7	100.0	3.5
	2017	21.6	25.6	13.5	14.8	15.7	5.2	1.8	1.2	0.7	100.0	3.4
	2018	25.2	21.5	13.4	15.8	14.3	5.8	2.1	1.1	0.8	100.0	3.4
	2019	26.4	20.8	12.9	16.6	14.5	5.5	1.6	0.8	0.8	100.0	3.2
	2020	21.6	25.3	15.6	15.3	13.3	5.6	1.5	1.2	0.8	100.0	3.2

자료: 국토교통부

점유 형태별 현 주택 거주 기간을 보면 자가 거주의 경우 10.6년째 거주하는 것으로 조사됐고 전세는 3년, 월세는 3.2년 정도 거주하는 것으로 파악된다. 그렇다면 내 집 마련을 할 경우 주택담보대출을 10년 이상 장기적으로 충분히 제공해야 하고, 전세 거주 기간이 통상적으로 짧으니 단기 대출을 이용할 수 있게 해 주면 된다.

지역별 주택 가격 대비 대출금 비율(LTV, 2006~2020년)

구분		대출받은 가구 %(전체 가구 %)			
		LTV1	LTV2	LTV3	LTV4
전국	2006	36.5(16.4)	37.3(18.2)	27.7(12.4)	28.3(13.4)
	2010	38.1(16.8)	39.7(19.3)	27.7(12.2)	28.9(13.9)
	2014	37.1(16.1)	37.5(16.8)	28.4(12.3)	28.6(12.7)
	2016	37.8(18.9)	38.2(19.5)	28.8(14.4)	29.1(14.8)
	2017	38.2(17.9)	38.4(18.4)	28.9(13.6)	29.1(13.9)
	2018	37.8(18.6)	38.0(18.9)	29.4(14.4)	29.5(14.6)
	2019	38.1(19.4)	38.2(19.6)	30.3(15.6)	30.4(15.6)
	2020	37.2(20.5)	37.5(20.7)	28.3(15.6)	28.5(15.8)
수도권	2006	35.7(18.5)	36.4(19.7)	26.4(13.7)	26.9(14.3)
	2010	37.4(19.2)	39.0(21.5)	24.6(12.7)	25.6(14.0)
	2014	35.8(16.8)	36.2(17.4)	28.5(13.4)	28.8(13.7)
	2016	36.9(19.7)	37.1(20.0)	28.4(15.1)	28.5(15.3)
	2017	37.1(19.5)	37.3(20.0)	28.2(14.9)	28.4(15.2)
	2018	37.0(19.9)	37.2(20.1)	28.4(15.2)	28.5(15.4)
	2019	36.5(20.6)	36.6(20.9)	28.1(15.9)	28.2(16.1)
	2020	36.1(22.6)	36.3(22.8)	25.9(16.2)	26.2(16.4)
광역시 등	2006	34.5(15.3)	35.2(17.0)	27.0(12.0)	27.5(13.0)
	2010	36.8(16.5)	38.2(19.6)	29.4(13.2)	30.6(15.6)
	2014	36.3(15.1)	36.6(15.7)	27.4(11.4)	27.6(11.8)
	2016	37.9(19.4)	38.3(20.0)	27.9(14.3)	28.3(14.7)
	2017	37.5(17.5)	37.6(17.9)	27.4(12.8)	27.5(13.0)
	2018	35.8(17.2)	35.9(17.5)	26.4(12.7)	26.5(12.9)
	2019	37.6(19.3)	37.7(19.4)	28.7(14.7)	28.8(14.8)
	2020	36.2(18.9)	36.4(19.1)	26.5(13.8)	26.5(14.0)
도 지역	2006	39.3(14.3)	40.5(17.0)	30.3(11.0)	31.3(12.6)
	2010	40.2(14.3)	42.0(16.7)	31.4(11.1)	32.9(12.9)
	2014	39.6(15.9)	40.0(16.7)	28.8(11.6)	29.1(12.0)
	2016	39.2(17.4)	40.0(18.6)	30.2(13.4)	30.8(14.1)
	2017	40.5(16.1)	40.9(16.7)	31.3(12.4)	31.6(12.8)
	2018	40.6(17.8)	40.8(18.3)	33.2(14.6)	33.3(14.8)
	2019	41.1(17.9)	41.2(18.2)	35.2(15.3)	35.3(15.5)
	2020	39.9(19.0)	40.1(19.2)	33.7(16.0)	33.8(16.2)

주1: LTV1 = 금융기관 대출액/주택 구입 가격, LTV2 = (금융기관 대출액+개인 대출액)/주택 구입 가격
LTV3 = 금융기관 대출액/현재 주택 가격, LTV4 = (금융기관 대출액+개인 대출액)/현재 주택 가격
주2: ( ) 안은 대출을 받지 않은 가구까지 포함했을 경우의 LTV

자료: 국토교통부

주택 가격 대비 대출금 비율을 보면 전년(2019년) 대비 축소됐음을
볼 수 있다. 집을 매수하기가 더 어려워졌다는 의미다. 그렇다면 현재
시세에 맞게 대출 제도가 변경되어야 한다.

지역별 가장 필요한 주거 지원 프로그램(1순위)(2017~2020년)

(단위: %)

구분			월세 보조금 지원	전세자금 대출 지원	주택 구입자금 대출 지원	주택 개량·개보수 지원	분양 전환 공공임대 주택 공급	장기 공공 임대주택 공급	공공분양 주택 공급	주거 상담·정보 제공 등	기타	계
전체		2017	10.4	18.7	30.1	9.5	8.0	15.0	5.9	2.5	0.0	100.0
		2018	10.4	18.8	31.7	8.9	9.4	13.6	4.8	2.4	0.0	100.0
		2019	11.1	23.5	31.2	8.0	6.5	11.9	5.7	2.2	−	100.0
		2020	9.8	24.5	34.6	6.9	5.4	11.6	5.3	1.9	0.0	100.0
지역	수도권	2017	9.7	21.2	30.9	5.4	8.4	15.9	6.3	2.1	−	100.0
		2018	8.6	20.1	31.8	6.1	11.3	14.3	5.1	2.6	0.0	100.0
		2019	10.6	26.9	31.3	4.7	6.3	12.2	6.2	1.8	−	100.0
		2020	9.2	27.0	32.5	4.0	6.3	13.1	6.4	1.5	−	100.0
	광역시 등	2017	14.5	18.2	25.9	4.1	8.2	15.4	9.0	4.7	−	100.0
		2018	14.9	20.8	32.0	5.3	5.7	13.1	6.6	1.5	−	100.0
		2019	12.0	18.3	31.9	5.5	10.1	13.2	7.0	1.9	−	100.0
		2020	13.1	25.7	37.2	4.6	4.1	9.2	3.0	3.0	−	100.0
	도 지역	2017	9.6	13.3	30.3	21.8	6.9	12.6	3.5	1.9	0.0	100.0
		2018	12.3	14.0	31.1	18.6	6.6	12.1	2.9	2.4	0.0	100.0
		2019	11.5	18.0	30.4	19.1	4.3	10.1	3.4	3.4	−	100.0
		2020	8.5	16.2	38.6	17.3	3.7	9.2	4.3	2.2	0.0	100.0

자료: 국토교통부

그래서 가장 필요로 하는 주거 지원 프로그램 1위가 주택 구입 자금
대출 지원이고, 2위가 전세 자금 대출 지원이다. 3, 4위 응답과는 큰 격

차를 보이고 있다.

정부 당국에 건의하고 싶다. 국민 대다수를 차지하는 일반 세대의 주거 지원 프로그램도 함께 가동해 주었으면 한다. 그래야 대한민국 부동산 시장이 안정될 수 있다. 매년 엄청난 예산으로 실시하는 이 조사가 조사로 끝나지 않고 실제 정책으로 이어질 수 있기를 간절히 기대해 본다.

정부가 할 일

한줄 요약 공공이 할 수 있는 건 없다. 민간에 맡겨라.

2021년 2월 4일, 정부는 '공공주도 3080+, 대도시권 주택 공급 획기적 확대 방안'을 발표했다. 그리고 이후 시장에서 문제로 제기된 이슈에 대한 설명 자료를 배포했다. 보도 자료 제목은 "'공공주도 서울 32만 호 전국 83만 호 공급 목표'를 반드시 달성할 것입니다"이다.

정부의 의견에 대한 시장 수용 가능성 몇 가지만 타진해 보자.

공공 직접 시행 정비사업으로 달라지는 점

종전 사업	공공 직접 시행 정비사업
조합원 기본 수익	기본 수익 + 10~30%p
사업 리스크 조합원 부담 (인허가, 경기 변동 및 개발 비용 등)	공기업이 리스크 전담
이주까지 평균 13년 소요	5년 이내(8년 내외 대폭 단축)
재건축 초과 이익 환수 + 2년 거주 의무	미적용
산식 방식 기부채납 20~25%	재개발 15%, 재건축 9% 내외
도시·건축 규제	특별 건축 구역+용적률·층수 제한 완화
브랜드 선택권	동일(브랜드 선택권+민간의 창의적 설계·시공)

자료: 국토교통부

공공 직접 시행

공공이 직접 시행 정비사업을 하는 것이 조합원에게 충분히 이득인가? 기존에 조합원들 스스로 사업을 추진할 때 예상되는 수익률보다 10~30%p 높은 수준의 수익률을 보장할 뿐만 아니라 다양한 혜택이 부여된다고 했지만 어떻게 보장할 것이라는 구체적인 내용이 없다. 통상적으로 사업 수익은 원가를 낮추고 판매가를 높여야 가능한데 정부의 정책 취지는 원가를 높이고 판매가를 낮추려는 것이다. 정말 가능할까?

시공 브랜드

조합원·토지주가 시공 브랜드를 선택할 수 있을까? 사업에 동의한 토지주·조합은 우선 공급을 약정하는 계약에 앞서 희망하는 아파트 브랜드(민간 건설사)를 선정할 수 있으며, 선정된 민간 건설사는 아파트 설계와 시공을 담당하게 된다고 한다. 희망 브랜드를 선정하되 공기업에 통지해야 하고 해당 공기업은 해당 민간 건설사와 계약 체결을 한다는 것이다. 토지주와 조합에서 기대하는 것은 1군 브랜드와 계약하는 것일까? 공공 아파트가 아닌 1군 브랜드 아파트 수준의 상품을 기대하는 것일까? 조합의 동의를 끌어내기 위해서는 민간 아파트 수준의 상품을 공급하겠다는 것을 약속해야 한다. 1군 시공사도 주공아파트 이하 상품으로 공급한 과거 사례가 많기 때문이다.

아파트 품질 제고

특별 건축 구역 지정, 건축 면적 확대 등으로 쾌적한 건축이 가능하다는 설명을 보자. 정부는 기반 시설(도로와 공원 등) 기부채납 비율을 15% 이내로 제한해 종전보다 실질 대지 면적이 확대되고 층수 제한도 완화됨으로써, 용적률을 상향하더라도 동 간 적정 거리 확보가 가능하다고 보완 설명했다. 특별 건축 구역을 지정함으로써 일률적인 채광 기준에 맞춘 성냥갑 같은 아파트가 아니라 적정 일조량을 확보할 수 있고 창의적 디자인이 반영된 주거 단지를 조성할 수 있다고도 설명했다. 또한 조합원·토지주의 선택에 따라 아파트 외벽과 내부 마감재를 고급화하고 보육·헬스 등 생활 인프라도 대폭 확충하는 등 전반적인 아파트

품질을 높일 수 있다고 한다.

여기서 의문이 든다. 그럼 왜 지금까지는 이렇게 허가해 주지 않았을까? 왜 특화 설계만 하면 이런저런 딴지를 걸었을까? 지금이라도 민간이든 공공이든 모든 아파트 건설 현장에 적용하면 안 되는 걸까? 왜 굳이 공공에만 이런 특별한 혜택을 주어야 하는지, 오히려 지금까지의 정책에 문제가 있었음을 스스로 인정한 셈이 아닐까?

입주 시기

이번 대책의 사업 입주 시기는 유형별로 1~2년부터 길게는 5~8년가량으로 다양하게 추진될 예정이라고 한다. 특히 신규 도입되는 소규모 재개발, 소규모 주택 정비 관리 지역을 통한 주택 공급, 비주택 리모델링 등은 사업 지정 이후 1~2년 내에 도심 내 주택 공급이 가능하다고 한다.

무엇보다 중요한 것은 도심 내 부지 확보에서 공공이 주도적 역할을 하고 주택 건설·공급에서 민관 협력 체계를 긴밀하게 구축해서 주택 공급 시차가 8년 이상 대폭 단축된다는 것이다. 공공은 복잡한 이해관계를 조율하고 이주 대책 등을 통해 주도적으로 부지를 확보한 후, 통합심의 등 신속한 인허가를 지원한다고 한다. 2·4 대책에도 문자화돼 있지만 2025년까지 부지 확보를 위해 노력하겠다는 것이지, 입주할 수 있는 주택을 공급하겠다는 것은 아니다.

그냥 넘어갔으면 오히려 부각되지 않았을 텐데, 굳이 5년 내 입주가 가능하다는 설명을 왜 했는지 이해가 되지 않는다. 실현 불가능하기 때문이다. 물론 5년 안에 입주할 수 있는 주택 상품들도 있다. 하지만 시장에서, 민간에서 희망하는 주택이 아니고 입지도 아니다. 말 그대로 그것이 가능한 상품들이 있다는 것이지, 시장에서 시급하게 필요로 하는 상품이 아니고 그것으로 시장이 안정화되는 것도 아니다.

도대체 2021~2022년 전세 시장은 누가 책임질 것인지, 민간에서 희망하는 20평형대 이상 아파트 전세는 언제 시장에 나오는 것인지 정부는 여전히 대답이 없다.

그 외에도 질문하고 싶은 것이 너무 많다. 하지만 정부가 입장을 명확히 해 주었으면 하는 것이 있다. 이 정책들의 궁극적인 목적이 무엇이냐는 것이다. 주택 시장의 안정화 아닌가? 자가를 희망하는 사람들에게는 자가 주택 매수의 기회를 주고, 임대주택을 희망하는 사람들에게는 임대주택을 제공하는 것이 이 정책의 방향성 아닌가?

그렇다면 지금 정부에서 하려는 주택 공급 촉진 대책을 그대로 민간 정비사업에 똑같은 수준으로 지원하면 현재 부동산 문제가 해결되는 것 아닌가? 민간이 주도하고 공공이 지원하는 형태가 가장 바람직한 방법 아닐까?

2021년 2월 19일부터 분양한 전월세 상한제 아파트에는 전월세 금지법이 시행됐다. 이제 새 아파트에는 전월세 세입자가 거주할 수 없다. 아울러 대출을 40% 이상 받을 수 없는 세대는 아파트 청약을 신청

할 수 없다. 입주할 돈이 없기 때문이다.

또 공공 정비사업으로 지정됐거나 지정될 가능성이 있는 부동산을 매수한 세대는 조합원 자격이 주어지지 않고 청산을 받아야 한다. 무주택자 중에서 입주권을 통해 주택을 매수하는 방법 하나가 사라졌다는 것이다. 이것이 공공에서 주도하고 있는 대한민국 주택 시장 안정화 정책의 민낯이다.

시세는 누가 정하나?

한줄요약 정부가 아니다. 투기꾼도 아니다. 거기 살려는 사람이다.

부동산 분야에서 가장 중요한 것은 시세다. 입지, 상품, 정책, 수요, 공급 등을 분석하는 이유는 딱 한 가지다. 적정 시세 파악을 위해서다.

'싸다, 비싸다, 높다, 낮다'라는 단순한 평가가 아니라 이 입지에 이 정도 되는 상품의 시세가 타 지역, 타 상품 대비 상대적으로 어느 정도 위치인지 판단하는 것이다. 이 판단을 제대로 하기 위해서는 시세에 대한 인사이트가 필요하다.

한 지역의 시세만 봐서는 그것이 높은지 낮은지 객관적으로 판단하기 어렵다. 그러므로 늘 비교 대상으로 타 지역의 시세를 파악하고 있어야 한다. 그래야 시세에 대한 객관성이 유지된다.

예를 들면 이렇다. 2018년 김현미 전 국토교통부 장관은 분양가 상한제를 실시하는 이유를 설명하면서 당시 고분양가 논쟁이 있었던 과천 주공1단지(현재 과천 푸르지오써밋)를 예로 들었다. 김현미 장관의 지역구인 일산신도시 아파트 평균 시세가 3.3㎡당 1,000만 원 전후인데 과천이 3.3㎡당 4,000만 원이니 시세가 높다고 했다. 그래서 분양가 상한제가 필요한 것이라고 설명했다.

과천이라는 입지에 대해 지식이 없는 일반인들이 언론 보도를 통해 그 내용을 접하면 당연하게 여겼을 것이다. 분양가 상한제라는 정책을 관철하기 위한 정치적 행위로는 성공한 사례였다.

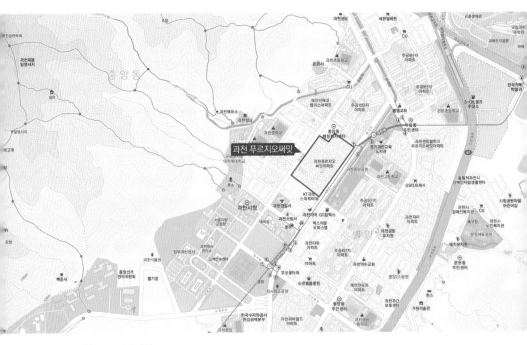

과천 푸르지오써밋*

하지만 과천이라는 입지와 시세를 아는 사람들에게는 어이없는 설명이었다. 과천이라는 입지는 단 한 번도 시세가 낮은 적이 없다. 특히 고양시와 비교할 만한 입지가 아니다.

구체적인 시세로 비교해 보자. 2022년 1월 현재 서울특별시 아파트 평균 시세는 3.3㎡당 4,301만 원으로 전국 17개 광역 지자체 중에서 가

전국 지자체별 아파트 시세(2022년 1월 기준)

지역	평단가
서울특별시	4,301
전국	2,232
세종특별자치시	2,154
경기도	2,051
부산광역시	1,669
인천광역시	1,624
제주도	1,492
대전광역시	1,462
대구광역시	1,326
울산광역시	1,077
충청남도	952
경상남도	940
광주광역시	918
충청북도	902
전라북도	796
경상북도	726
강원도	674
전라남도	659

자료: 부동산114

장 높다. 2위는 세종특별자치시로 2,154만 원이고 대전광역시는 1,462만 원이다. 시세가 가장 낮은 지역은 전라남도로 659만 원이다.

여러분의 한 지인이 대전광역시장이라고 해 보자. 그런데 그분은 고향이 전라남도이고 거의 평생을 전라남도에서 살았다. 이제 대전시장이 되어 대전 내 신규 아파트 분양가의 의사결정을 해야 한다. 조합 등 시행사에서는 3.3㎡당 1,500만 원 정도로 신청했다. 대전에서 가장 좋은 입지의 새 아파트이니 대전시 평균보다 그 정도는 높아야 한다고 본 것이다.

그런데 대전 아파트 시세를 모르는 대전시장이 이렇게 말한다. "내가 평생 살았던 전라남도에 가면 살기 좋은 아파트가 3.3㎡당 700만 원 수준인데 1,500만 원이라니 말도 안 되게 비쌉니다. 분양가를 낮추세요!"

여러분이라면 지인인 대전시장에게 어떤 피드백을 줄 수 있을까?

다시 과천시로 돌아와 보자. 현재 과천시 평균 아파트 시세는 3.3㎡당 5,576만 원이다. 평균이 이 정도이니 새로 입주한 아파트나 재건축을 앞둔 아파트는 시세가 훨씬 더 높을 것이다. 김현미 전 장관이 비싸다고 평가했던 과천 푸르지오써밋은 3.3㎡당 6,800만 원 이상으로 실거래되고 있다. 심지어 과천 푸르지오써밋은 과천시에서 가장 비싼 아파트도 아니다.

김현미 장관의 지역구였던 일산신도시 시세도 지난 몇 년 동안 크게 올랐다. 2019년 입주한 킨텍스원시티는 3.3㎡당 4,000만 원 이상에 거래되고 있다.

경기도 아파트 시세(2022년 1월 기준)

지역	평단가	지역	평단가
과천시	5,576	시흥시	1,600
성남시	3,748	김포시	1,594
하남시	3,011	광주시	1,477
광명시	2,959	의정부시	1,442
안양시	2,620	오산시	1,407
의왕시	2,579	평택시	1,263
구리시	2,372	파주시	1,229
수원시	2,195	양주시	1,214
군포시	2,073	동두천시	1,008
경기도	2,051	이천시	983
용인시	2,047	양평군	938
화성시	2,013	안성시	895
부천시	1,979	포천시	814
고양시	1,807	가평군	590
안산시	1,786	여주시	578
남양주시	1,655	연천군	448

자료: 부동산114

　하지만 일산신도시의 가장 비싼 아파트라 할지라도 과천시 아파트 시세를 넘어서지는 못한다. 과천시의 가장 비싼 아파트라 할지라도 강남구나 서초구의 시세를 넘지는 못한다. 지역마다 수용할 수 있는 시세 수준이 다르기 때문이다.

　최근 들어 주택도시보증공사(HUG)의 분양가 책정 방식과 분양가 상한제에 대한 비판의 목소리가 높아지고 있다. 완벽한 정책은 있을 수

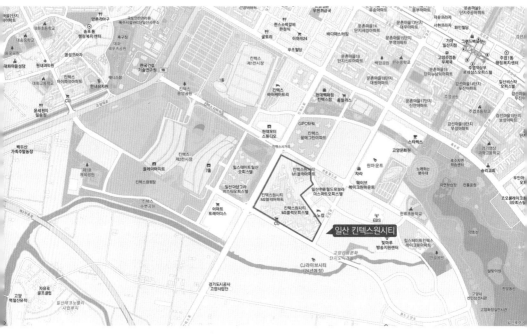

일산 킨텍스원시티*

없다 해도 시장과 동떨어진 가격 책정 방식은 문제가 많다. 문재인 정부의 로또 아파트 양산은 정책의 결과이자 부작용이다. 시세보다 훨씬 낮은 분양가 책정으로 입주 후 첫 거래 때 시세가 2~3배 상승하기 때문이다. 없던 수요층까지 만들어 내고 있다. 공급은 줄어들고 있는데 수요층만 급증하니 가격이 상승할 수밖에 없다.

특정 지역만의 시세로 전체 부동산 시장의 시세를 평가해서는 안 된다. 부동산은 개별성이 강하기 때문이다.《부동산학 개론》1장에 나오는 이론이다.

시장 시세는 정부가 만드는 것이 아니고 투기꾼이 만드는 것도 아니다. 그곳에 살고 있는, 혹은 살려고 하는 국민이 지불하는 가격이다. 이 사실조차 인정하지 않는다면 정부의 가격 책정 논란은 지속될 것이다. 정부의 시장 이해와 합리적인 가격 책정을 기대한다. 시장에 맡기지 않으면 국민들은 계속 혼란스러울 수밖에 없다.

대비하라,
부동산 시장의 블랙스완!

국내 경제 전문가 중에서 2007년 미국발 금융위기를 예측한 사람이 과연 몇 명이나 될까? 없었을 것이다. 적어도 공식적인 매스컴에서는 전혀 없었다. 세계 최고의 경제 강국 미국도 전혀 대비를 못 했고 한국도 마찬가지였다. 2005~2006년은 대한민국 역사상 최고의 부동산 호황기였다. 2007년을 분기점으로 부동산 침체가 시작될 것이라고 내다본 사람은 아무도 없었다. 금융위기는 아무도 예상치 못한, 0%에 가까운 확률의 사건이 발생한 것이었다.

이 시기에 부동산 투자자들은 거의 무방비로 당했다. 초보자든 전문가든, 심지어는 부동산계의 고수라 하는 투자자층도 이 황당한 상황에 망연자실할 수밖에 없었다. 특히 투기성 투자, 즉 묻지 마 투자를 한 사람들에게는 지옥 같은 나날이었을 것이다. 부동산 시장에 뛰어들었던 많은 투자자가 이

때부터 부동산에 대해 회의를 가지기 시작했다. 특히 1997년 IMF와 2007년 금융위기를 모두 경험한 투자자층에게는 끔찍한 트라우마가 되었다.

그런데 이 엄청나게 혼란스러운 시장에서도 큰 피해를 보지 않은 사람들이 생각보다 많았다. 전문가나 전업 투자자가 아니었다. 그것은 부동산 투자라고는 특별히 해 본 적 없이 살아온 우리 부모님 세대였다. 투자든 투기든 전혀 모른 채 자기 집 한 채만을 가지고 평범하게 살아온 분들은 거의 피해를 보지 않았다. 더군다나 우리 부모님 세대는 대부분 대출도 거의 받지 않은 분들이었다. 전반적인 부동산 시장의 급락 속에서도 평소처럼 그저 묵묵히 일만 하면 되는 분들이었다. 그런 시장의 흐름과는 무관한, 안전가옥이라고 할 수 있는 자기 집 한 채가 있었기 때문이다. 특히 아파트 같은 공동주택이 아닌 단독주택(다가구 포함)을 소유한 층은 재산 가치가 오히려 더 높아졌다. 월세까지 받으면 수익률이 더욱 높아졌다.

금융위기를 통해 부동산 시장에 나타난 변화와 각 계층의 대응 행태를 통해 몇 가지 교훈을 얻을 수 있다.

첫째, 대출 없이 집을 소유한 경우에는 부동산 시장의 폭락에도 영향을 거의 받지 않는다.

둘째, 부동산을 전세나 월세 등으로 임대한 경우, 특히 월세로 세팅한 경우는 흔들릴 이유가 전혀 없다.

셋째, 단독주택을 소유한 사람은 어떤 시장에서도 늘 승자다. 단독주택은 건물의 가치보다 땅의 가치가 훨씬 크다. 땅의 가치는 대한민국 부동산 역사상 하락한 적이 거의 없다. IMF 때도, 금융위기 때도 거의 피해가 없는 유일한 부동산 상품이었다.

넷째, 부동산은 입지가 가장 중요하다.

특히 이 네 번째 교훈을 다시 한번 새겨 볼 필요가 있다. 부모님 세대가 살고 있는 곳은 대부분 기반 시설이 잘 갖추어진 곳이다. 입지가 좋은 곳이라는 의미다. 그분들 대부분은 부동산 전문가가 아니다. 오히려 그 반대인 경우가 더 많을 것이다. 그저 하루하루 생활에 충실했고, 어떻게 하면 의식주를 제대로 해결할 수 있을까만 고민하며 생활의 문제를 하나하나 헤치며 살아온 분들이다. 그분들은 생활하기에 편리한 입지를 자연스럽게 선택했을 것이다. 그 입지 위에 안전가옥을 만들어 왔다. 말 그대로 리스크가 매우 낮은 투자를 해 온 것이다.

아파트는 아무리 좋은 입지라 해도 쉬지 않고 계속 오르지는 않는다. 매매 가격도 전세 가격도 마찬가지다. 전세 시세는 앞으로도 쉬지 않고 끊임없이 오를 것이라고 예상하는 사람이 많다. 하지만 이미 몇몇 지역에서 오르지 않는 현상, 오히려 하락하는 현상이 나타나기 시작했다. 소위 역전세다. 부동산 시장의 블랙스완을 대비해야 한다. 이미 위험 징후들이 나타나기 시작한 곳도 있다. 블랙스완을 대비하는 가장 좋은 방법은 부모님 세대의 방법을 벤치마킹하는 것이다.

첫째, 묻지 마 투자는 절대 하면 안 된다. 아무리 이자가 싸다고 해도 무리하게 대출을 받아서는 절대 안 된다. 자신이 투자라고 생각하는 방법이 투기는 아닌지 늘 의심해 봐야 한다.

둘째, 실거주층이 주로 매수하는 시장이 아니라 투자자들끼리 매물을 사고파는 시장은 아닌지 꼼꼼하게 체크해야 한다. 지금 가장 핫한 분양권 시장도 당장 그 수요를 받아 줄 실수요층이 있는 지역인지부터 확인해야 한다. 지방의 중소 도시는 정말 조심해야 한다. 인구가 몇십만 명밖에 안 되는 지역은 몇 명만 달려들어 집중적으로 매수해도 시장이 왜곡될 수 있다. 실거주 위주의 시장은 절대로 폭등하지 않는다. 자연스럽게 상승한다. 아무 이슈가 없는데 갑자기 시세가 오르는 시장, 매물이 갑자기 없어지는 시장은 외부 세력이 들어온 것이다. 지방 소도시는 대부분 그렇다. 초기에 들어간 사람들은 이 시장을 즐길 수 있지만, 남들 따라 정신없이 뛰어들었다가는 불안에 떨게 될 것이다.

가치투자가 어려운 이유는 인간의 본성에 역행하기 때문이다. 어떤 부동산이 상승하고 있을 때 그걸 눈앞에 빤히 두고서도 투자하지 않는 것은 대단히 어려운 일이다. 하지만 대한민국 최고의 부동산 전문가들도 미치도록 매수하고 싶어 했지만 뒤돌아보면 그게 단기 고점이었던 때가 있다. 시세가 대책 없이 하락하니 두려움과 걱정으로 무조건 팔고 싶었을 때가 나중에 보면 바닥이었던 경우가 많다. 가치투자를 할 때는 시세 하락이 기회가 되는 것이다.

부동산이야말로 가치투자가 필요하다. 본질에 충실한 투자를 해야 한다. 부동산의 본질은 입지다. 입지를 알고 투자해야 한다. 입지를 안다는 것은 수요가 있는 지역인지, 적정 가격인지, 지역별 선호 상품이 무엇인지, 미래 가치가 있는지를 파악한다는 것이다. 투자하기에 적합한지를 판단하기 위한 것이다.

기본을 지키는 투자가 안전한 투자다. 안전한 투자를 해야만 부동산 시장에 또 다른 블랙스완이 온다 해도 그 시련을 충분히 헤쳐 나갈 수 있다. 얼마 투자해서 얼마 수익을 냈다든가, 몇 년 만에 가격이 몇 배 올랐다는 경험자들 이야기에 끌려만 다니면 내 집 마련과 나의 투자는 갈 곳을 잃는다. 시장은 혼탁하고 정책은 아리송하고 전혀 다른 정보들이 넘쳐 흐르는 지금 같은 때일수록 중심을 바로 세워야 한다. 확실하게 기본을 갖추어야 한다. 겨울이 아무리 춥고 혹독해도 언젠가는 눈이 녹고 얼음이 풀린다. 준비한 사람만이 기회를 잡는다. 여러분 모두 충실하게 기본을 갖추고 안전하게 투자해서 새로운 인생의 봄을 맞으시길 기원한다.

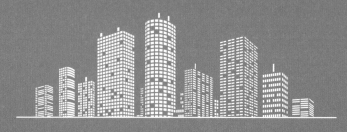

특별 부록

수도권·광역시 1,209개 구역 재건축 재개발 리스트

목차

3장.   수도권·광역시 재개발 리스트

재건축 사업과
재개발 사업

재건축, 재개발이란?

재건축과 재개발 사업은 정비 사업이라고도 하는데, 노후된 주택이나 아파트를 철거하고 새 건물을 짓는 사업이다. 간단히 말해서 재건축이나 재개발이나 둘 다 건물을 다시 짓는 것이다. 간혹 주택 단지가 조성되기도 하지만 대개는 아파트가 신축된다.

서울과 수도권에서 노후 주택이나 아파트는 입지가 매우 뛰어난 곳에 위치한다. 그러므로 노후 주택이 새 아파트로 신축되면 이전 건물과는 비교할 수 없을 정도로 가격이 높아진다. 흔히 아파트를 허물고 아파트로 다시 지으면 재건축이고, 단독주택이나 빌라를 허물고 아파트로 지으면 재개발이라고 생각한다. 반은 맞고 반은 틀린 말이다.

법률상 주택 재건축 사업은 '정비 기반 시설은 양호하나 노후·불량 건축물이 밀집한 지역에서 주거 환경을 개선하기 위해 시행하는 사업'을 의미한다. 정비 기반 시설이란 도로나 주차장 등의 교통 시설, 광장이나 공원 등의 녹지, 학교나 체육관, 전기나 가스 등의 지하 매설물을 수용할 수 있는 공동구 등 생활 편의를 위한 시설을 말한다.

이런 시설이 잘 갖추어진 상태에서 건물만 낡았을 경우 재건축을 한다. 가장 대표적인 경우가 바로 아파트다. 하지만 빌라나 단독주택 단지도 도로나 공원, 공동구 등이 잘 갖추어져 있어서 건물만 새로 지을 경우에는 재건축 사업이다.

정비 기반 시설이 낙후된 곳은 재개발을 한다. 법률상 주택 재개발 사업은 '정비 기반 시설이 열악하고 노후·불량 건축물이 밀집한 지역에서 주거 환경을 개선하기 위하여 시행하는 사업'이다.

그러므로 재건축과 재개발은 아파트냐 주택이냐가 아니라 '정비 기반 시설'의 상태가 어떠냐로 나뉜다. 즉, 건물들이 낡고 오래되었을 뿐만 아니라 골목이 좁아서 차가 드나들기 어렵고 침수 피해도 자주 발생한다면 재개발 지역이 될 수 있다.

재건축은 기존의 정비 기반 시설이 갖추어져 있는 상태이니 기부 채납을 할 필요가 없다. 반면 재개발은 정비 기반 시설이 열악하니 도로, 공원 등을 새로 만들기 위해 기부 채납을 많이 해야 한다.

단독주택이나 빌라가 밀집된 지역은 보통 도로가 좁고 공원이나 공동구 등의 시설이 좋지 않기 때문에 재개발을 해야 할 확률이 높다. 반면 구축 아파트는 이미 도로나 공동구 시설이 좋기 때문에 재건축 사업으로 가는 비율이 높다. 하지만 재개발 구역 내의 아파트나 재건축 지역 안에 있는 다세대 주택을 생각해 보면 주택은 반드시 재개발이고 아파트는 반드시 재건축이라고 할 수는 없는 것이다.

재개발 사업 중 대표적인 것이 뉴타운 사업이다. 뉴타운 사업은 민간의 재개발이 도시 기반 시설에 대한 고려 없이 주택 중심으로만 시행되어 난개발로 이어지자 이에 대한 개선안으로 제안된 것이다. 2002년 서울시에서 추진하기 시작해서 이후 전국적으로 확산되었다.

서울 뉴타운 지정 현황

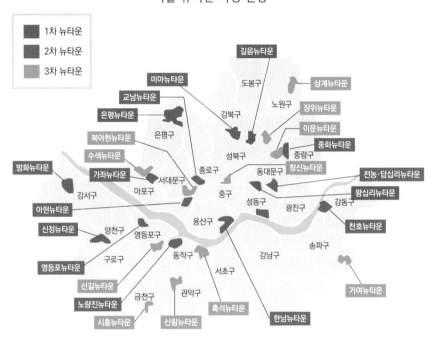

범례
- 1차 뉴타운
- 2차 뉴타운
- 3차 뉴타운

길음뉴타운
미아뉴타운
교남뉴타운
은평뉴타운
북아현뉴타운
수색뉴타운
방화뉴타운
가좌뉴타운
아현뉴타운
신정뉴타운
영등포뉴타운
신길뉴타운
노량진뉴타운
시흥뉴타운
신림뉴타운
흑석뉴타운
한남뉴타운
거여뉴타운
천호뉴타운
왕십리뉴타운
전농·답십리뉴타운
창신뉴타운
중화뉴타운
이문뉴타운
장위뉴타운
상계뉴타운

도봉구
노원구
강북구
은평구
성북구
서대문구
마포구
종로구
동대문구
중랑구
중구
성동구
강동구
광진구
강서구
양천구
영등포구
용산구
구로구
동작구
서초구
강남구
송파구
금천구
관악구

단계별로 살펴보는 재건축·재개발 사업

　재건축과 재개발 사업은 다음과 같은 단계를 거친다.

　가장 먼저 사전 타당성 검토조사가 필요하다. 그리고 정비 구역 지정이 되어야 한다. 재개발 사업은 본래 지자체에서 정비 기본 계획을 수립해 조건에 맞을 경우 정비 구역 지정에 나섰는데 요즘은 상황이 점차 바뀌고 있다. 아파트 가격이 지속적으로 큰 폭으로 상승하자 주민 스스로 재개발을 추진하는 곳이 생겨나는 추세다.

　타당성 조사와 정비 구역 지정까지는 준비 단계다. 실질적인 첫 단계는 추진위원회 설립이다. 조합 설립 추진위원회를 구성해 승인을 받아야 한다. 그러려면 조합 설립의 전 단계로서 조합원 요건이 충족되는 부동산을 가진 예비 조합원의 과반수 동의가 있어야 한다. 조합원은 재건축이나 재개발 사업을 위한 조합 설립 구성원이다.

　추진위원회가 승인되면 조합 설립 인가를 받는다. 조합은 재건축·재개발 사업의 주체로서 법인의 성격을 가지는데 토지 면적 소유자의 2분의 1 이상, 토지 등 소유자의 4분의 3 이상이 동의해야 인가를 받을 수 있다. 아파트로 따지면 동별 소유자의 과반수, 단지 전체 소유자의 4분의 3이 동의해야 조합 설립이 인가되는 것이다.

　다음 단계는 사업 시행 계획 인가다. 이것은 조합에서 추진하는 정비 사업 일체를 최종 확정하는 행정 절차다. 사업 시행 계획이 인가를 받아야 총대지 면적, 용적률, 건폐율, 가구수 등이 결정된다.

　다음은 관리 처분 계획이다. 정비 사업의 시행자가 분양 신청 기간이 종료

된 후 수립하는 계획으로, 이를 통해 분양에 따른 수익과 조합원별 권리가액, 분담금 등이 결정된다.

권리가액이란 조합원이 보유한 부동산에 대해 권리를 주장할 수 있는 실제 금액이다. 감정 평가액에 비례율을 곱해서 계산한다. 감정 평가액은 조합원이 보유한 부동산의 가격을 객관적인 금액으로 평가한 액수다.

비례율은 재건축·재개발 사업의 사업성을 나타내는 지표다. 비례율이 100%보다 높으면 사업성이 좋다고 본다.

분담금은 조합원 분양을 받기 위해 조합원이 내야 할 금액으로, 조합원 분양가에서 권리가액을 뺀 금액이다.

재건축·재개발 사업 진행 과정

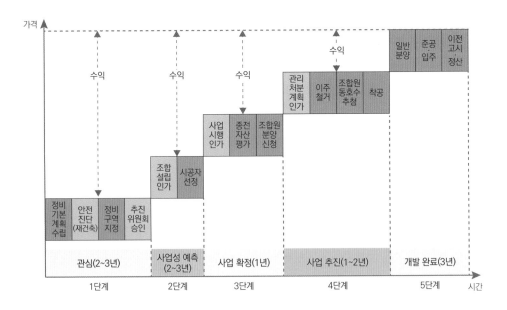

재건축·재개발 사업의 기회와 위험

정비 기반 시설의 상태에 따라 노후 건물의 재건축·재개발이 결정되지만 재건축과 재개발은 조합원의 지위 문제에서도 다르다. 재건축·재개발 사업을 위한 조합 설립 구성원인 조합원은 자신이 가지고 있는 부동산을 재건축·재개발 사업에 내놓는 대신 새로 지어질 아파트를 저렴한 가격에 분양받을 권리를 얻게 된다.

재개발 사업에서는 조합 설립 당시 사업 시행 구역 안에 있는 토지 등의 소유자가 사업에 동의하지 않아도 조합원이 되지만, 재건축 사업에서는 조합 설립에 동의한 자만 조합원이 되고 동의하지 않은 자는 조합원의 지위가 없다.

재건축·재개발 사업을 통해 지어진 신축 아파트는 조합원에게 분양하는 조합원 분양분과 일반 분양분으로 나뉘고 분양가 역시 조합원 분양가와 일반 분양가가 다르다.

조합원은 권리가액에 분담금을 더한 금액으로 분양받는데 이 조합원 분양가는 보통 일반 분양가보다 낮다. 재건축·재개발 사업을 통한 신축 아파트의 시세 차익은 여기서 발생한다.

그러나 재건축·재개발 사업에는 위험성도 있다. 대표적인 것이 바로 사업 시작부터 완료까지 상당한 기간이 소요된다는 점이다. 때로는 사업이 추진되다가 중단되어 버리는 경우도 생긴다. 또 투기 과열 지구의 재건축 아파트는 조합 설립 인가 이후에는 원칙적으로 조합원의 권리 매매가 불가능하다. 그렇기 때문에 30년 이상 된 구축 아파트에서 실거주를 해야 할 수도 있다.

부동산에 관심이 있는 사람들도 재건축·재개발에 대해서는 접근을 꺼리는 이유가 이런 데 있다.

이 말은 곧 재건축·재개발에는 아직 기회가 있다는 의미도 된다. 그 기회를 잡으려면 위험과 기회를 판단할 줄 알아야 한다. 위험 신호가 있다면 알고 대처할 수 있어야 하고 기회가 될 수 있는 타이밍을 놓치지 않아야 하는 것이다. 어떻게 해야 할까? 해결책은 결국 부동산 공부에 있다.

수도권·광역시
재건축 리스트

지역	전체구역	기본계획	구역지정	추진위원회	안전진단	조합설립 인가	사업시행 인가	관리처분 계획	이주/철거
전국	445	79	6	43	56	159	44	14	44
서울특별시	160	4	4	10	37	75	18	5	7
경기도	94	44	2	2	6	12	11	2	15
부산광역시	63	7	–	16	3	24	1	3	9
경상남도	33	10	–	1	7	6	6	1	2
대구광역시	31	1	–	9	–	15	1	1	4
인천광역시	13	1	–	1	–	9	2	–	–
경상북도	10	2	–	1	1	4	–	–	2
전라북도	9	3	–	–	–	4	2	–	–
대전광역시	8	2	–	2	–	2	–	–	2
광주광역시	6	2	–	–	1	1	–	–	2
충청북도	5	–	–	1	1	1	2	–	–
충청남도	4	3	–	–	–	–	–	1	–
제주도	3	–	–	–	–	3	–	–	–
울산광역시	2	–	–	–	–	1	–	–	1
강원도	2	–	–	–	–	1	1	–	–
전라남도	2	–	–	–	–	1	–	1	–

지역	전체구역	기본계획	구역지정	추진위원회	안전진단	조합설립 인가	사업시행 인가	관리처분 계획	이주/철거
서울특별시	160	4	4	10	37	75	18	5	7
강남구	49	3	2	3	11	26	4	–	–
서초구	23	–	–	2	2	10	–	4	5
송파구	18	–	2	–	1	13	–	–	2
양천구	15	–	–	–	14	1	–	–	–
영등포구	12	–	–	3	1	4	4	–	–
관악구	7	–	–	–	–	7	–	–	–
구로구	6	1	–	–	1	3	1	–	–
강동구	6	–	–	–	2	4	–	–	–
용산구	6	–	–	1	–	3	2	–	–
노원구	4	–	–	–	1	1	1	1	–
동대문구	3	–	–	–	1	1	1	–	–

지역	전체구역	기본계획	구역지정	추진위원회	안전진단	조합설립인가	사업시행인가	관리처분계획	이주/철거
성동구	3	–	–	–	1	–	2	–
광진구	2	–	–	1	1	–	–	–
서대문구	2	–	–	–	–	–	2	–
금천구	2	–	–	–	1	–	1	–
중랑구	1	–	–	–	–	1	–	–
성북구	1	–	–	–	–	1	–	–
강서구	–	–	–	–	–	–	–	–
도봉구	–	–	–	–	–	-	–	–

지역	전체구역	기본계획	구역지정	추진위원회	안전진단	조합설립인가	사업시행인가	관리처분계획	이주/철거
경기도	94	44	2	2	6	12	11	2	15
부천시	29	17	1	1	4	2	–	2	2
성남시	15	11	–	–	–	3	–	–	1
안산시	14	9	–	1	1	–	2	–	1
수원시	12	6	–	–	–	2	4	–	–
안양시	9	1	–	–	1	1	2	–	4
과천시	5	–	–	–	–	4	1	–	–
광명시	3	–	–	–	–	–	–	–	3
남양주시	3	–	–	–	–	–	-	–	3
평택시	2	–	–	–	–	–	2	–	–
고양시	1	–	1	–	–	–	–	–	–
동두천시	1	–	–	–	–	–	-	–	1

지역	전체구역	기본계획	구역지정	추진위원회	안전진단	조합설립인가	사업시행인가	관리처분계획	이주/철거
인천광역시	13	1	–	1	–	9	2	–	–
부평구	5	–	–	1	–	3	1	–	–
계양구	4	1	–	–	–	3	–	–	–
동구	2	–	–	–	–	2	–	–	–
연수구	1	–	–	–	–	–	1	–	–
미추홀구	1	–	–	–	–	–	–	–	–

지역	전체구역	기본계획	구역지정	추진위원회	안전진단	조합설립 인가	사업시행 인가	관리처분 계획	이주/철거
대전광역시	8	2	–	2	–	2	–		2
중구	5	2	–	2		–	–		1
동구	3	–	–	–	–	2	–		1

지역	전체구역	기본계획	구역지정	추진위원회	안전진단	조합설립 인가	사업시행 인가	관리처분 계획	이주/철거
광주광역시	6	2	–	–	1	1	–	–	2
남구	4	1	–	–	1	1	–	–	1
서구	1	1	–	–	–	–	–	–	–
북구	1	–	–	–	–	–	–	–	1

지역	전체구역	기본계획	구역지정	추진위원회	안전진단	조합설립 인가	사업시행 인가	관리처분 계획	이주/철거
대구광역시	31	1	–	9	–	15	1	1	4
수성구	12	–	–	6	–	4	–	1	1
달서구	8	1	–	1	–	4	1	–	1
북구	4	–	–	–	–	3	–	–	1
남구	4	–	–	2	–	2	–	–	–
서구	2	–	–	–	–	1	–	–	–
달성군	1	–	–	–	–	1	–	–	–

지역	전체구역	기본계획	구역지정	추진위원회	안전진단	조합설립 인가	사업시행 인가	관리처분 계획	이주/철거
울산광역시	2	–	–	–	–	1	–	–	1
남구	1	–	–	–	–	–	–	–	1
울주군	1	–	–	–	–	1	–	–	–

지역	전체구역	기본계획	구역지정	추진위원회	안전진단	조합설립 인가	사업시행 인가	관리처분 계획	이주/철거
부산광역시	63	7	–	16	3	24	1	3	9
동래구	20	–	–	7	–	7	–	–	6
금정구	9	–	–	1	–	5	–	3	–
해운대구	9	–	–	2	1	5	1	–	–
연제구	5	3	–	1	–	1	–	–	–
부산진구	5	3	–	–	–	2	–	–	–
북구	3	–	–	–	–	1	–	–	2
사상구	3	–	–	3	–	–	–	–	–
사하구	3	–	–	1	1	1	–	–	–
수영구	2	1	–	–	–	1	–	–	–
서구	1	–	–	–	1	–	–	–	–
중구	1	–	–	–	1	–	–	–	–
남구	1	–	–	–	–	–	–	–	1
영도구	1	–	–	–	–	1	–	–	–

서울특별시 구별 전도

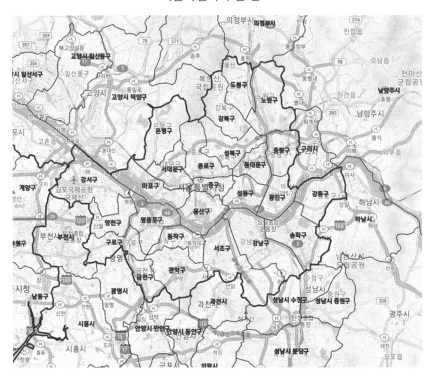

서울특별시 강동구

	재건축 단지명	준공 시기	현 단계	총세대수	건립 예정 세대수	시공사
길동	삼익파크	1983/12	조합설립인가	1,092	–	GS건설
	신동아1차	1983/07	착공	444	1,299	
	신동아2차	1983/07	착공	528		
둔촌동	둔촌주공1단지	1980/01	착공	1,370	12,032	대우건설, 롯데건설, 현대건설, HDC현대산업개발
	둔촌주공2단지	1980/01	착공	900		
	둔촌주공(고층)3단지	1980/12	착공	1,480		
	둔촌주공(고층)4단지	1980/12	착공	2,180		
명일동	고덕주공9단지	1985/11	안전진단	1,320	–	
	고덕현대	1986/02	안전진단	524	–	
	삼익가든맨션	1984/01	조합설립인가	768	–	
	삼익그린2차	1983/12	조합설립인가	2,400	–	
천호동	천호우성	1985/12	조합설립인가	479	–	

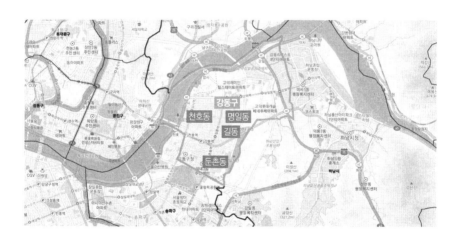

서울특별시 강남구

	재건축 단지명	준공 시기	현 단계	총세대수	건립 예정 세대수	시공사
개포동	경남	1984/03	기본계획	678	–	
	우성3차	1984/12	기본계획	405	–	
	우성6차	1987/11	구역지정	270	–	
	주공고층5단지	1983/12	조합설립인가	940	1,336	
	주공고층6단지	1983/11	조합설립인가	1,060	2,994	
	주공고층7단지	1983/12	조합설립인가	900		
	현대1차	1984/04	기본계획	416	823	
대치동	개포우성1차	1983/12	안전진단	690	–	
	개포우성2차	1984/12	안전진단	450	–	
	선경1,2차	1983/12	안전진단	1,034	–	
	쌍용1차	1983/03	사업시행인가	630	1,155	
	쌍용2차	1986/12	사업시행인가	364	620	현대건설
	우성1차	1984/01	조합설립인가	476	712	
	은마	1979/07	추진위	4,424	5,811	삼성물산, GS건설
	한보미도맨션1차	1983/01	안전진단	1,204	3,861	
	한보미도맨션2차	1984/11	안전진단	1,232	–	
도곡동	개포럭키	1986/01	조합설립인가	128	157	포스코건설
	개포우성4차	1985/12	구역지정	459	–	
	개포우성5차	1986	추진위	180	–	
	개포한신	1985/12	조합설립인가	620	819	
	삼익	1983/06	추진위	247	398	삼성물산
	삼호	1984/01	사업시행인가	144	308	삼성물산
삼성동	진흥	1984/07	안전진단	255	–	
	홍실	1981/08	착공	384	419	DL이앤씨
압구정동	구현대1,2차	1976/06	조합설립인가	960	3,576	
	구현대3차	1976/11	조합설립인가	432		
	구현대4차	1977/05	조합설립인가	170		
	구현대5차	1977/12	조합설립인가	224		
	구현대6차	1978/01	조합설립인가	728		
	구현대7차	1979/05	조합설립인가	560		
	한양5차	1980/06	안전진단	343		
	현대10차	1983	조합설립인가	143		
	현대13차	1984/07	조합설립인가	234		
	현대14차	1987/04	조합설립인가	388		
	한양7차	1981/06	조합설립인가	239		삼성물산
	한양8차	1984/04	안전진단	90		

	재건축 단지명	준공 시기	현 단계	총세대수	건립 예정 세대수	시공사
압구정동	대림아크로빌	2004/02	조합설립인가	56	4,536	
	신현대	1982	조합설립인가	1,924		
	현대빌라트	1996	조합설립인가	19		
	미성1차	1982/07	안전진단	322	3,712	
	미성2차	1987/12	안전진단	911		
	한양1차	1977/12	조합설립인가	936	–	
	한양2차	1977	조합설립인가	296	–	
	한양3차	1978/12	조합설립인가	312	2,135	
	한양4차	1978/12	조합설립인가	286		
	한양6차	1981/01	조합설립인가	228		
	현대8차	1981/04	조합설립인가	515		
일원동	개포한신	1985	사업시행인가	364	498	
청담동	삼익	1980/05	착공	888	1,230	롯데건설
	진흥	1984/07	안전진단	375	–	

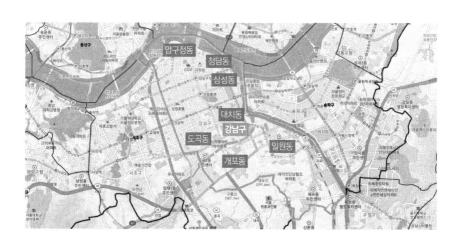

서울특별시 강서구

	재건축 단지명	준공 시기	현 단계	총세대수	건립 예정 세대수	시공사
염창동	등마루	1971/05	입주	80	78	제이앤이건설

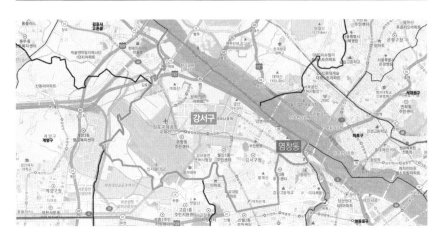

서울특별시 광진구

	재건축 단지명	준공 시기	현 단계	총세대수	건립 예정 세대수	시공사
광장동	광장극동1차	1985/09	안전진단	448	–	
중곡동	중곡	1976/01	추진위	270	296	

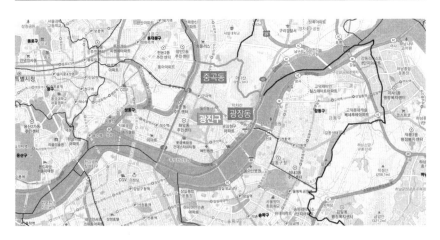

서울특별시 관악구

	재건축 단지명	준공 시기	현 단계	총세대수	건립 예정 세대수	시공사
봉천동	복권	1971/11	조합설립인가	108	–	
	일두	1978/05	조합설립인가	204	–	
	해바라기	1978/09	조합설립인가	120	714	HDC현대산업개발
신림동	강남	1974/04	착공	876	1,143	현대엔지니어링
	건영1차	1984/11	조합설립인가	492	604	
	관악	1983/12	조합설립인가	119	–	
	뉴서울	1984/08	조합설립인가	120	328	
	미성	1982/11	조합설립인가	280	483	HDC현대산업개발

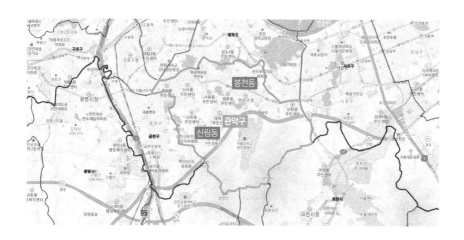

서울특별시 구로구

	재건축 단지명	준공 시기	현 단계	총세대수	건립 예정 세대수	시공사
개봉동	길훈	1988/12	착공	205	295	신일건설
고척동	산업인	1977	조합설립인가	342	395	
구로동	극동	1984/12	기본계획	493	–	
	보광	1984/06	조합설립인가	340	622	
신도림동	미성	1988/12	안전진단	824	–	
오류동	길훈	1986/12	조합설립인가	198	230	중흥토건
	현대연립	1985	사업시행인가	240	388	

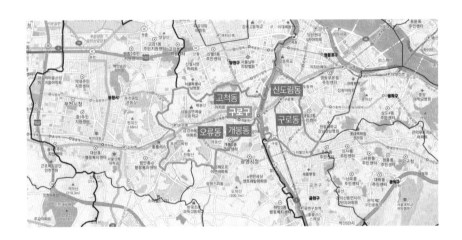

서울특별시 금천구

	재건축 단지명	준공 시기	현 단계	총세대수	건립 예정 세대수	시공사
시흥동	구현대(220-2)	1984/04	시공사선정	140	235	한신공영
	남서울럭키	1981/12	안전진단	986	–	
	무지개	1979/12	사업시행인가	639	993	

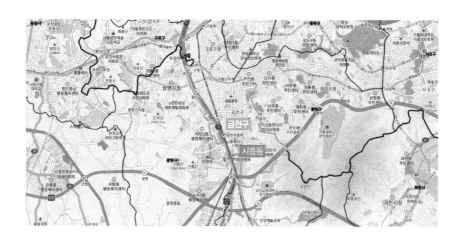

서울특별시 노원구

	재건축 단지명	준공 시기	현 단계	총세대수	건립 예정 세대수	시공사
공릉동	대명	1989/02	관리처분계획	120	161	남광토건
상계동	상계주공11단지	1988/09	예비안전진단	1,944	–	
	상계주공5단지	1987/11	조합설립인가	840	–	
	한양	1988/05	안전진단	492	–	
월계동	동신	1983/05	사업시행인가	864	1,070	
	미륭,미성,삼호3차	1986/11	예비안전진단	3,930	–	

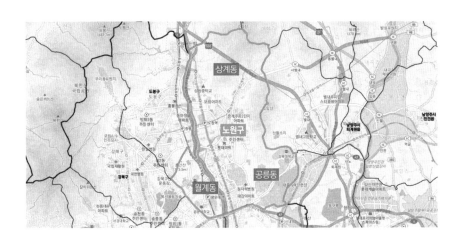

서울특별시 도봉구

	재건축 단지명	준공 시기	현 단계	총세대수	건립 예정 세대수	시공사
창동	주공1단지	1990/09	예비안전진단	808	–	

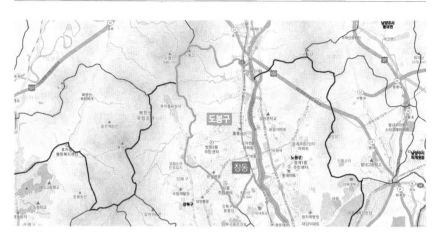

서울특별시 동대문구

	재건축 단지명	준공 시기	현 단계	총세대수	건립 예정 세대수	시공사
장안동	현대	1984/06	조합설립인가	456	690	
제기동	경동미주	1979/06	사업시행인가	228	351	HDC현대산업개발
청량리동	미주	1978/09	안전진단	1,089	–	

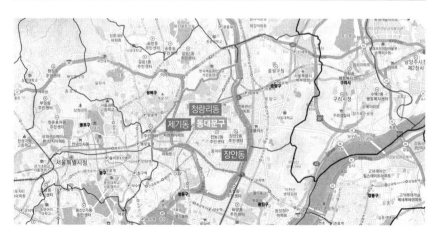

서울특별시 서대문구

	재건축 단지명	준공 시기	현 단계	총세대수	건립 예정 세대수	시공사
홍제동	인왕	1968/01	사업시행인가	132	634	현대건설
	인왕궁	1974/07	사업시행인가	113		

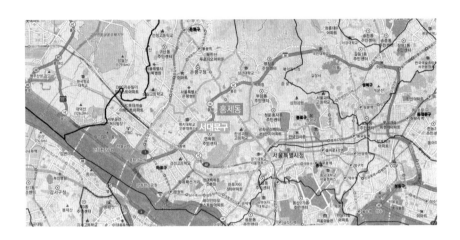

서울특별시 서초구

	재건축 단지명	준공 시기	현 단계	총세대수	건립 예정 세대수	시공사
반포동	궁전	1983/12	추진위	108	249	
	반포미도1차	1986/12	안전진단	1,260	–	
	반포미도2차	1989/05	안전진단	435	435	
	신반포(한신15차)	1982/06	착공	180	641	삼성물산
	신반포(한신23차)	1983/11	이주/철거	200	2,971	삼성물산
	주공1단지	1974/03	이주/철거	3,590	5,335	현대건설
	주공1단지	1974/03	이주/철거	3,590	2,091	삼성물산
방배동	(신)삼호4차	1983/05	조합설립인가	481	839	
	삼익	1981/12	관리처분계획	408	721	DL이앤씨
	신동아	1981/12	건축심의	493	–	
서초동	신동아1차	1978/12	관리처분계획	893	1,340	DL이앤씨
	신동아2차	1978/12	관리처분계획	104		
	진흥	1979/09	조합설립인가	615	–	

	재건축 단지명	준공 시기	현 단계	총세대수	건립 예정 세대수	시공사
잠원동	녹원한신	1995/09	착공	240	3,685	GS건설
	베니하우스	1998/07	착공	18		
	신반포10차	1980/12	착공	876		
	신반포11차	1981/01	착공	398		
	신반포12차	1982/04	조합설립인가	324	441	
	신반포16차	1982/11	조합설립인가	396	459	
	신반포17차	1983/06	착공	216	3,685	GS건설
	신반포18차(337동)	1983/07	이주/철거	182	202	포스코건설
	신반포19차	1983/07	조합설립인가	242	315	
	신반포20차	1983/12	조합설립인가	112	–	
	신반포21차	1984/01	이주/철거	108	275	포스코건설
	신반포22차	1984/01	관리처분계획	132	168	현대엔지니어링
	신반포25차	1984/01	추진위	169	367	
	신반포27차	1985/01	조합설립인가	156	156	
	신반포2차	1978/08	조합설립인가	1,572	1,572	롯데건설
	신반포4차	1978	조합설립인가	1,212	1,696	
	신반포7차	1978	조합설립인가	320	–	DL이앤씨
	신반포8차	1981/03	착공	864	3,685	GS건설
	신반포9차	1981/02	착공	286		

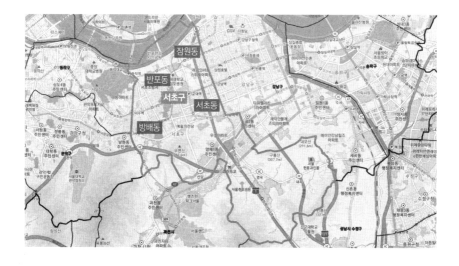

수도권·광역시 재건축 리스트

서울특별시 성동구

	재건축 단지명	준공 시기	현 단계	총세대수	건립 예정 세대수	시공사
마장동	세림	1987/02	안전진단	811	–	
성수동1가	장미	1982/04	사업시행인가	173	292	포스코건설
옥수동	한남하이츠	1982/09	사업시행인가	535	790	GS건설

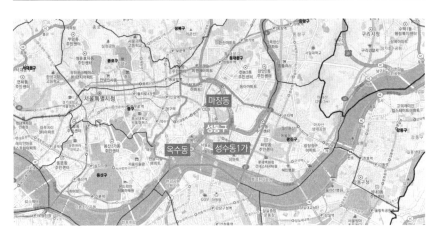

서울특별시 성북구

	재건축 단지명	준공 시기	현 단계	총세대수	건립 예정 세대수	시공사
안암동3가	대광	1972/11	조합설립인가	346	443	한신공영

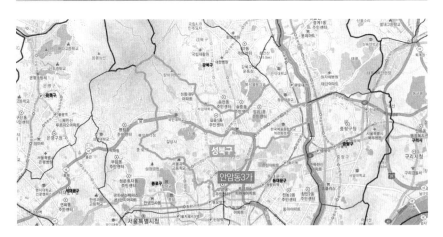

서울특별시 송파구

	재건축 단지명	준공 시기	현 단계	총세대수	건립 예정 세대수	시공사
가락동	극동	1984/12	조합설립인가	555	555	
	삼환	1985/06	조합설립인가	648	1,082	
	프라자	1985/08	조합설립인가	672	158	
	현대5차	1986/12	이주/철거	210	179	포스코건설
문정동	현대1차	1984/11	조합설립인가	514	756	
방이동	대림가락(방이대림)	1985/03	구역지정	480	929	
	올림픽선수기자촌	1988	안전진단	5,540	–	
송파동	미성맨션	1985/03	구역지정	378	816	
	삼익	1984/12	조합설립인가	936	1,650	
	한양2차	1984/11	조합설립인가	744	1,600	
신천동	미성	1980/02	착공	1,230	1,859	롯데건설
	장미1차	1979/01	조합설립인가	2,100	3,913	
	장미2차	1979/01	조합설립인가	1,302		
	장미3차	1984/08	조합설립인가	120		
	진주	1980/04	착공	1,507	2,636	삼성물산, HDC현대산업개발
	크로바	1983/06	이주/철거	120	1,859	롯데건설
오금동	상아1차	1984/12	조합설립인가	226	405	
잠실동	우성1,2,3차	1981/12	조합설립인가	1,842	2,716	
	우성4차	1983/08	조합설립인가	555	896	
	잠실주공5단지	1978/12	조합설립인가	3,930	6,605	삼성물산, HDC현대산업개발, GS건설

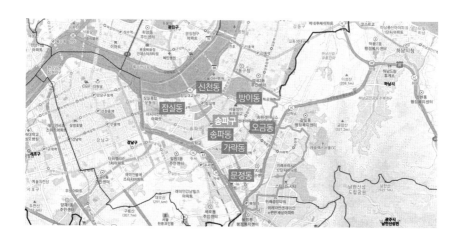

서울특별시 양천구

	재건축 단지명	준공 시기	현 단계	총세대수	건립 예정 세대수	시공사
목동	목동신시가지1단지	1985/12	안전진단	1,882	–	
	목동신시가지2단지	1986/01	안전진단	1,640	–	
	목동신시가지3단지	1986/01	안전진단	1,588	–	
	목동신시가지4단지	1986/01	안전진단	1,382	–	
	목동신시가지5단지	1986/01	안전진단	1,848	–	
	목동신시가지6단지	1986/01	안전진단	1,368	–	
	목동신시가지7단지(고층)	1988/01	안전진단	2,070	–	
	목동신시가지7단지(저층)	1988/11	안전진단	480	–	
신정동	목동신시가지10단지	1987/07	안전진단	2,160	–	
	목동신시가지11단지(고층)	1988/01	안전진단	1,515	–	
	목동신시가지11단지(저층)	1988/11	안전진단	80	–	
	목동신시가지13단지	1988/01	안전진단	2,280	–	
	목동신시가지14단지	1988/07	안전진단	3,100	–	
	목동신시가지8단지	1987/07	예비안전진단	1,352	–	
	목동신시가지9단지	1987/07	안전진단	2,030	–	
	수정	1987/01	조합설립인가	220	296	

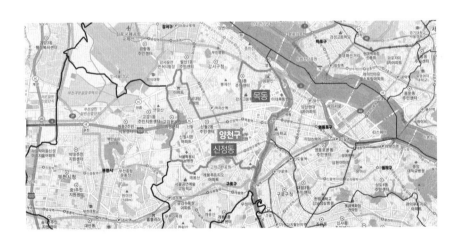

서울특별시 영등포구

	재건축 단지명	준공 시기	현 단계	총세대수	건립 예정 세대수	시공사
당산동4가	유원1차	1983/12	사업시행인가	360	554	DL이앤씨
당산동5가	유원2차	1984/09	조합설립인가	410	708	
문래동2가	남성	1983/12	사업시행인가	390	505	
문래동5가	진주	1984/09	사업시행인가	160	324	
신길동	남서울	1974/12	사업시행인가	518	890	대우건설
	삼성	1984/05	조합설립인가	384	657	
	신미	1981/06	조합설립인가	130	266	
양평동1가	신동아	1982/04	조합설립인가	495	684	
여의도동	광장	1978/05	추진위	744	–	
	미성	1978/05	안전진단	577	–	
	수정	1976/09	추진위	329	–	
	시범	1971/01	추진위	1,584	1,993	

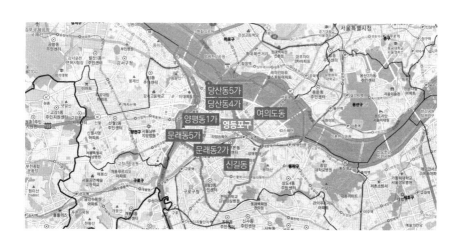

서울특별시 용산구

	재건축 단지명	준공 시기	현 단계	총세대수	건립 예정 세대수	시공사
서빙고동	신동아	1986	조합설립인가	1,326	1,620	
원효로4가	산호	1977/03	조합설립인가	554	619	
이촌동	삼익	1979/12	사업시행인가	252	329	DL이앤씨
	왕궁	1975/04	조합설립인가	250	300	삼성물산
	한강맨션	1970/07	사업시행인가	660	1,450	GS건설
이태원동	청화	1982/01	추진위	578	–	

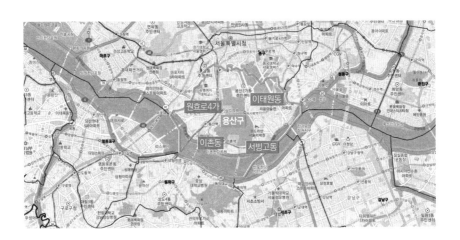

서울특별시 중랑구

	재건축 단지명	준공 시기	현 단계	총세대수	건립 예정 세대수	시공사
망우동	염광	1983/03	조합설립인가	233	420	

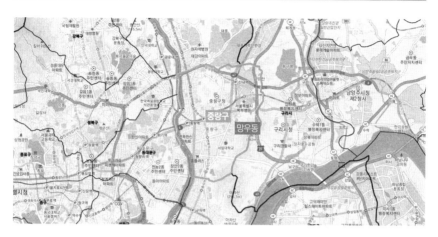

경기도 고양시

	재건축 단지명	준공 시기	현 단계	총세대수	건립 예정 세대수	시공사
덕양구 관산동	주공5단지	1986/04	구역지정	1,108	–	

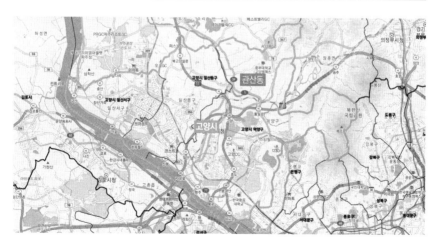

경기도 과천시

	재건축 단지명	준공 시기	현 단계	총세대수	건립 예정 세대수	시공사
별양동	주공4단지	1983/07	사업시행인가	1,110	1,437	GS건설
	주공5단지	1983/12	조합설립인가	800	1,240	대우건설
부림동	주공8단지	1983/08	조합설립인가	1,400	–	
	주공9단지	1982/12	조합설립인가	720	–	
중앙동	주공10단지	1984/08	조합설립인가	632	1,339	

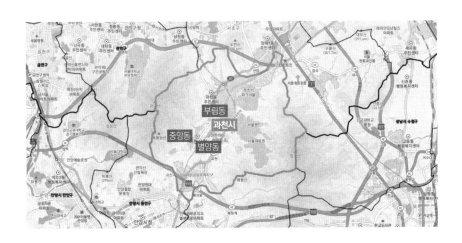

경기도 광명시

	재건축 단지명	준공 시기	현 단계	총세대수	건립 예정 세대수	시공사
철산동	주공8단지	1985/11	이주/철거	1,484	3,801	GS건설
	주공9단지	1985/11	착공	580		
	주공10단지	1985/01	이주/철거	580	1,490	GS건설
	주공11단지	1985/01	이주/철거	500		

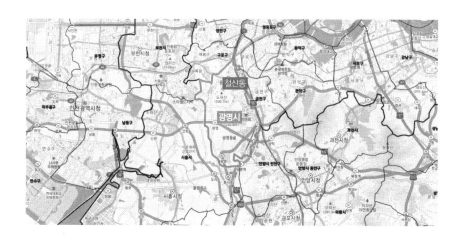

경기도 남양주시

	재건축 단지명	준공 시기	현 단계	총세대수	건립 예정 세대수	시공사
평내동	진주1단지	1985/12	이주/철거	452	1,843	대우건설, 포스코건설, 두산건설
	진주2단지	1986/07	이주/철거	304		
	진주3단지	1987/09	이주/철거	475		

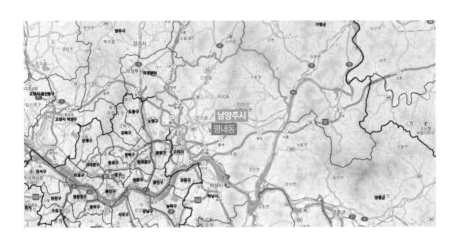

경기도 부천시

	재건축 단지명	준공 시기	현 단계	총세대수	건립 예정 세대수	시공사
고강동	고강1단지	1984/12	기본계획	208	–	
	고강2단지	1986	기본계획	130	–	
	동문미도	1989/01	기본계획	340	–	
괴안동	거산	1992/01	기본계획	260	–	
	대진	1987/04	안전진단	290	–	
	삼익3차					
	삼익세라믹	1988/12	기본계획	781	–	
	염광	1989/06	기본계획	382	–	
	조공1차	1984/04	안전진단	224	–	
	조공2차	1985/04	기본계획	320	–	
	한아름1차	1983	조합설립인가	105		

	재건축 단지명	준공 시기	현 단계	총세대수	건립 예정 세대수	시공사
괴안동	한아름5차	1988/08	관리처분계획	65	81	
소사본동	성지	1988/01	기본계획	264	–	
	한신	1984/01	기본계획	916	–	
송내동	서능	1986/06	조합설립인가	60	1,062	대우건설
	송내동신	1985/11	기본계획	380	–	
	욱일4차	1985/07	이주/철거	120	1,045	대우건설
	욱일5차	1985/01	이주/철거	150		
심곡본동	롯데	1984/11	구역지정	463	–	
	부천극동	1980/04	안전진단	495	–	
약대동	현대	1988/06	기본계획	290	–	
역곡동	건우	1985	기본계획	102	–	
	대진	1983	기본계획	60	–	
	일두	1983/06	추진위	315	–	
원종동	동문1차	1990/07	기본계획	280	–	
	동진1차	1987/11	기본계획	250	–	
	동진2차	1987/11	기본계획	70	–	
	원종주공	1988/12	안전진단	490	–	

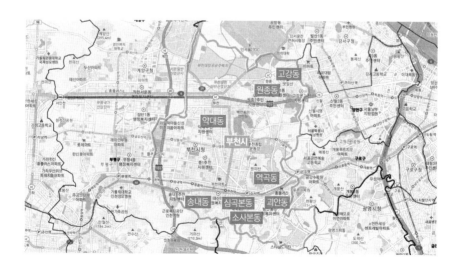

경기도 성남시

		재건축 단지명	준공 시기	현 단계	총세대수	건립 예정 세대수	시공사
수정구	단대동	미도	1982/12	기본계획	280	-	
		선경논골	1991/12	기본계획	426	-	
	신흥동	두산	1993/05	기본계획	570	-	
		청구	1994/12	기본계획	493	-	
		한신	1990/11	기본계획	585	-	
중원구	금광동	삼익금광	1991/12	기본계획	498	-	
		황송마을	1993/01	기본계획	990	-	
	상대원동	궁전	1987/08	조합설립인가	268	818	두산건설
		삼익	1992	기본계획	264	-	
		선경(상대원2차)	1994	기본계획	2,510	-	
		성지	1989/11	조합설립인가	441	818	두산건설
		일성	1993	기본계획	270	-	
	성남동	현대	1992/01	기본계획	375	-	
	은행동	은행주공1단지	1987/06	조합설립인가	1,900	3,314	HDC현대산업개발, GS건설
	하대원동	삼남	1986/08	이주/철거	105	117	계룡건설

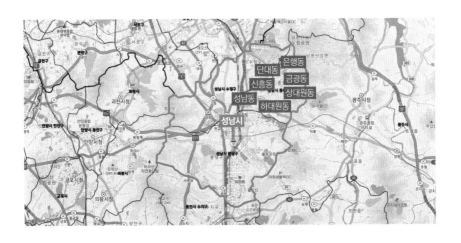

444

경기도 수원시

		재건축 단지명	준공 시기	현 단계	총세대수	건립 예정 세대수	시공사
권선구	서둔동	동남	1987/12	조합설립인가	380	442	현대엔지니어링
		성일	1987/12	조합설립인가	370	439	한화건설
	세류동	미영	1988/06	기본계획	600	–	
영통구	망포동	청와	1988/12	기본계획	250	–	
	매탄동	매탄주공4단지	1986/01	사업시행인가	1,200	4,002	HDC현대산업개발, GS건설
		매탄주공5단지	1986/01	사업시행인가	1,240		
	원천동	원천주공	1988/09	기본계획	1,320	–	
장안구	파장동	삼익	1978/01	기본계획	220		
팔달구	우만동	주공1단지	1987	기본계획	500	–	
		주공2단지	1989/09	기본계획	984	–	
		현대	1985	사업시행인가	404	1,272	현대엔지니어링
	인계동	신반포한신	1983/08	사업시행인가	1,185	1,305	태영건설, 한진중공업

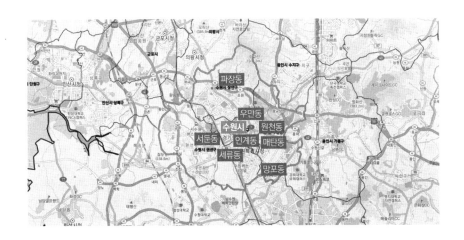

경기도 안산시

		재건축 단지명	준공 시기	현 단계	총세대수	건립 예정 세대수	시공사
단원구	고잔동	고잔주공5단지1구역	1986/04	사업시행인가	1,108	902	롯데건설
		라성(고잔연립9구역)	1990/12	이주/철거	294	472	한화건설
		주공5단지	1986/04	사업시행인가	1,108	1,014	롯데건설
		주공6단지	1986/09	추진위	590	1,060	
		주공7단지	1988	기본계획	1,020	–	
		주공8단지	1988	기본계획	1,020	–	
		주공9단지	1989/12	기본계획	1,320	–	
	선부동	군자주공9단지	1989/11	기본계획	540	–	
		군자주공10단지	1989/11	기본계획	790	–	
상록구	본오동	월드저층	1989/05	기본계획	1,070	–	
	성포동	예술인	1985/12	기본계획	1,485	–	
		주공4단지	1985/11	기본계획	780	–	
		주공10단지	1987/01	안전진단	1,380	–	
		현대1차	1989/02	기본계획	570	–	

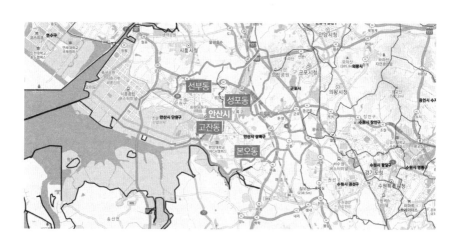

경기도 안양시

		재건축 단지명	준공 시기	현 단계	총세대수	건립 예정 세대수	시공사
동안구	관양동	현대	1985/05	조합설립인가	904	–	HDC현대산업개발
	비산동	뉴타운삼호1,2,3차	1982	이주/철거	912	2,749	HDC현대산업개발, 코오롱글로벌
		뉴타운삼호4차	1985/08	이주/철거	474		
		뉴타운삼호6차	1988	이주/철거	126		
		미륭	1979/09	사업시행인가	576	702	호반건설
	호계동	덕원	1989/12	착공	120	2,417	현대건설, SK에코플랜트, 코오롱글로벌
		신라(931-3)	1989/12	착공	60		
		융창아파트 주변지구	1980/01	착공	48		
		삼신6차	1984/04	이주/철거	252	456	
		호계럭키	1992	기본계획	794	–	
만안구	박달동	신한	1986/06	사업시행인가	370	415	HDC현대산업개발
	석수동	럭키	1987/06	안전진단	735	–	

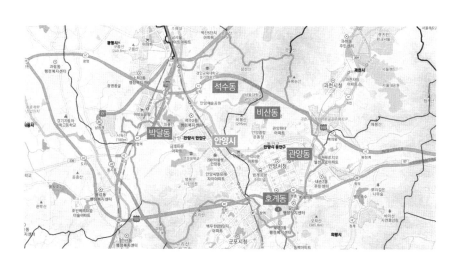

경기도 평택시

	재건축 단지명	준공 시기	현 단계	총세대수	건립 예정 세대수	시공사
합정동	주공1단지	1989/01	사업시행인가	350	1,871	현대건설
	주공2단지	1989/01	사업시행인가	1,024	1,871	현대건설

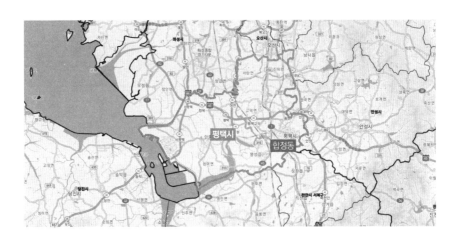

인천광역시

		재건축 단지명	준공 시기	현 단계	총세대수	건립 예정 세대수	시공사
계양구	계산동	신동양	1985/05	조합설립인가	90	–	동우개발
	작전동	우영	1984/11	조합설립인가	150	–	이수건설
	효성동	동남	1983	조합설립인가	120	190	남광토건
		신진	1983	기본계획	285	–	
부평구	산곡동	재원	1984/12	조합설립인가	210	306	남광토건
	삼산동	대보	1984	사업시행인가	340	500	두산건설
	청천동	대진	1985/05	조합설립인가	340	404	한화건설
		동양	1982/12	추진위	200	–	
동구	송현동	송현1차	1982/12	조합설립인가	500	1,290	호반건설
		송현2차	1983/04	조합설립인가	400	–	호반건설
미추홀구	주안동	남광로얄(1443)	1980/03	조합설립인가	474	774	SK에코플랜트
		로얄맨션	1978/11	착공	146	249	극동건설, 금광기업
		삼영(1574-2)	1982/12	시공사선정	150	187	아이에스동서

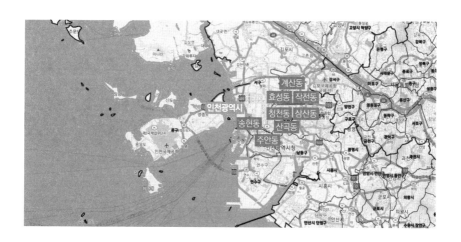

대전광역시

		재건축 단지명	준공 시기	현 단계	총세대수	건립 예정 세대수	시공사
동구	가양동	동신	1979/05	이주/철거	200	224	다우건설
	가오동	주공	1985/01	조합설립인가	460	–	코오롱글로벌
	홍도동	청룡	1979/04	조합설립인가	425	596	아이에스동서
중구	선화동	현대	1984	기본계획	212	–	
	옥계동	옥계	1979/01	추진위	110	–	
		한양그린맨션	1983	추진위	130	–	
	중촌동	시영	1986/01	기본계획	360	–	
		주공1단지	1983/09	이주/철거	500	808	SK에코플랜트
	태평동	시영	1981/06	예비안전진단	100	–	

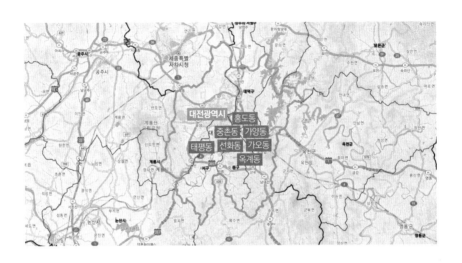

광주광역시

		재건축 단지명	준공 시기	현 단계	총세대수	건립 예정 세대수	시공사
남구	방림동	삼일	1980/08	조합설립인가	400	602	SK에코플랜트
	봉선동	모아2단지	1988/09	기본계획	540	–	
	월산동	신우	1978/12	안전진단	370	–	
	주월동	장미	1981/09	이주/철거	340	542	고려개발
북구	운암동	주공3단지	1983	이주/철거	2,020	3,214	한화건설, HDC현대산업개발, GS건설
서구	화정동	삼익1차	1979	기본계획	276		

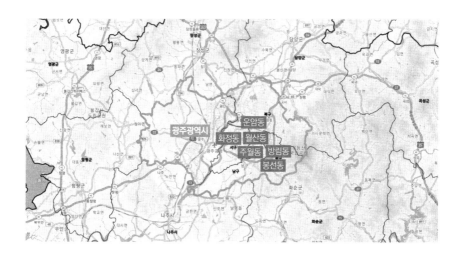

대구광역시 전도

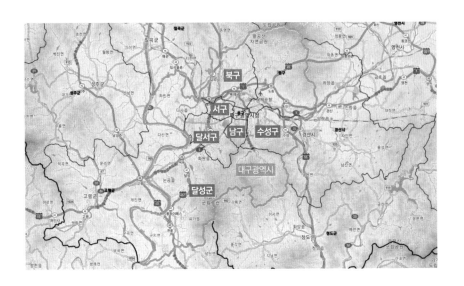

대구광역시 서구, 남구, 달서구, 달성군

		재건축 단지명	준공 시기	현 단계	총세대수	건립 예정 세대수	시공사
서구	내당동	내당시영	1980/06	조합설립인가	470	–	대우건설
	평리동	광명	1974/04	이주/철거	410	1,151	한라
남구	대명동	개나리맨션	1980	추진위	427	–	
		우방코스모스 (1198-3)	1981/12	조합설립인가	264	1,002	포스코건설, SK에 코플랜트
		파크맨션	1981	추진위	553	–	
	봉덕동	대성맨션	1979/09	조합설립인가	40	91	동부건설
	본리동	성당우방맨션	1985/03	사업시행인가	265	566	한화건설
	상인동	송현주공3단지	1986/11	이주/철거	1,080	1,498	GS건설
달서구	성당동	남도	1981/05	조합설립인가	49	–	포스코건설, 롯데 건설
		성남	1979	조합설립인가	153	–	포스코건설, 롯데 건설
		우방라일락	1987/08	조합설립인가	175	–	포스코건설, 롯데 건설
		황실	1987	조합설립인가	108	–	포스코건설, 롯데 건설
	송현동	월송	1982/01	추진위	100	–	
		한우	1981/05	기본계획	180	–	
달성군	화원읍	한우	1984	조합설립인가	360	–	진흥기업

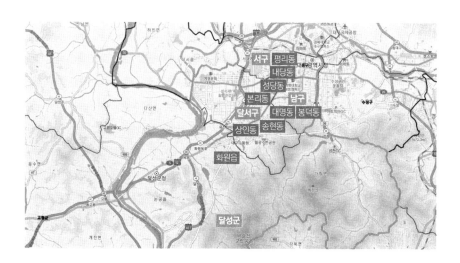

대구광역시 북구, 수성구

		재건축 단지명	준공 시기	현 단계	총세대수	건립 예정 세대수	시공사
북구	관음동	성창	1987	이주/철거	200	200	태왕이앤씨
	복현동	81복현시영(320-1)	1982/06	입주	610	620	삼호
		주공2단지	1985/04	입주	250	538	GS건설
		협진	1980	조합설립인가	241	165	화성산업
	칠성동2가	금성	1981/11	조합설립인가	135	665	코오롱글로벌
	침산동	삼익삼주	1979/08	조합설립인가	198	264	한신공영, 자이 S&D
수성구	두산동	삼풍	1975/04	추진위	72	–	
	범어동	경남타운	1982/07	조합설립인가	312	440	포스코건설
		공작맨션	1989/04	추진위	120	270	
		목련	1987/01	조합설립인가	250	285	HDC현대산업개발
		삼일(31-10)	2000/07	시공사선정	58	138	화성산업
		우방범어타운1차	1984/12	착공	276	418	HDC현대산업개발
		우방범어타운2차	1984/06	이주/철거	350	490	HDC현대산업개발
		우방크로바	1982/12	추진위	120	270	
	상동	청구중동	1981	조합설립인가	140	–	
	수성동1가	삼익	1978	추진위	100	–	
		삼환	1979/12	추진위	150	–	
		새한	1990	추진위	56	–	
	수성동4가	광명	1980	관리처분계획	110	171	화성산업
	황금동	우방2차	1986/08	조합설립인가	535	705	HDC현대산업개발

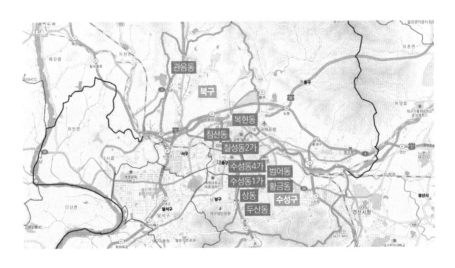

울산광역시

		재건축 단지명	준공 시기	현 단계	총세대수	건립 예정 세대수	시공사
남구	무거동	삼호주공	1991/07	이주/철거	550	663	동원개발
울주군	상북면	청구가든	1990/01	조합설립인가	150	238	한양건설

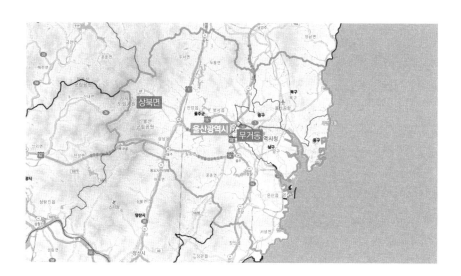

부산광역시 전도

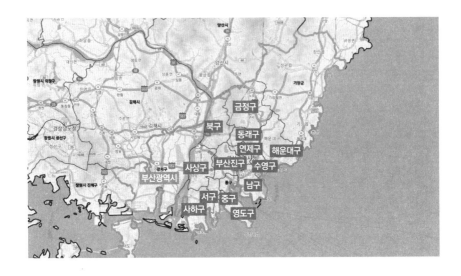

부산광역시 북구, 금정구, 해운대구

		재건축 단지명	준공 시기	현 단계	총세대수	건립 예정 세대수	시공사
북구	덕천동	목화맨션	1981	이주/철거	150	429	
		삼진	1980/12	이주/철거	160		
	만덕동	만덕대진	1979/07	조합설립인가	356	429	코오롱글로벌
금정구	구서동	고려	1982/01	조합설립인가	45	358	DL이앤씨
		선경1차	1985/11	조합설립인가	286	805	GS건설
		선경2차	1988/05	조합설립인가	330		
		창신	1982/12	조합설립인가	39	358	DL이앤씨
		한일	1982/11	조합설립인가	116		
	남산동	삼창맨션	1985	관리처분계획	140	415	DL이앤씨
		유창맨션	1983/12	관리처분계획	79		
		청파파크맨션	1983/04	관리처분계획	74		
	청룡동	범양빌라	1985/06	추진위	210	–	
해운대구	반여동	삼익그린	1985	조합설립인가	315	915	
		왕자	1978/01	조합설립인가	390	944	현대건설
		현대그린	1986	조합설립인가	600	915	
	우동	삼호가든	1985/08	조합설립인가	1,076	1,476	DL이앤씨
	재송동	79재송시영	1980/02	사업시행인가	700	938	DL이앤씨
		83재송시영	1984/09	추진위	560	915	
		센텀삼익	1982/09	추진위	936	–	
	중동	중동맨션	1905/06	안전진단	49	–	

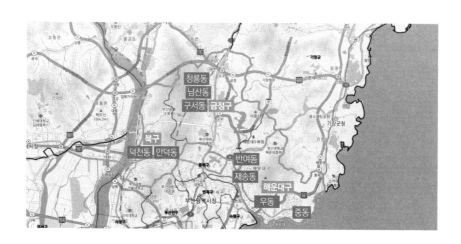

부산광역시 동래구

		재건축 단지명	준공 시기	현 단계	총세대수	건립 예정 세대수	시공사
동래구	낙민동	광림맨션	1984/09	추진위	80	–	
		한신1차	1983/12	추진위	130	–	
		한신2차	1984/12	추진위	115	–	
		한양	1992/05	추진위	552	–	
	명륜동	명륜대진	1982/09	조합설립인가	48	–	삼성물산
		삼창	1978/01	조합설립인가	40	–	삼성물산
		세창	1978/05	조합설립인가	49	–	삼성물산
		한신	1985/09	조합설립인가	157	–	삼성물산
	명장동	명장충렬제일	1985/06	이주/철거	360	1,481	대우건설
	사직동	동일	1985/06	이주/철거	160	1,090	현대건설
		로얄2차	1984/05	이주/철거	210		
		삼익	1979	조합설립인가	300	–	SK에코플랜트
	수안동	새동래1차	1979/11	추진위	424	–	
		새동래3차	1981/12	추진위	200	–	
		해바라기1차	1979/06	조합설립인가	216	707	GS건설
		해바라기2차	1981/01	조합설립인가	228	–	GS건설
	안락동	충렬	1989/01	이주/철거	440	1,481	대우건설
		크로바	1985	이주/철거	96		
		화전	1983	이주/철거	30		
	온천동	삼익	1978/12	추진위	432	–	

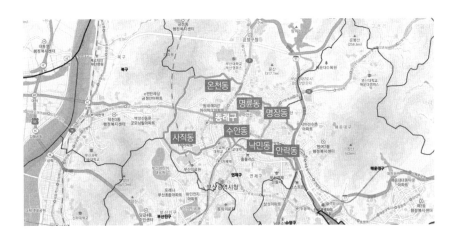

부산광역시 사상구, 부산진구, 연제구, 수영구, 남구

		재건축 단지명	준공 시기	현 단계	총세대수	건립 예정 세대수	시공사
사상구	덕포동	금잔디	1985/08	추진위	85	–	
		대하	1982/05	추진위	100	–	
		유원덕포	1979	추진위	280	–	
부산진구	개금동	신양맨션	1979/01	기본계획	170	–	
	당감동	무궁화	1987	기본계획	672	–	
		서면삼익	1978	조합설립인가	1,074	–	GS건설
	부암동	성암	1985	조합설립인가	130	296	대림건설
연제구	거제동	경남	1984/09	기본계획	384	–	
		한양	1985/07	기본계획	336	–	
	연산동	망미주공	1987/01	추진위	2,038	3,601	
		삼보맨션	1985/11	조합설립인가	209	–	
		삼익	1978/08	기본계획	305	–	
수영구	남천동	삼익비치	1982/06	조합설립인가	3,060	3,200	GS건설
		삼익타워(타워맨션)	1977/12	착공	798	913	GS건설, 세정건설
		협진태양	1985/06	기본계획	210		
남구	대연동	대연비치	1984/01	착공	1,035	1,374	대우건설
		반도보라	1987	이주/철거	260	367	한화건설

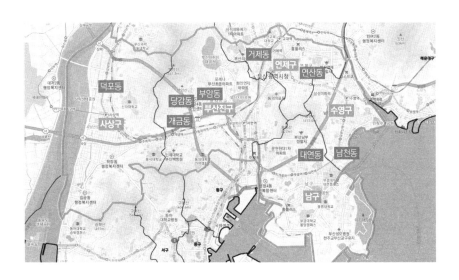

부산광역시 사하구, 서구, 중구, 영도구

		재건축 단지명	준공 시기	현 단계	총세대수	건립 예정 세대수	시공사
사하구	당리동	창신	1985/03	조합설립인가	203	480	DL이앤씨
		협진태양	1982/03	안전진단	265	–	
	하단동	대진	1983/09	추진위	240	–	
서구	동대신동2가	삼익	1976/06	안전진단	410	–	
중구	영주동	초원	1984	추진위	180	–	
영도구	청학동	화신	1983/12	조합설립인가	245	469	한화건설

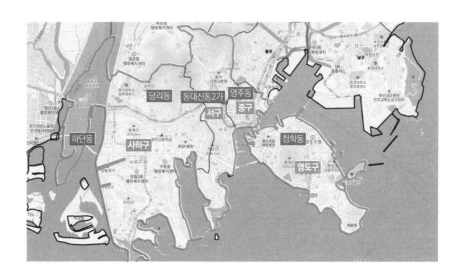

수도권·광역시
재개발 리스트

3

지역	전체구역	기본계획	구역지정	추진위원회	조합설립인가	사업시행인가	관리처분계획	이주/철거
전국	926	323	132	96	138	112	29	96
서울특별시	191	32	28	23	43	33	9	23
부산광역시	138	77	14	5	20	10	3	9
경기도	134	32	17	7	24	23	7	24
대구광역시	125	72	5	25	11	5	1	6
대전광역시	78	29	17	4	15	8	1	4
인천광역시	51	2	4	6	11	10	4	14
충청남도	40	11	12	6	1	8	1	1
울산광역시	38	24	3	8	–	1	–	2
광주광역시	30	9	3	5	7	2	–	4
경상북도	27	10	11	–	1	2	2	1
경상남도	22	10	3	–	3	4	–	2
전라북도	21	11	2	4	1	1	–	2
전라남도	14	1	12	–	–	1	–	–
충청북도	9	3	–	1	1	2	–	2
강원도	8	–	1	2	–	2	1	2

지역	전체구역	기본계획	구역지정	추진위원회	조합설립인가	사업시행인가	관리처분계획	이주/철거
서울특별시	191	32	28	23	43	33	9	23
동대문구	19	1	2	3	7	2	1	3
용산구	17	4	1	–	6	6	–	–
성동구	15	8	–	1	4	1	–	1
영등포구	15	1	4	2	4	1	1	2
성북구	15	–	–	1	6	3	1	4
강북구	15	2	7	3	2	–	1	–
은평구	14	1	4	1	3	4	–	1
동작구	14	1	–	3	1	5	2	2
종로구	13	1	6	3	1	1	–	1
서대문구	11	1	1	3	1	2	1	2
관악구	8	2	–	1	3	–	–	2
중랑구	6	2	–	–	–	1	1	2
중구	6	–	2	–	1	3	–	–
양천구	6	3	–	1	1	1	–	–
노원구	4	–	–	–	1	3	–	–
마포구	3	1	–	–	1	–	–	1
구로구	2	1	–	–	–	–	1	–
광진구	2	2	–	–	–	–	–	–
강동구	2	1	–	–	–	–	–	1
송파구	2	–	–	1	1	–	–	–
도봉구	2	–	1	–	–	–	–	1

지역	전체구역	기본계획	구역지정	추진위원회	조합설립인가	사업시행인가	관리처분계획	이주/철거
경기도	134	32	17	7	24	23	7	24
부천시	16	1	2	1	8	3	–	1
남양주시	15	3	2	–	3	4	–	3
고양시	12	3	–	–	5	3	1	–
성남시	11	5	1	1	1	–	1	2
광명시	9	–	2	–	–	1	1	5
의왕시	9	–	–	2	–	3	–	4
용인시	8	4	1	–	1	2	–	–
파주시	7	1	–	–	1	1	2	2
안양시	6	2	–	–	1	–	2	1
의정부시	6	2	1	1	1	–	–	1
평택시	5	2	2	–	–	–	–	1
시흥시	5	3	2	–	–	–	–	–
수원시	5	–	1	–	1	2	–	1
구리시	4	1	–	1	–	1	–	1
김포시	4	1	–	–	–	1	–	2
하남시	3	2	1	–	–	–	–	–
군포시	3	–	1	–	2	–	–	–
과천시	2	1	–	–	–	1	–	–
이천시	1	–	–	–	–	1	–	–
동두천시	1	–	1	–	–	–	–	–
안성시	1	–	–	1	–	–	–	–
양주시	1	1	–	–	–	–	–	–

지역	전체구역	기본계획	구역지정	추진위원회	조합설립인가	사업시행인가	관리처분계획	이주/철거
인천광역시	51	2	4	6	11	10	4	14
부평구	16	–	2	1	4	5	–	4
미추홀구	16	–	1	4	2	3	3	3
동구	6	–	–	–	1	2	–	3
중구	5	–	–	–	4	–	1	–
계양구	4	2	–	1	–	–	–	1
연수구	2	–	1	–	–	–	–	1
남동구	2	–	–	–	–	–	–	2
서구	–							

지역	전체구역	기본계획	구역지정	추진위원회	조합설립인가	사업시행인가	관리처분계획	이주/철거
대전광역시	78	29	17	4	15	8	1	4
동구	36	16	11	2	4	1	–	2
중구	27	9	3	2	7	5	–	1
대덕구	8	3	2	–	1	2	–	–
서구	6	1	1	–	2	–	1	1
유성구	1	–	–	–	1	–	–	–

지역	전체구역	기본계획	구역지정	추진위원회	조합설립인가	사업시행인가	관리처분계획	이주/철거
광주광역시	30	9	3	5	7	2	–	4
광산구	13	7	3	2	–	–	–	1
동구	7	–	–	1	4	–	–	2
북구	6	2	–	2	1	–	–	1
서구	3	–	–	–	1	2	–	–
남구	1	–	–	–	1	–	–	–

지역	전체구역	기본계획	구역지정	추진위원회	조합설립인가	사업시행인가	관리처분계획	이주/철거
대구광역시	125	72	5	25	11	5	1	6
중구	62	43	5	9	3	1	1	–
남구	20	5	–	8	4	–	–	3
북구	17	13	–	2	–	1	–	1
서구	10	3	–	3	1	2	–	1
동구	8	3	–	2	1	1	–	1
수성구	5	4	–	–	1	–	–	–
달서구	3	1	–	1	1	–	–	–

지역	전체구역	기본계획	구역지정	추진위원회	조합설립인가	사업시행인가	관리처분계획	이주/철거
울산광역시	38	24	3	8	–	1	–	2
남구	11	6	–	3	–	–	–	2
중구	10	6	1	2	–	1	–	–
울주군	7	6	1	–	–	–	–	–
북구	6	4	1	1	–	–	–	–
동구	4	2	–	2	–	–	–	–

지역	전체구역	기본계획	구역지정	추진위원회	조합설립인가	사업시행인가	관리처분계획	이주/철거
부산광역시	138	77	14	5	20	10	3	9
부산진구	31	18	2	2	6	1	–	2
서구	23	16	5	1	–	–	–	1
중구	13	13	–	–	–	–	–	–
사하구	12	8	–	1	–	3	–	–
영도구	10	5	2	–	2	–	1	–
동구	9	2	1	–	3	2	–	1
남구	8	–	–	–	3	2	1	2
수영구	8	5	–	1	–	1	–	1
금정구	7	–	3	–	4	–	–	–
해운대구	6	4	–	–	1	1	–	–
연제구	4	3	–	–	–	–	–	1
사상구	4	1	1	–	–	–	1	1
기장군	2	2	–	–	–	–	–	–
동래구	1	–	–	–	1	–	–	–

서울특별시 강동구

	구역명	현 단계	건립 예정 세대수	시공사	뉴타운 여부
천호동	천호4촉진구역	이주/철거	649	포스코건설	천호성내재정비촉진지구
	천호동532-2번지	기본계획	-		

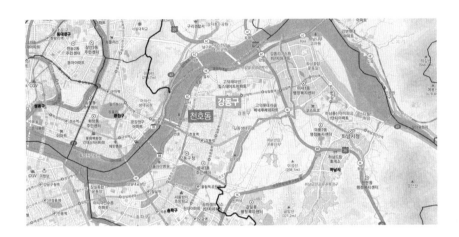

서울특별시 강북구

	구역명	현 단계	건립 예정 세대수	시공사	뉴타운 여부
미아동	강북3구역	추진위	–		미아촉진지구
	강북5구역	추진위	228		미아촉진지구
	강북7구역	구역지정	228		미아촉진지구
	미아2재정비촉진지구	조합설립인가	2,870		미아재정비촉진지구
	미아3재정비촉진구역	조합설립인가	1,045		미아재정비촉진지구
	미아제1지구	구역지정	–		
	미아제2지구	기본계획	–		
	미아제3지구(주거환경개선지구)	구역지정	–		
	미아제4지구	구역지정	–		
	미아제5지구	구역지정	–		
	미아제7구역	관리처분	250		
	미아제11구역	추진위	598		
수유동	수유제1지구	구역지정	–		
	수유제2지구	기본계획	–		
	수유제3지구	구역지정	–		

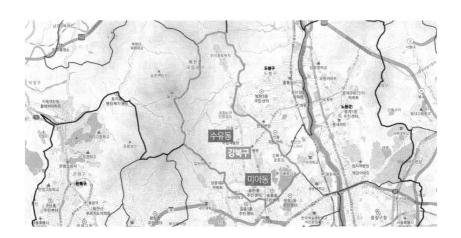

서울특별시 관악구

	구역명	현 단계	건립 예정 세대수	시공사	뉴타운 여부
봉천동	봉천4-1-3구역	조합설립인가	984	GS건설	
	봉천제13구역	추진위	192		
	봉천14구역	조합설립인가	1,395		
신림동	신림1재정비촉진구역	조합설립인가	2,970	GS건설	신림재정비촉진지구
	신림1존치관리구역	기본계획	–		신림재정비촉진지구
	신림2재정비촉진구역	이주/철거	1,487	대우건설, 롯데건설	신림재정비촉진지구
	신림2존치관리구역	기본계획	–		신림재정비촉진지구
	신림3재정비촉진구역	이주/철거	571	대우건설	신림재정비촉진지구

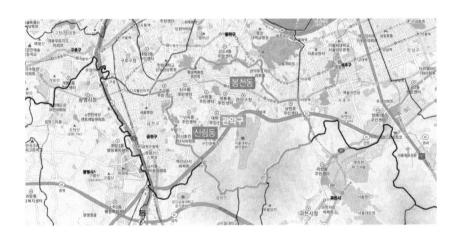

서울특별시 광진구

	구역명	현 단계	건립 예정 세대수	시공사	뉴타운 여부
자양동	능동로7지구	기본계획	182		
	자양2존치정비구역	기본계획	30		구의자양재정비촉진지구

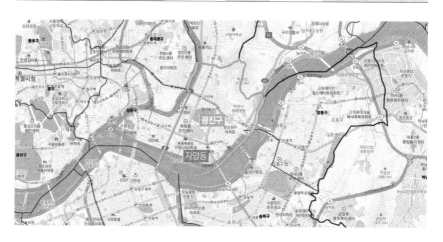

서울특별시 구로구

	구역명	현 단계	건립 예정 세대수	시공사	뉴타운 여부
고척동	고척제4구역	관리처분	947	대우건설, 현대엔지니어링	
구로동	구로동주거환경관리사업	기본계획	–		

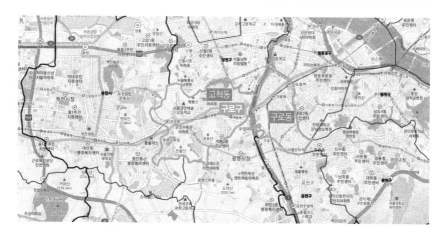

서울특별시 노원구

	구역명	현 단계	건립 예정 세대수	시공사	뉴타운 여부
상계동	상계1구역	사업시행인가	1,250	HDC현대산업개발	상계재정비촉진지구
	상계2구역	사업시행인가	2,200	대우건설, 동부건설	상계재정비촉진지구
	상계5구역	조합설립인가	1,463	두산건설, 코오롱건설, 현대건설	상계재정비촉진지구
중계동	중계본동	사업시행인가	2,891	GS건설	

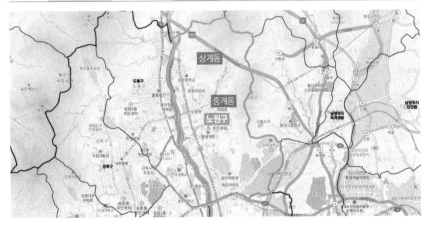

서울특별시 도봉구

	구역명	현 단계	건립 예정 세대수	시공사	뉴타운 여부
도봉동	도봉제2구역	이주/철거	299	금호건설	
쌍문동	쌍문제일종합시장정비구역	구역지정	–		

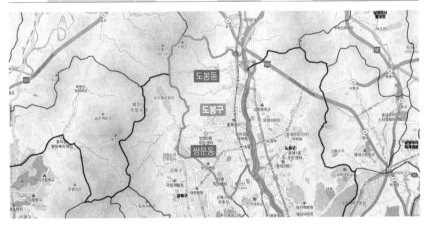

서울특별시 동대문구

	구역명	현 단계	건립 예정 세대수	시공사	뉴타운 여부
답십리동	답십리제17구역	이주/철거	326	삼호	
신설동	신설제1구역	추진위	169		
용두동	용두1도시환경정비구역(3지구)	관리처분	288	현대건설	
	용두1도시환경정비사업(5지구)	추진위	324		
	용두동 177-1 주택재개발	기본계획	–		
	용두제1구역	구역지정	–		청량리촉진지구
	청량리2구역	구역지정	–		청량리촉진지구
이문동	이문4재정비촉진구역	조합설립인가	3,504		
전농동	전농도시환경정비구역	조합설립인가	824	대우건설, 동부건설	청량리촉진지구
	전농제8구역	조합설립인가	1,777		전농,답십리재정비촉진지구
	전농제9구역	추진위	–		
	전농제12구역	조합설립인가	297		청량리촉진지구
제기동	제기제4구역	사업시행인가	909	현대건설	
	제기제6구역	사업시행인가	423	SK에코플랜트	
청량리동	청량리제6구역	조합설립인가	1,236		
	청량리제7구역	이주/철거	761	롯데건설	
	청량리제8구역	조합설립인가	610		
휘경동	이문4재정비촉진구역	조합설립인가	3,720		이문,휘경재정비촉진지구
	휘경3재정비촉진구역	이주/철거	1,792	GS건설	이문,휘경재정비촉진지구

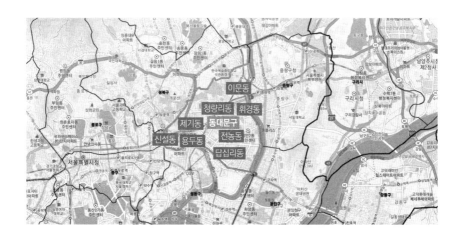

서울특별시 동작구

	구역명	현 단계	건립 예정 세대수	시공사	뉴타운 여부
노량진동	노량진1재정비촉진구역	조합설립인가	2,751		노량진재정비촉진지구
	노량진2재정비촉진구역	이주/철거	421	SK에코플랜트	노량진재정비촉진지구
	노량진3재정비촉진구역	사업시행인가	1,012		노량진재정비촉진지구
	노량진4재정비촉진구역	사업시행인가	844	현대건설	노량진재정비촉진지구
	노량진5재정비촉진구역	사업시행인가	727	대우건설	노량진재정비촉진지구
	노량진6재정비촉진구역	이주/철거	1,499	GS건설, SK에코플랜트	노량진재정비촉진지구
대방동	노량진7재정비촉진구역	사업시행인가	576	SK에코플랜트	노량진재정비촉진지구
	노량진8재정비촉진구역	관리처분	889	DL이앤씨	노량진재정비촉진지구
사당동	남성역세권구역	기본계획	–		
신대방동	신대방역세권장기전세주택	추진위	1,459		
흑석동	흑석1재정비촉진구역	추진위	489		흑석재정비촉진지구
	흑석2재정비촉진구역	추진위	986		흑석재정비촉진지구
	흑석9재정비촉진구역	관리처분	1,536	현대건설	흑석재정비촉진지구
	흑석11재정비촉진구역	사업시행인가	1,509	대우건설	흑석재정비촉진지구

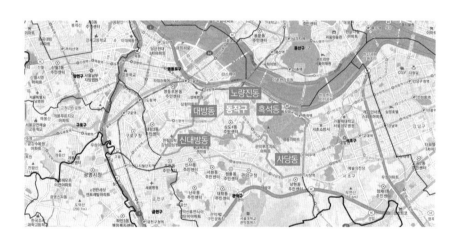

서울특별시 마포구

	구역명	현 단계	건립 예정 세대수	시공사	뉴타운 여부
공덕동	공덕제6구역	조합설립인가	166		
아현동	마포로제3구역제3지구	이주/철거	239	대우건설	
합정동	합정5~9구역	기본계획	–		합정재정비촉진지구

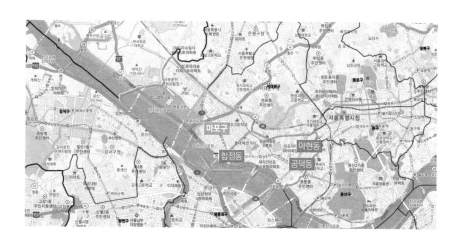

서울특별시 서대문구

	구역명	현 단계	건립 예정 세대수	시공사	뉴타운 여부
남가좌동	가재울뉴타운8구역	이주/철거	283		
북가좌동	가재울7재정비촉지구역	추진위	1,350		가재울재정비촉진지구
	계획관리2구역	추진위	–		가재울재정비촉진지구
	서부중앙시장재개발사업	관리처분	78		
북아현동	북아현3재정비촉진구역	사업시행인가	3,633	롯데건설, GS건설	북아현재정비촉진지구
	북아현제2구역	사업시행인가	1,714	DL이앤씨, 삼성물산	북아현재정비촉진지구
연희동	연희제1구역	이주/철거	1,002	SK에코플랜트	
충정로3가	마포로5구역제2지구	추진위	198		
현저동	현저제2구역	구역지정	160		
홍제동	홍제2구역	조합설립인가	69	동부건설	홍제촉진지구

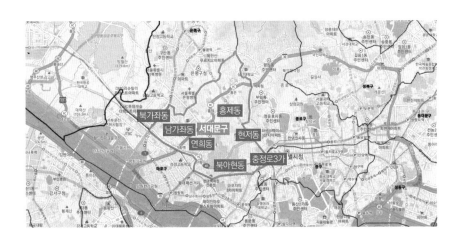

서울특별시 성동구

	구역명	현 단계	건립 예정 세대수	시공사	뉴타운 여부
금호동2가	금호제16구역	사업시행인가	595	현대건설	
금호동3가	금호제21구역(가칭)	기본계획	–		
	금호제22구역(가칭)	기본계획	–		
마장동	마장동30통지역주택	추진위	426		
성수동1가	성수1가1동5~6호일대	기본계획	–		
	성수전략1지구	조합설립인가	2,909		성수전략정비구역
성수동2가	성동1구역	기본계획	–		
	성수2가 532번지 주택재개발	기본계획	–		
	성수2가1동 544번지 주택재개발	기본계획	–		
	성수전략2지구	조합설립인가	1,907		성수전략정비구역
	성수전략3지구	조합설립인가	1,852		성수전략정비구역
	성수전략4지구	조합설립인가	1,579		성수전략정비구역
용답동	용답동주택재개발(용답재해구역)	이주/철거	1,251	GS건설	
하왕십리동	하왕제9구역	기본계획	–		
행당동	행당제8구역	기본계획	–		

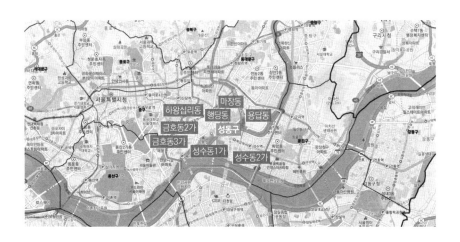

서울특별시 성북구

	구역명	현 단계	건립 예정 세대수	시공사	뉴타운 여부
길음동	신길음1구역	조합설립인가	444	삼호건설	미아촉진지구
	신길음구역	사업시행인가	855		미아촉진지구
돈암동	돈암제6구역	조합설립인가	1,041		
동선동4가	동선제2구역	관리처분	334	제일종합건설	
동소문동 2가	동소문제2구역	조합설립인가	494	롯데건설	
보문동1가	보문제5구역	이주/철거	199	HDC현대산업 개발	
삼선동2가	삼선제5구역	이주/철거	1,199	롯데건설	
성북동	성북제1구역	추진위	–		미아촉진지구
	성북제2구역	조합설립인가	410		
장위동	장위3구역	조합설립인가	1,078	삼성물산	장위재정비촉진지구
	장위6구역	이주/철거	1,637	대우건설	장위재정비촉진지구
	장위10구역	이주/철거	1,826	대우건설	장위재정비촉진지구
	장위14구역	조합설립인가	2,294	HDC현대산업 개발, SK에코 플랜트	장위재정비촉진지구
정릉동	정릉골주택재개발사업	사업시행인가	1,417		
하월곡동	신월곡1구역	사업시행인가	2,244	한화건설, 롯데건설	미아촉진지구

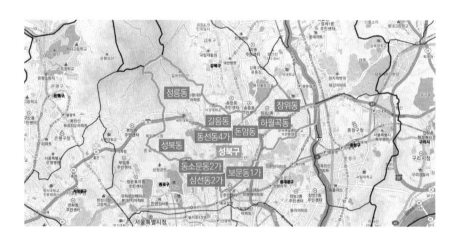

서울특별시 송파구

	구역명	현 단계	건립 예정 세대수	시공사	뉴타운 여부
마천동	마천1구역	추진위	2,685		거여마천재정비촉진지구
	마천3구역	조합설립인가	2,367		거여마천재정비촉진지구
	마천4구역	시공사선정	1,135	현대건설	

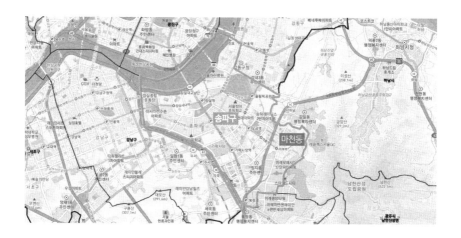

서울특별시 양천구

	구역명	현 단계	건립 예정 세대수	시공사	뉴타운 여부
목동	657-1가로주택정비사업	조합설립인가	300	DL이앤씨	
신월동	신정1-3지구	사업시행인가	211	HDC현대산업개발	신정재정비촉진지구
신정동	신정3구역	추진위	310		신정재정비촉진지구
	신정7존치관리구역	기본계획	-		신정재정비촉진지구
	신정네거리특별계획구역1	기본계획	-		
	신정네거리특별계획구역2	기본계획	-		

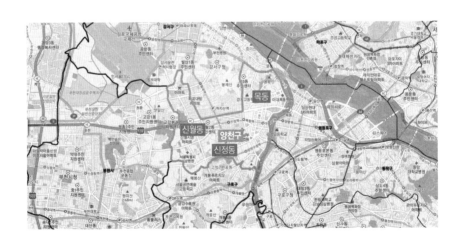

서울특별시 영등포구

	구역명	현 단계	건립 예정 세대수	시공사	뉴타운 여부
문래동1가	문래동1-4가	구역지정	–		
신길동	신길1촉진구역	기본계획	985		신길재정비촉진지구
	신길제2구역(190일대)	조합설립인가	1,772		
	영진시장	구역지정	104		
양평동1가	양남시장정비사업	관리처분	90		
	양평제10구역	추진위	–		
	양평제12구역	이주/철거	707	GS건설	
양평동2가	양평제13구역	사업시행인가	360		
	양평제14구역	추진위	308		
영등포동 5가	영등포1-11구역	조합설립인가	715		영등포재정비촉진지구
	영등포1-12구역	조합설립인가			영등포재정비촉진지구
	영등포1-13구역	이주/철거	659	대우건설, 두산건설	영등포재정비촉진지구
	영등포1-14구역	구역지정	–		영등포재정비촉진지구
	영등포1-16구역	구역지정	–		영등포재정비촉진지구
영등포동 7가	영등포1-2구역	조합설립인가	201	계룡건설	영등포재정비촉진지구

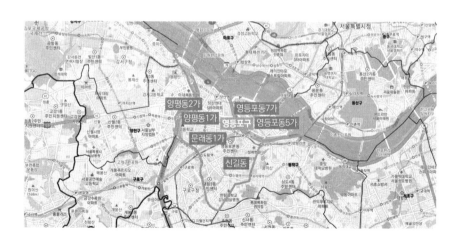

서울특별시 용산구

	구역명	현 단계	건립 예정 세대수	시공사	뉴타운 여부
동빙고동	한남5구역	조합설립인가	2,359		한남재정비촉진지구
동자동	동자동제2구역	사업시행인가	-		
	동자동제3-2구역	사업시행인가	-		
보광동	한남4구역	조합설립인가	1,965		한남재정비촉진지구
	한남제2구역	사업시행인가	1,537		
용산동3가	정비창전면제1구역	조합설립인가	777		
이태원동	이태원로주변	기본계획	-		
	한남2구역	사업시행인가	1,537		한남재정비촉진지구
한강로1가	한강로구역	조합설립인가	476		
한강로2가	신용산역북측제1구역	조합설립인가	215		
	신용산역북측제2구역	사업시행인가	298	현대건설	
	용산역전면제1구역	구역지정	-		
한강로3가	40-641번지일대특별계획구역	조합설립인가	777		
	65-100번지일대특별계획구역	기본계획	-		
	빗물펌프장주변 특별계획구역	기본계획	-		
	용산세무소주변 특별계획구역	기본계획	-		
한남동	한남3구역	사업시행인가	5,757	현대건설	한남재정비촉진지구

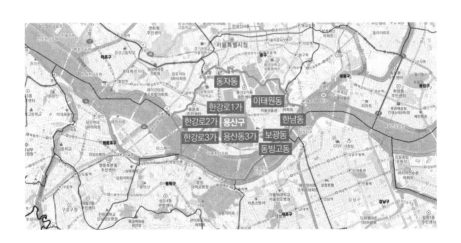

서울특별시 은평구

	구역명	현 단계	건립 예정 세대수	시공사	뉴타운 여부
갈현동	갈현제1구역	사업시행인가	4,124	롯데건설	
대조동	대조제1구역	이주/철거	2,443	현대건설	
	은평구산역세권재개발	구역준비	–		
불광동	독바위역세권재개발정비구역	조합설립인가	1,305		
	불광제5구역	사업시행인가	2,393		
	연신내구역	기본계획	77		
수색동	수색1구역	조합설립인가	–		수색증산재정비촉진지구
	수색2구역	조합설립인가	–		수색증산재정비촉진지구
	수색3구역	구역지정	–		수색증산재정비촉진지구
	수색5구역	구역지정	–		수색증산재정비촉진지구
	수색8구역	사업시행인가	578	SK에코플랜트	수색증산재정비촉진지구
	수색11구역	구역지정	–		수색증산재정비촉진지구
	수색12구역	구역지정	–		수색증산재정비촉진지구
증산동	증산4재정비촉진구역	추진위	2,884		수색증산재정비촉진지구
	증산5재정비촉진구역	사업시행인가	1,704	롯데건설	수색증산재정비촉진지구

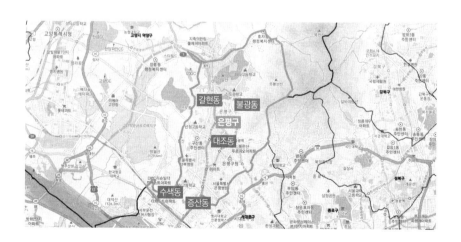

서울특별시 종로구

	구역명	현 단계	건립 예정 세대수	시공사	뉴타운 여부
교남동	돈의문제2구역	추진위	–		돈의문뉴타운
내자동	내자,필운구역	추진위	321		
수송동	수송구역	구역지정	–		
신영동	신영제1구역	사업시행인가	199	신안건설산업	
예지동	세운4구역	이주/철거		코오롱글로벌	세운재정비촉진지구
장사동	세운2구역	구역지정	–		세운재정비촉진지구
	세운6-1구역	구역지정	–		세운재정비촉진지구
	세운6-2구역	구역지정	–		세운재정비촉진지구
	세운6-3구역	구역지정	–		세운재정비촉진지구
	세운6-4구역	구역지정	–		세운재정비촉진지구
종로6가	종로6가도시환경정비구역	조합설립인가	234		
창신동	창신4구역	추진위	525		창신숭인재정비촉진지구
홍파동	홍파동 5번지 주택재개발	기본계획	–		

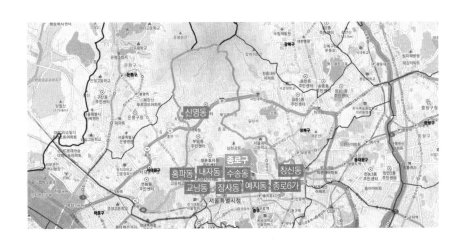

서울특별시 중구

	구역명	현 단계	건립 예정 세대수	시공사	뉴타운 여부
다동	다동구역제6지구	구역지정	–		
무교동	무교다동도시환경정비구역	사업시행인가	–		
산림동	세운5-1구역	사업시행인가	–		세운재정비촉진지구
신당동	신당제8구역	사업시행인가	1,215	DL이앤씨	
	신당제9구역	조합설립인가	266	남광토건	
을지로3가	을지로3가9지구	구역지정	108		

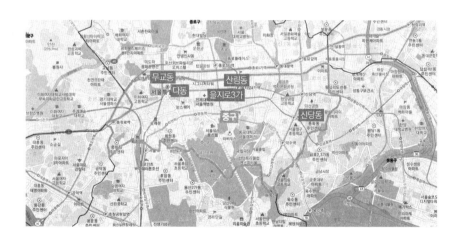

서울특별시 중랑구

	구역명	현 단계	건립 예정 세대수	시공사	뉴타운 여부
상봉동	상봉7재정비촉진구역	사업시행인가	511		
중화동	대명삼보연립	관리처분	179		
	존치정비2구역	기본계획	–		중화재정비촉진지구
	존치정비3구역	기본계획	–		중화재정비촉진지구
	중화촉진1구역	이주/철거	1,055	롯데건설, SK에코플랜트	중화재정비촉진지구
	중화촉진3구역	이주/철거	352		

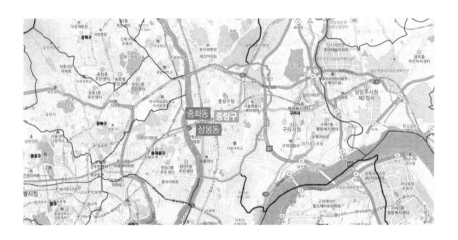

경기도 고양시

		구역명	현 단계	건립 예정 세대수	시공사	뉴타운 여부
덕양구	고양동	고양1-1구역	조합설립인가	352	KCC건설	
		고양동1-2구역	사업시행인가	260	쌍용건설	
	주교동	원당1구역	관리처분	2,601	포스코건설, 한화건설	원당재정비촉진지구
		원당2구역	조합설립인가	1,397	DL이앤씨	원당재정비촉진지구
		원당8구역	기본계획	1,039		원당재정비촉진지구
	토당동	능곡2구역	사업시행인가	3,156	GS건설, SK에코플랜트	능곡재정비촉진지구
		능곡5구역	사업시행인가	2,560	HDC현대산업개발	능곡재정비촉진지구
		능곡6구역	조합설립인가	2,202	현대건설	능곡재정비촉진지구
		대당연립	조합설립인가	72	월드건설	
	행신동	행신1-1구역	기본계획	–		
일산서구	일산동	일산1-2구역	조합설립인가	–	금성백조주택	일산재정비촉진지구
		일산2구역	기본계획	3,690		일산재정비촉진지구

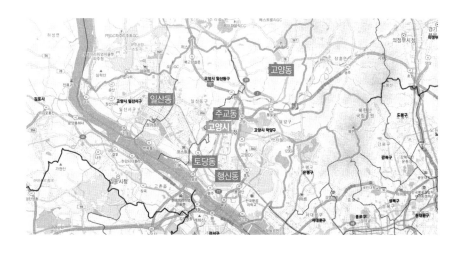

경기도 과천시

구역명		현 단계	건립 예정 세대수	시공사	뉴타운 여부
주암동	주암장군마을	사업시행인가	880	현대건설	
중앙동	중앙단독구역	기본계획	–		

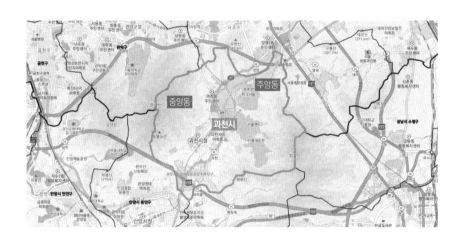

경기도 광명시

	구역명	현 단계	건립 예정 세대수	시공사	뉴타운 여부
광명동	광명4R구역	이주/철거	1,957	HDC현대산업개발	광명재정비촉진지구
	광명9R구역	이주/철거	1,498	롯데건설	광명재정비촉진지구
	광명11R구역	관리처분	4,314	현대건설, HDC현대산업개발	광명재정비촉진지구
	광명21C구역	구역지정	–		광명재정비촉진지구
소하동	소하2구역	이주/철거	203	신원종합개발	
	소하동4구역	구역지정	–	두산건설	
철산동	광명1R구역	이주/철거	3,585	포스코건설, 한화건설, GS건설	광명재정비촉진지구
	광명5R구역	이주/철거	3,091	현대건설, GS건설, SK에코플랜트	광명재정비촉진지구
	광명12R구역	사업시행인가	2,097	GS건설	광명재정비촉진지구

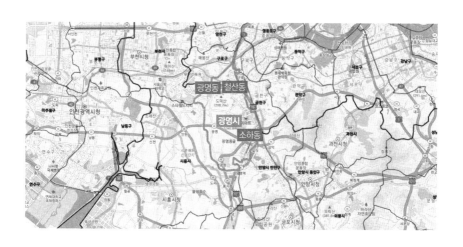

경기도 구리시

	구역명	현 단계	건립 예정 세대수	시공사	뉴타운 여부
교문동	딸기원1지구	추진위	2,354		
	딸기원2지구	사업시행인가	839	중흥건설	
수택동	수택B구역	기본계획	614		인창수택재정비촉진지구
	수택E구역	이주/철거	3,050	DL이앤씨, GS건설, SK 에코플랜트	인창수택재정비촉진지구

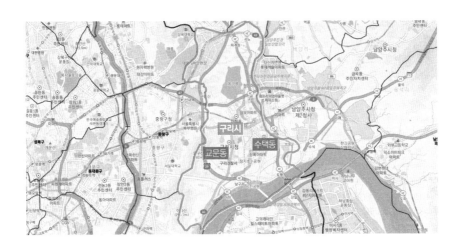

경기도 군포시

	구역명	현 단계	건립 예정 세대수	시공사	뉴타운 여부
당동	군포10구역	조합설립인가	1,089	호반건설	군포역세권재정비촉진지구
산본동	금정역역세권재개발사업	조합설립인가	1,441		
	산본1동1지구	구역지정	–		

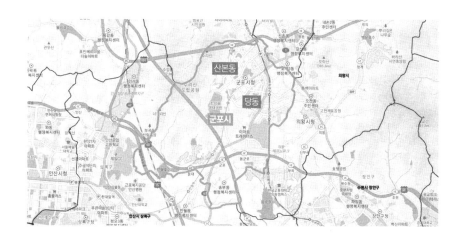

경기도 김포시

	구역명	현 단계	건립 예정 세대수	시공사	뉴타운 여부
북변동	북변1구역	기본계획	980		김포재정비촉진지구
	북변3구역	이주/철거	1,193	우미건설	김포재정비촉진지구
	북변4구역	이주/철거	2,843	한양	김포재정비촉진지구
	북변5구역	사업시행인가	2,263	DL이앤씨	김포재정비촉진지구

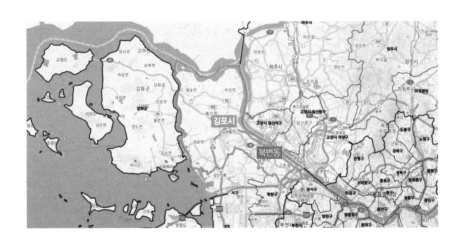

경기도 남양주시

	구역명	현 단계	건립 예정 세대수	시공사	뉴타운 여부
금곡동	금곡2구역	사업시행인가	–	한진중공업	
	금곡4	기본계획	–		
	금곡6구역	기본계획	–		
다산동	지금도농1-1구역	조합설립인가	348	한화건설	지금도농재정비촉진지구
	지금도농1-2구역	구역지정	300		지금도농재정비촉진지구
	지금도농6-1구역	구역지정	–		
	지금도농6-2구역	사업시행인가	807	호반건설	지금도농재정비촉진지구
와부읍	덕소2구역	이주/철거	999	라온건설	덕소재정비촉진지구
	덕소3구역	조합설립인가	2,908	대우건설, GS건설	덕소재정비촉진지구
	덕소4구역	조합설립인가	484	신동아건설	덕소재정비촉진지구
	덕소5A구역	사업시행인가	990	현대엔지니어링	덕소재정비촉진지구
	덕소5B구역	사업시행인가	320		덕소재정비촉진지구
	덕소6A구역	이주/철거	212	신일	덕소재정비촉진지구
	도곡2구역	이주/철거	758	한양건설	덕소재정비촉진지구
호평동	호평1	기본계획	–		

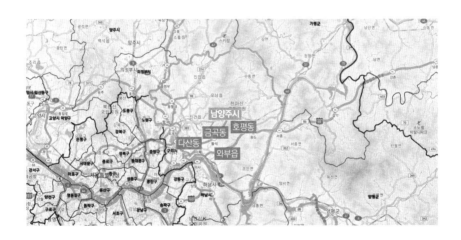

경기도 동두천시

	구역명	현 단계	건립 예정 세대수	시공사	뉴타운 여부
생연동	중앙구역	구역지정	–		

경기도 부천시

	구역명	현 단계	건립 예정 세대수	시공사	뉴타운 여부
고강동	삼우APT성원수정빌라	조합설립인가	108	신성건설	
	삼하동호진주연립	조합설립인가	92	일신건영	
	세종빌라외가로주택	사업시행인가	100		
괴안동	괴안2D구역	조합설립인가	602	동부건설	소사재정비촉진지구
	괴안3D구역	이주/철거	759	쌍용건설	소사재정비촉진지구
	괴안7D구역	기본계획	448		소사재정비촉진지구
삼정동	삼정제1-1구역	추진위	–		
소사동	소사1-1구역	사업시행인가	748	DL이앤씨	
	소사3구역	사업시행인가	1,649	DL이앤씨, 롯데건설	
소사본동	소사본1-1구역	조합설립인가	1,346	대우건설, 한화건설, 동부건설	
송내동	삼익아파트1동	조합설립인가	–	호반건설	
	삼익아파트2동	조합설립인가	202	호반건설	
	삼익아파트3동	조합설립인가	–	동우건설	
	삼익아파트5동	조합설립인가	200	호반건설	
심곡동	심곡3-1구역	구역지정	334		
	심곡3-1구역	구역지정	334		

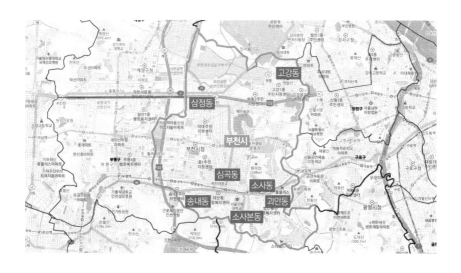

경기도 성남시

		구역명	현 단계	건립 예정 세대수	시공사	뉴타운 여부
수정구	산성동	산성구역	이주/철거	3,372	대우건설, GS건설, SK에코플랜트	
	수진동	수진제1구역	구역지정	–		
	신흥동	신흥제1구역	조합설립인가	–		
	태평동	태평제1구역	기본계획	–		
		태평제3구역	기본계획	–		
중원구	금광동	금광제2구역	기본계획	–		
	상대원동	상대원2구역	관리처분	5,090	DL이앤씨	
		상대원3구역	기본계획	–		
	중앙동	도환중1구역	이주/철거	1,972	효성, 진흥건설	

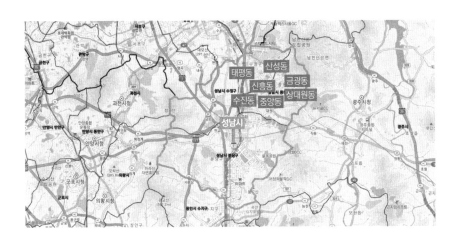

경기도 수원시

		구역명	현 단계	건립 예정 세대수	시공사	뉴타운 여부
권선구	세류동	113-6구역	이주/철거	2,178	삼성물산, 코오롱건설, SK 에코플랜트	
	평동	113-7 (평동주거환경개선사업)	사업시행인가	608		
영통구	매탄동	영통1구역	조합설립인가	–	대우건설, SK 에코플랜트	
장안구	영화동	111-3구역	사업시행인가	420	두산건설	
팔달구	장안동	행궁마을수원형도시르네상스시범사업	구역지정	–		

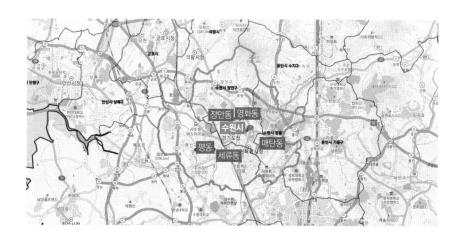

경기도 시흥시

	구역명	현 단계	건립 예정 세대수	시공사	뉴타운 여부
은행동	은행1	기본계획	-		
	은행2구역	구역지정	1,288		
	은행4구역	구역지정	-		
조남동	목감	기본계획	-		
포동	포동1	기본계획	-		

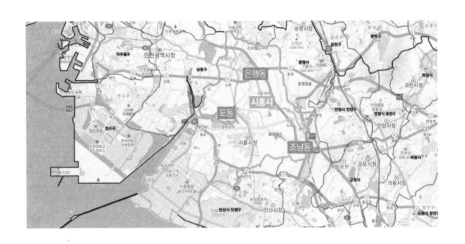

경기도 안성시

구역명		현 단계	건립 예정 세대수	시공사	뉴타운 여부
신건지동	신건지동1구역	추진위	–		

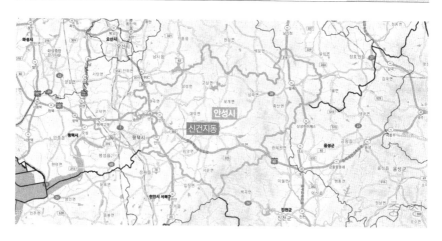

경기도 양주시

구역명		현 단계	건립 예정 세대수	시공사	뉴타운 여부
덕계동	덕계5구역	기본계획	–		

경기도 안양시

		구역명	현 단계	건립 예정 세대수	시공사	뉴타운 여부
동안구	호계동	삼덕진주아파트가로주택 정비사업	조합설립인가	228	쌍용건설	
만안구	박달동	극동아파트주변지구	기본계획	–		
	석수동	화창지구	이주/철거	483	GS건설	
	안양동	만안구청주변지구	기본계획	–		
		상록지구	관리처분	1,713	GS건설	
		안양역세권지구	관리처분	853	HDC현대산업 개발, 한양	

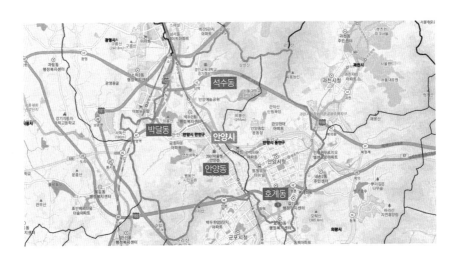

경기도 용인시

		구역명	현 단계	건립 예정 세대수	시공사	뉴타운 여부
수지구	풍덕천동	풍덕천1구역	구역지정	–		
처인구	김량장동	용인7구역	사업시행인가	323	일성건설	
	마평동	마평1구역	사업시행인가	–		
	모현읍	모현1구역	조합설립인가	497	한진중공업	
	삼가동	삼가1구역	기본계획	–		
		삼가2구역	기본계획	–		
	역북동	역북1구역	기본계획	–		
		용인3구역	기본계획	–		

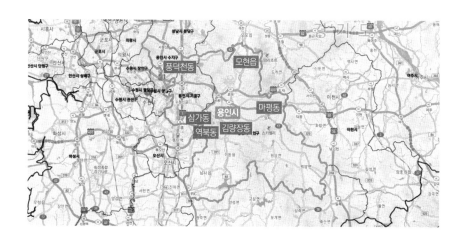

경기도 의왕시

	구역명	현 단계	건립 예정 세대수	시공사	뉴타운 여부
고천동	고천가구역	사업시행인가	929	롯데건설, HDC현대산업개발	
	고천나구역	사업시행인가	1,913	SK에코플랜트	
내손동	내손가구역	추진위	618		
	내손다구역	이주/철거	2,633	GS건설, SK에코플랜트	
	내손라구역	이주/철거	2,180	대우건설, 롯데건설, GS건설	
삼동	부곡가구역	이주/철거	1,719	SK에코플랜트	
오전동	오전나구역	이주/철거	733	태영건설	
	오전다구역	사업시행인가	3,209	대우건설, 동부건설	
	오전라구역	추진위	477		

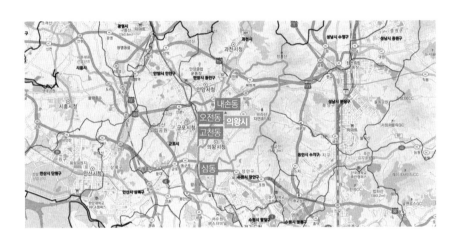

경기도 의정부시

	구역명	현 단계	건립 예정 세대수	시공사	뉴타운 여부
가능동	금의2구역	구역지정	2,601		금의재정비촉진지구
신곡동	장암5구역	조합설립인가	964	SK에코플랜트, 현대엔지니어링	
	장암생활권3구역	이주/철거	902	고려개발	
의정부동	중앙생활권1구역	추진위	–		
호원동	호원2구역	기본계획	–		
	호원3구역	기본계획	–		

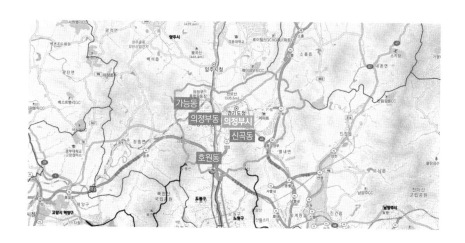

경기도 이천시

구역명		현 단계	건립 예정 세대수	시공사	뉴타운 여부
관고동	이천관고동주택재개발정비구역	사업시행인가	616	고려개발, DL이앤씨	

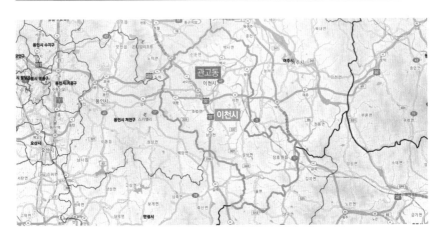

경기도 하남시

구역명		현 단계	건립 예정 세대수	시공사	뉴타운 여부
덕풍동	덕풍제8구역	기본계획	–		
	덕풍제9구역	기본계획	–		
신장동	하남E구역	구역지정	1,294		

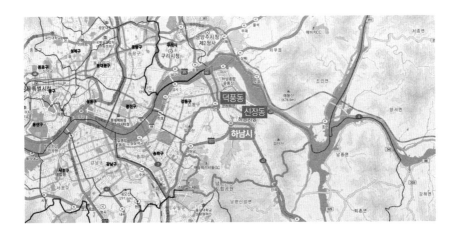

경기도 파주시

	구역명	현 단계	건립 예정 세대수	시공사	뉴타운 여부
금촌동	금촌2동제2지구	이주/철거	1,055	금호건설	
	새말지구	관리처분	2,583	롯데건설, 중흥토건	
	율목지구	이주/철거	1,213	SK에코플랜트	
문산읍	문산1-5구역	사업시행인가	-	KCC건설	
	문산3리지구	관리처분	940	동문건설	
	선유리재개발	기본계획	-		
파주읍	파주1-3구역	조합설립인가	-	대우건설	

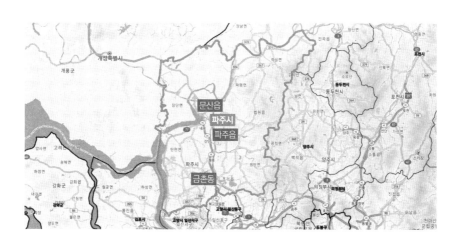

경기도 평택시

	구역명	현 단계	건립 예정 세대수	시공사	뉴타운 여부
세교동	세교1구역	이주/철거	1,121	요진건설산업	
	세교2구역	기본계획	–		
신장동	신장R1	구역지정	763		신장재정비촉진지구
	신장R2	구역지정	1,423		신장재정비촉진지구
	신장서정동일대37구역	기본계획	–		신장재정비촉진지구

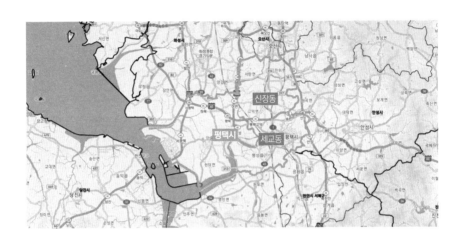

인천광역시 계양구, 부평구, 서구

		구역명	현 단계	건립 예정 세대수	시공사	뉴타운 여부
계양구	계산동	계산역북측구역	추진위	–		
	박촌동	박촌제1구역	기본계획	–		
		박촌제2구역	기본계획	–		
	작전동	작전현대아파트재개발구역	이주/철거	1,370	두산건설, 쌍용건설	

		구역명	현 단계	건립 예정 세대수	시공사	뉴타운 여부
부평구	갈산동	갈산1구역	사업시행인가	1,137	포스코건설, HDC현대산업개발	
	부개동	부개4구역	이주/철거	1,299	DL이앤씨	
		부개5구역	조합설립인가	2,200	대우건설, 코오롱건설, 현대건설	
	부평동	부평2구역	이주/철거	1,500	고려개발	
		부평고교주변구역	구역지정	–		
		신촌구역	조합설립인가	–	DL이앤씨, 롯데건설	
	산곡동	산곡3구역	조합설립인가	371	두산건설	
		산곡5구역	사업시행인가	1,498	포스코건설, GS건설	
		산곡6구역	이주/철거	2,706	코오롱건설, 현대건설, GS건설	
		산곡7구역	조합설립인가	1,660	대우건설, 롯데건설	
		산곡구역	사업시행인가	2,364	효성중공업, 진흥건설	
	십정동	동암마을	구역지정	–		
		십정3구역	이주/철거	670	한신공영	
		십정4구역	사업시행인가	962	모아종합건설	
		십정5구역	사업시행인가	2,217	DL이앤씨, 두산건설, GS건설	
		십정동재개발	추진위	–		
서구	석남동	동진3차	시공사선정	–	호반건설	

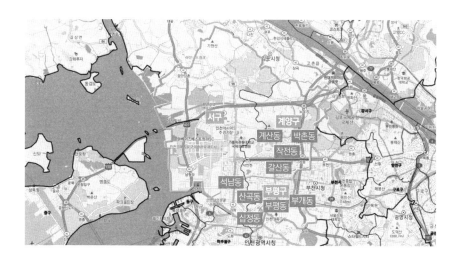

인천광역시 미추홀구, 남동구, 연수구

		구역명	현 단계	건립 예정 세대수	시공사	뉴타운 여부
미추홀구	도화동	도화1구역	사업시행인가	2,351	DL이앤씨	
		도화4구역	사업시행인가	582	일성건설	
	숭의동	숭의3구역	이주/철거	770	디엘종합건설	
		숭의5구역	조합설립인가	550	현대건설	
		용마루지구	관리처분	3,252	한국토지주택공사	
		전도관구역	이주/철거	1,705	삼호	
	용현동	용현4구역	조합설립인가	932	KCC건설, SK에코플랜트	
	주안동	미추1구역	이주/철거	1,314	라인건설	주안재정비촉진지구
		미추2구역	추진위	1,934		주안재정비촉진지구
		미추4구역	추진위	1,212		주안재정비촉진지구
		미추5구역	추진위	2,918		주안재정비촉진지구
		미추6구역	추진위	1,610		주안재정비촉진지구
		미추8구역	관리처분	2,825	포스코건설, 한화건설	주안재정비촉진지구
		미추C구역	구역지정	–		주안재정비촉진지구
	학익동	학익3구역	사업시행인가	1,500	대우건설	
		학익4구역	관리처분	567	금강주택	
남동구	간석동	간석성락아파트구역	이주/철거	469	한신공영	
		상인천초등학교주변구역	이주/철거	2,606	포스코건설, 한화건설	
연수구	옥련동	옥련대진빌라주변구역	이주/철거	170	이수건설	
	청학동	청능마을	구역지정	–		

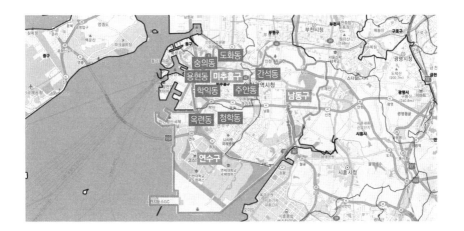

인천광역시 중구, 동구

		구역명	현 단계	건립 예정 세대수	시공사	뉴타운 여부
중구	경동	경동구역	조합설립인가	1,161	코오롱글로벌	
		경동율목구역	조합설립인가	453	한진중공업, 계룡건설	
	사동	인천여상주변구역	관리처분	579	삼호	
	송월동1가	송월구역	조합설립인가	518	DL이앤씨	
		송월아파트구역	조합설립인가	700	대림건설	
동구	송림동	금송구역	이주/철거	3,965	대림건설, 대림코퍼레이션	
		서림구역	사업시행인가	477		
		송림1,2동구역	사업시행인가	3,610	현대엔지니어링	
		송림3지구	이주/철거	1,321	두산건설	
		송림6구역	이주/철거	298	대우산업개발	
	화평동	화수화평구역	조합설립인가	3,023	현대건설	

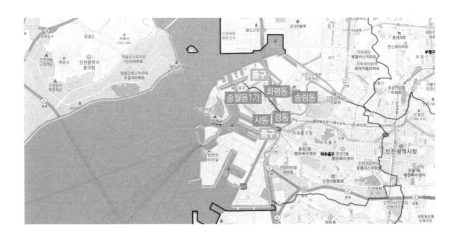

대전광역시 대덕구, 유성구, 서구

		구역명	현 단계	건립 예정 세대수	시공사	뉴타운 여부
대덕구	대화동	대화동1구역	조합설립인가	1,667	효성중공업, 진흥건설	
		대화동2구역	사업시행인가	1,375	유탑건설	
		대화동3구역	기본계획	–		
	비래동	비래동1구역	기본계획	–		
	석봉동	석봉2구역	구역지정	–		신탄진재정비촉진지구
	오정동	오정동1구역	기본계획	–		
	읍내동	읍내동1구역 (효자지구)	구역지정	1,705	대우건설, 태영건설, 계룡건설, 한국토지주택공사	
	장동	장동1구역	사업시행인가	–		
유성구	장대동	장대B구역	조합설립인가	–	현대건설	유성시장재정비촉진지구
서구	가장동	도마변동1구역	이주/철거	1,779	현대건설, 현대엔지니어링	도마변동재정비촉진지구
	도마동	도마1구역	기본계획	–		
		도마변동6구역	구역지정	–		도마변동재정비촉진지구
		도마변동9구역	관리처분	818	한진중공업, 한화건설	도마변동재정비촉진지구
		도마변동12구역	시공사선정	1,688	DL이앤씨, GS건설	도마변동재정비촉진지구
	변동	도마변동3구역	조합설립인가	–	포스코건설, 현대건설, GS건설	도마변동재정비촉진지구
	복수동	복수동2구역	조합설립인가	985	한양건설	

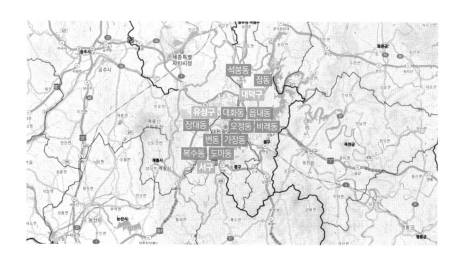

대전광역시 동구

	구역명	현 단계	건립 예정 세대수	시공사	뉴타운 여부
가양동	가양동8구역	기본계획	–		
가오동	가오동3구역	기본계획	–		
	가오동4구역	기본계획	–		
낭월동	낭월동1구역	기본계획	–		
대동	대동1구역	구역지정			대전역세권재정비촉진지구
	대동2구역	기본계획	–		
	대동3구역	사업시행인가	–	한국토지주택공사	
	대동4,8구역	조합설립인가	2,357	현대건설, HDC현대산업개발	
	대동9구역	기본계획	–		
대성동	대성동1구역	기본계획	–		
삼성동	삼성1구역	조합설립인가	1,612	고려개발, DL이앤씨	
	삼성3구역	구역지정	–		대전역세권재정비촉진지구
	삼성4구역	조합설립인가	–	DL이앤씨	대전역세권재정비촉진지구
	삼성동4구역	기본계획	–		
	삼성동5구역	기본계획	–		
성남동	성남1구역	구역지정	–		대전역세권재정비촉진지구
	성남동1구역	이주/철거	1,213	우미건설	
	성남동2구역	조합설립인가	2,602	계룡건설, 한신공영, 현대건설, 현강건설, 새로운종합건설	
	성남동3구역	시공사선정	2,392	대우건설, 포스코건설, GS건설	
소제동	소제1구역	구역지정	–		대전역세권재정비촉진지구
	소제2구역	구역지정	–		대전역세권재정비촉진지구
	소제동1구역	구역지정	–	한국토지주택공사	
신안동	신안1구역	구역지정	–		대전역세권재정비촉진지구
신흥동	신흥동1구역	기본계획	–		
원동	원동2구역	구역지정	–		대전역세권재정비촉진지구
인동	인동1구역	기본계획	–		
정동	대전역복합	구역지정	–		대전역세권재정비촉진지구
	정동2구역	구역지정	–		대전역세권재정비촉진지구
	정동3구역	구역지정	–		대전역세권재정비촉진지구
	정동구역	추진위	–		
중동	중동1구역	추진위	–		
천동	천동1구역	기본계획	–		

(동구)

		구역명	현 단계	건립 예정 세대수	시공사	뉴타운 여부
동구	천동	천동3구역	이주/철거	–	대우건설, 태영건설, 계룡건설	
		천동4구역	기본계획	–		
	판암동	판암동1구역	기본계획	–		
		판암동2구역	기본계획	–		
	효동	효동2구역	기본계획	–		

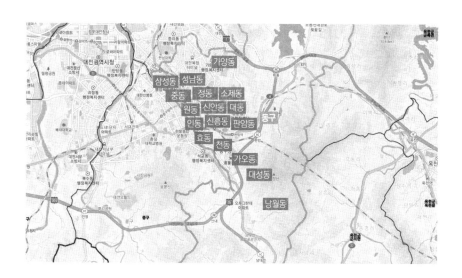

대전광역시 중구

	구역명	현 단계	건립 예정 세대수	시공사	뉴타운 여부
대사동	대사동1구역	조합설립인가	883	GS건설	
	대사동2구역	구역지정	–		
	대사동3구역	기본계획	–		
	대사동4구역	기본계획	–		
	보문3구역	구역지정	374		
대흥동	대흥2구역(주택재개발)	이주/철거	1,278	KCC건설	
	대흥4구역	조합설립인가	721	한진중공업, 계룡건설	
	대흥동1구역	조합설립인가	856	코오롱건설, 현대건설	
문창동	문창동1구역	기본계획	–		
문화동	문화2구역	사업시행인가	764	코오롱건설	
	문화동5구역	기본계획	–		
	문화동7구역	기본계획	–		
	문화동8구역	사업시행인가	1,806	GS건설, SK에코플랜트	
부사동	부사4구역	조합설립인가	703	한화건설	
	부사5구역	기본계획	–		
	부사동7구역	기본계획	–		
산성동	산성동2구역	조합설립인가	1,380	중흥건설	
선화동	선화1-A구역	추진위	602		
	선화1구역(도시환경정비사업)	구역지정	1,672	중흥토건	
	선화2구역	사업시행인가	1,596	효성, 진흥기업	
옥계동	옥계동2구역	조합설립인가	1,169	대림건설	
용두동	용두동2구역	사업시행인가	794	아이에스동서	
유천동	유천1,2구역	기본계획	–		
은행동	은행1구역	사업시행인가	2,323	롯데건설	
태평동	태평동1구역	추진위	–		
	태평동2구역	조합설립인가	535	코오롱글로벌	
	태평동9구역	기본계획	–		

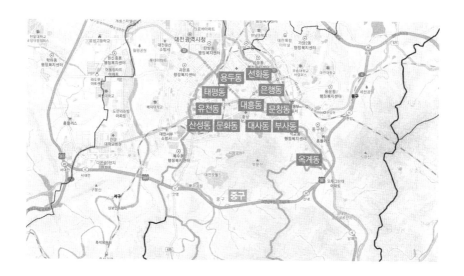

광주광역시 광산구, 서구

		구역명	현 단계	건립 예정 세대수	시공사	뉴타운 여부
광산구	도산동	도산7통	구역지정	1,870		
		서동구역	구역지정	-		
		원도산구역	기본계획	-		
	비아동	비아구역	기본계획	-		
	송정동	송정구역	기본계획	-		
		용보촌구역	구역지정			
	신가동	신가동	이주/철거	4,732	DL이앤씨, 롯데건설, GS건설, SK에코플랜트, 한양건설	
	신창동	선창	기본계획	-		
	옥동	옥동구역	기본계획	-		
	우산동	동서작구역	추진위			
		부동구역	기본계획	-		
	운남동	운남구역	추진위			
	황룡동	황룡구역	기본계획	-		
서구	광천동	광천동재개발	조합설립인가	5,611		
	양동	양동3구역	사업시행인가	1,218	쌍용건설	
	화정동	화정2구역	사업시행인가	-		

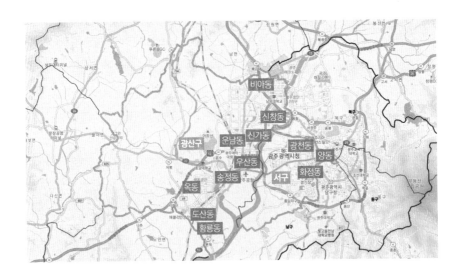

광주광역시 북구, 동구, 남구

		구역명	현 단계	건립 예정 세대수	시공사	뉴타운 여부
북구	누문동	누문구역	이주/철거	3,096	한양건설	
	두암동	두암동849-21	조합설립인가	134	대보건설	
	본촌동	본촌구역	기본계획	–		
	북동	북동구역	추진위	–		
	운암동	운암동32-15	시공사선정	219	영무토건	
	중흥동	중흥구역	추진위	–		
	풍향동	풍향3구역	기본계획	–		
		풍향구역	시공사선정	–	포스코건설, 롯데건설	
동구	계림동	계림1구역	조합설립인가	891	호반건설	
		계림3구역	조합설립인가	–	한화건설	
		계림4구역	이주/철거	930	혜림건설	
	산수동	산수3구역	조합설립인가	685		
	지산동	지산1구역	조합설립인가	–	롯데건설	
	학동	학동2구역(남광주역일대)	추진위	–		
		학동4구역	이주/철거	2,282	HDC현대산업개발	
남구	서동	서동1구역	조합설립인가	722	HDC현대산업개발	

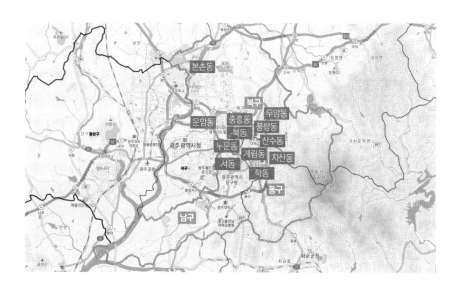

대구광역시 동구, 북구, 서구

		구역명	현 단계	건립 예정 세대수	시공사	뉴타운 여부
동구	동호동	동호동(45)	기본계획	–		
	불로동	불로강변지구	추진위	–		
		불로공항지구	추진위	–		
	신암동	신암1촉진구역(151-1)	이주/철거	1,499	코오롱글로벌	
		신암2동	기본계획	–		
		신암4촉진구역	조합설립인가	–		
		신암9촉진구역	사업시행인가	–	현대건설	
	율하동	율하동(237-5)	기본계획	–		
북구	고성동1가	고성지구	기본계획	–		
	노원동2가	노원2동주택재개발	이주/철거	1,613	포스코건설	
	노원동3가	노원2지구	기본계획	–		
	대현동	대현동(325-5)	기본계획	–		
		대현동(502-5)	기본계획	–		
	복현동	복현지구	사업시행인가	278		
	산격동	산격2동(462)	기본계획	–		
		산격동(810-1)	기본계획	–		
	칠성동2가	세븐스타주택재개발	추진위	–		
		칠성2가(409-99)	기본계획	–		
		칠성새동네	추진위	–		
	침산동	북자19	기본계획	–		
		북자27	기본계획	–		
		침산동(25-47)	기본계획	–		
		침산동(560-5)	기본계획	–		
		침산동(805)	기본계획	–		
		침산동(1011)	기본계획	–		
서구	내당동	내당2,3동(884-24)	기본계획	–		
	비산동	비산2,3동(2870)	기본계획	–		
		비산동(55-1)	기본계획	–		
		서검08	추진위	–		
	원대동2가	원대동2가	추진위	–		
	평리동	서대구지구	조합설립인가	2,571	DL이앤씨	
		평리1동	추진위	–		
		평리1촉진	사업시행인가	780	한신공영	
		평리2촉진(606-1)	사업시행인가	1,037	두산건설, 일성건설	
		평리4촉진(606-1)	이주/철거	1,151	한라	

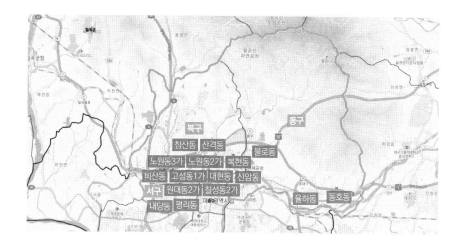

대구광역시 달서구, 남구, 수성구

	구역명		현 단계	건립 예정 세대수	시공사	뉴타운 여부
달서구	도원동	달검08	기본계획	–		
	두류동	반고개	조합설립인가	1,254		
	본리동	본리지구	추진위	–		
남구	대명동	남검11	기본계획	–		
		대덕주택재개발	추진위	–		
		대명3동 뉴타운	이주/철거	2,126	GS건설	
		대명4동주택재개발	추진위	–		
		대명5동3통구역	추진위	–		
		대명10동 42구역	추진위	–		
		대명10동 43구역	추진위	–		
		명덕	기본계획	–		
		명덕지구	이주/철거	1,758	삼호, 고려개발, DL이앤씨	
		앞산점보주택재개발	조합설립인가	1,713	대우건설, 롯데건설	
	봉덕동	남검02	기본계획	–		
		남중지구	추진위	–		
		봉덕1동구역	추진위	–		
		봉덕1동우리주택	조합설립인가	–	현대건설	
		봉덕대덕지구	조합설립인가	840	롯데건설	
		봉덕연립	추진위	–		
		사랑마을6단지	조합설립인가	202	태왕	
		서봉덕구역	이주/철거	538	아이에스동서	
	이천동	남검01	기본계획	–		
		남자01	기본계획	–		
수성구	수성동1가	수성1지구	조합설립인가	2,149		
	수성동2가	수성2가동(151-3)	기본계획	–		
	수성동4가	수성동4가(1025-5)	기본계획	–	신세계건설	
	중동	중동구역(482)	기본계획	–		
	파동	수자68	기본계획	–		

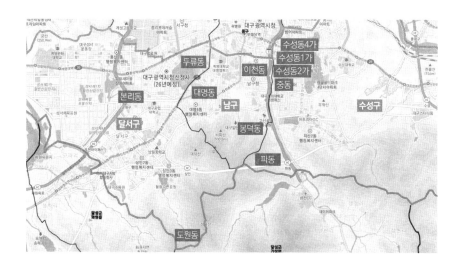

대구광역시 중구

	구역명		현 단계	건립 예정 세대수	시공사	뉴타운 여부
중구	계산동2가	계산2가	추진위	424		
		도심14	기본계획	–		
	교동	도심20	기본계획	–		
		도심21	기본계획	–		
	남산동	남산1구역	기본계획	–		
		남산3-1지구	구역지정	130		
		남산3지구	기본계획	598		
		남산4-1지구	구역지정	430		
		남산행복 가로주택정비사업	관리처분	152	STX건설,현창건설	
		대남지구	추진위	1,155		
		명륜지구	조합설립인가	1,174	롯데건설,현대건설	
		신남구역	추진위	425		
		중검15	기본계획	–		
		중검16	기본계획	–		
		중자23	기본계획	–		
		중자25	기본계획	–		
		중자45	기본계획	–		
	남성로	도심12	기본계획	–		
	남일동	도심23	기본계획	–		
	달성동	달성제1	추진위	469		
		중검01	추진위	–	대우건설, 현대엔지니어링	
		중검02	기본계획	–		
	대봉동	중자46	기본계획	–		
		중자47	기본계획	–		
	대신동	대신1지구	구역지정	380		
		서문지구	조합설립인가	843	GS건설	
		중검23	기본계획	–		
	대안동	도심07	기본계획	–		
	덕산동	덕산3	구역지정			
		덕산4	구역지정	350		
		도심26	기본계획	–		
	동산동	중검27	기본계획	–		
	동성로1가	도심18	기본계획	–		
	동성로2가	도심22	기본계획	–		
	동성로3가	도심13	기본계획	–		
		도심24	기본계획	–		
		도심25	기본계획	–		
	동인동3가	동인3가(중자37)	사업시행인가	1,383	대우건설	
	동인동4가	동인4가7통구역	조합설립인가	409	대림건설	
		중검22	추진위	554		
		중자43	기본계획	–		
	봉산동	중검28	기본계획	–		
		중검29	기본계획	–		
		중검30	기본계획	–		

		구역명	현 단계	건립 예정 세대수	시공사	뉴타운 여부
중구	북내동	중14	추진위	–		
	사일동	도심19	기본계획	–		
	삼덕동1가	도심27	기본계획	–		
		도심28	기본계획	–		
	삼덕동2가	도심29	기본계획	–		
	삼덕3가	삼덕동3가	추진위	1,306		
	서성로1가	서성구역	추진위	1,700		
	수창동	도심02	기본계획	–		
		도심03	기본계획	–		
		중검26	기본계획	–		
	전동	도심11	기본계획	–		
	종로1가	도심10	기본계획	–		
	태평로1가	도심16	기본계획	–		
	태평로2가	도심04	기본계획	–		
	태평로3가	도심01	기본계획	–		
	포정동	도심09	기본계획	–		
	향촌동	도심08	기본계획	–		
	화전동	도심17	기본계획	–		

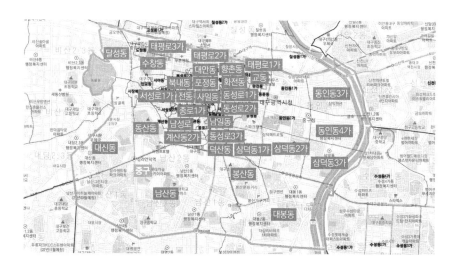

울산광역시 북구, 동구

		구역명	현 단계	건립 예정 세대수	시공사	뉴타운 여부
북구	양정동	북구B-02(양정1구역)	추진위	-		
		북구B-03(양정2구역)	기본계획	-		
	염포동	북구A-02(염포중리지구)	구역지정	-		
		북구B-01(염포1구역)	기본계획	-		
		북구B-04(염포2구역)	기본계획	-		
		북구B-05(염포3구역)	기본계획	-		
동구	동부동	동구B-01(옥류구역)	추진위	-		
	방어동	동구B-04(화잠구역)	기본계획	-		
		동구D-01(방어1구역)	추진위	-		
	전하동	동구B-02(일산4구역)	기본계획	-		

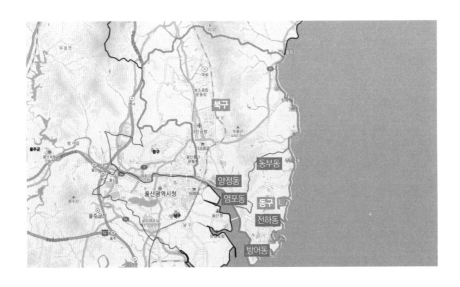

울산광역시 남구, 울주군

		구역명	현 단계	건립 예정 세대수	시공사	뉴타운 여부
남구	달동	남구B-17(동평구역)	기본계획	–		
	신정동	남구B-01(이휴정구역)	추진위	–		
		남구B-02(남산1구역)	추진위	–		
		남구B-04(남산3구역)	기본계획	–		
		남구B-05(평화시장구역)	기본계획	–		
		남구B-07(동서오거리구역)	시공사선정	–	HDC현대산업 개발	
		남구B-08(두왕구역)	이주/철거	2,033	롯데건설, SK 에코플랜트	
		남구B-16(비단구역)	추진위	–		
	야음동	남구B-13(송화2구역)	기본계획	–		
		남구B-14(송화3구역)	이주/철거	1,172	아이에스건설	
		남구B-18(도산구역)	기본계획	–		
		남구D-05(대현구역)	기본계획	–		
울주군	서생면	울주A-08(진하구역)	기본계획	–		
	언양읍	울주A-02(동부구역)	기본계획	–		
		울주A-03(어음1구역)	기본계획	–		
	온양읍	울주B-01(대안구역)	기본계획	–		
	청량읍	울주A-11(청량상남지구)	구역지정	–		
		울주B-02(상남1구역)	기본계획	–		
		울주B-03(상남2구역)	기본계획	–		

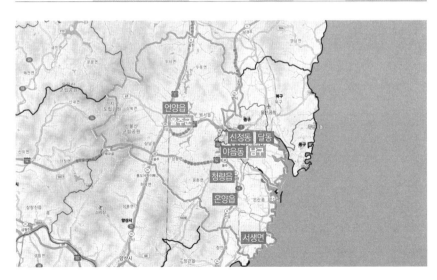

울산광역시 중구

		구역명	현 단계	건립 예정 세대수	시공사	뉴타운 여부
중구	교동	중구B-04(교동구역)	사업시행인가	2,710	롯데건설, GS건설	
	남외동	중구B-11(남외구역)	추진위	–		
	반구동	중구B-12(반구3구역)	기본계획	–		
		중구B-16(운동장구역)	기본계획	–		
	복산동	중구B-13(복산2구역)	기본계획	–		
	성남동	중구D-03(성남구역)	기본계획	–		
	우정동	중구B-03(우정1구역)	구역지정	1,958		
	유곡동	중구B-15(유곡구역)	기본계획	–		
	태화동	중구B-02(태화2구역)	기본계획	–		
	학성동	중구B-10(학성2구역)	추진위	–		

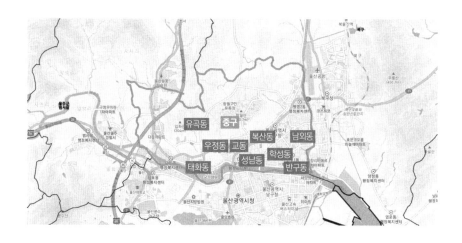

부산광역시 기장군, 금정구

		구역명	현 단계	건립 예정 세대수	시공사	뉴타운 여부
기장군	장안읍	길천1구역	기본계획	–		
		월내1구역	기본계획	–		
금정구	부곡동	부곡1주거환경개선구역	구역지정	–		
		부곡제2구역	조합설립인가	1,780	포스코건설, GS건설, SK건설	
		서금사재정비촉진A구역	조합설립인가	2,434	롯데건설, HDC현대산업개발	서,금사재정비촉진지구
		촉진2구역	구역지정	1,390		서,금사재정비촉진지구
		촉진B구역	구역지정	2,249		서,금사재정비촉진지구
	서동	촉진5구역	조합설립인가	4,394	포스코건설, GS건설	서,금사재정비촉진지구
		촉진6구역	조합설립인가	2,808		서,금사재정비촉진지구

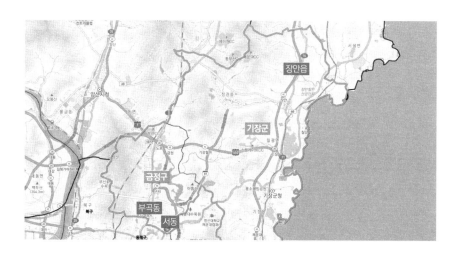

부산광역시 동래구, 연제구, 수영구, 해운대구

		구역명	현 단계	건립 예정 세대수	시공사	뉴타운 여부
동래구	수안동	화산안파트	구역준비	–		
	칠산동	복산제1구역	조합설립인가	4,307	GS건설	
연제구	연산동	연산1구역	기본계획	–		
		연산3구역	기본계획	–		
		연산4구역	기본계획	–		
		연산제5구역	이주/철거	–	한진중공업	
수영구	광안동	광안제1구역	추진위	–		
		광안제2구역	이주/철거	1,237	SK에코플랜트	
		광안제3구역	기본계획	–		
	망미동	망미1구역	기본계획	–		
		망미2구역	기본계획	–		
		망미2구역	사업시행인가	2,602	DL이앤씨	
	민락동	민락1구역	기본계획	–		
		민락2구역	기본계획	–		
해운대구	반송동	반송2구역	기본계획	–		
	반여동	반여1구역	기본계획	–		
	석대동	반송1구역	기본계획	–		
	우동	우동도시환경제2구역	사업시행인가	660	삼한건설	
		우동제3구역	조합설립인가	2,440		
	재송동	재송1구역	기본계획	–		

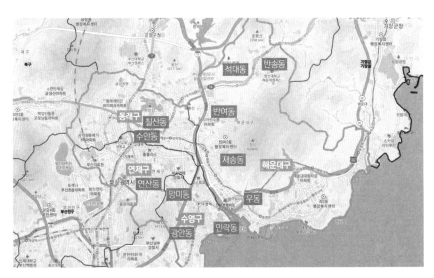

부산광역시 사상구, 부산진구

		구역명	현 단계	건립 예정 세대수	시공사	뉴타운 여부
사상구	삼락동	삼락1구역	기본계획	–		
	엄궁동	엄궁제1구역	관리처분	1,777	코오롱건설	
		엄궁제3구역	이주/철거	1,305	포스코건설	
	주례동	주례제1구역 (도시환경정비사업)	구역지정	424		
부산진구	가야동	가야1구역(주거환경)	기본계획	–		
		가야3구역	기본계획	–		
		가야6구역	기본계획	–		
		가야7구역	기본계획	–		
		가야제1구역	조합설립인가	1,943	대우건설, HDC현대산업개발	
	개금동	개금2구역	기본계획	–		
		개금3구역	기본계획	–		
		개금제1구역	추진위	–		
		개금제2구역	사업시행인가	539	동원개발	
	당감동	당감제10구역	구역지정	1,654		
	범전동	시민공원주변재정비촉진2-1구역	조합설립인가	1,450	GS건설	시민공원주변재정비촉진지구
		시민공원주변재정비촉진2-2구역	구역지정	–		시민공원주변재정비촉진지구
		시민공원주변재정비촉진3구역	조합설립인가	2,986	HDC현대산업개발	시민공원주변재정비촉진지구
		범천1구역	기본계획	–		
		범천도시환경제1-1구역	이주/철거	1,323	현대건설	
		범천제4구역	시공사선정	2,370	현대건설	
	부암동	부암1구역	기본계획	–		
		시민공원주변재정비촉진1구역	추진위	1,820		시민공원주변재정비촉진지구
	양정동	시민공원주변재정비촉진4구역	조합설립인가	840	현대엔지니어링	시민공원주변재정비촉진지구
		양정1가로주택정비구역	조합설립인가	–		
		양정1구역	기본계획	–		

	구역명	현 단계	건립 예정 세대수	시공사	뉴타운 여부
부산진구	양정2구역	기본계획	–		
양정동	양정3구역	기본계획	–		
	양정제3구역	이주/철거	903	롯데건설	
	전포1구역	기본계획	–		
	전포2구역	기본계획	–		
	전포3구역	기본계획	–		
전포동	전포4구역	기본계획	–		
	전포5구역	기본계획	–		
	전포6구역	기본계획	–		
	전포제1구역	기본계획	–		
초읍동	초읍제1구역	조합설립인가	1,522	롯데건설	

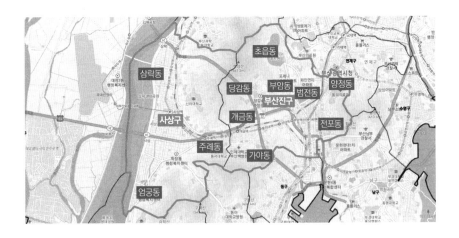

부산광역시 동구, 남구

		구역명	현 단계	건립 예정 세대수	시공사	뉴타운 여부
동구	범일동	범일3-1도시환경정비구역	사업시행인가	368	우미건설	
		범일도시환경제2구역	조합설립인가	–	롯데건설	
		범일도시환경제3구역	이주/철거	856	고려개발, DL이앤씨	
		제일상가아파트가로구역	조합설립인가	226	동원개발	
	좌천동	좌천,범일2지구	시공사선정	1,750	GS건설, 현대엔지니어링	
	초량동	초량2구역	조합설립인가	1,422	호반건설	
		초량2구역(주거환경)	기본계획	1,842		
		초량3구역	구역지정	–		
		초량3구역	사업시행인가	305	호반건설	
		초량도시환경1구역	기본계획	–		
남구	감만동	감만제1구역	관리처분	9,092	동부건설	
	대연동	대연제3구역	이주/철거	4,488	롯데건설,HDC현대산업개발	
		대연제8구역	조합설립인가	3,530	포스코건설	
	문현동	문현1구역	조합설립인가	2,785	GS건설	
		문현2구역	사업시행인가	990	대우건설	
		문현제3구역	사업시행인가	2,772	두산건설,현대엔지니어링	
	용호동	용호6구역	시공사선정	440	대림건설	
		용호제2구역	조합설립인가	1,056	대우건설	
	우암동	우암제1구역	이주/철거	2,119	효성,진흥기업	

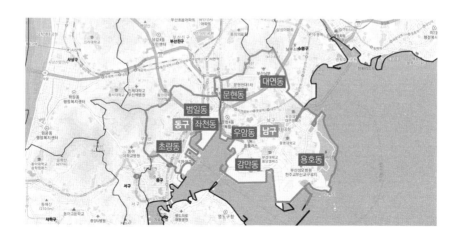

		구역명	현 단계	건립 예정 세대수	시공사	뉴타운 여부
사하구	감천동	감천제2구역	사업시행인가	2,279	현대건설	
	괴정동	괴정1구역	기본계획	–		
		괴정2구역	기본계획	–		
		괴정5주택재개발정비구역	사업시행인가	3,509	포스코건설, 롯데건설	
	다대동	다대제1구역	추진위	–		
	당리동	당리제2구역	사업시행인가	591	한화건설	
	신평동	신평1구역	기본계획	–		
		신평2구역	기본계획	–		
		신평3구역	기본계획	–		
	장림동	장림2구역	기본계획	–		
		장림3구역	기본계획	–		
		장림4구역	기본계획	–		
서구	남부민동	남부민도시환경1구역	구역지정	–		충무재정비촉진지구
		남부민주거환경2구역	구역지정	–		충무재정비촉진지구
	동대신동1가	동대신1구역	기본계획	–		
		동대신2구역	기본계획	–		
		동대신7구역	기본계획	–		
		동대신8구역	기본계획	–		
	동대신동2가	동대신4구역	기본계획	–		
		동대신5구역	기본계획	–		
		동대신9구역	기본계획	–		
		동대신10구역	기본계획	–		
	동대신동3가	동대신6구역	기본계획	–		
	부민동3가	부민제2구역	추진위	1,155		
	부용동2가	부용1구역	기본계획	–		
	서대신동1가	서대신5구역	기본계획	–		
	서대신동2가	서대신2구역	기본계획	–		
	서대신동3가	서대신6구역	기본계획	–		
		서대신제4구역	이주/철거	542	한진중공업	
	아미동2가	아미1구역	기본계획	–		
		아미3구역	기본계획	–		
		아미4구역	기본계획	–		
	충무동2가	충무A구역	구역지정	2,365		충무재정비촉진지구
		충무주거환경1구역	구역지정	–		충무재정비촉진지구
	충무동3가	충무도시환경1구역	구역지정	–		충무재정비촉진지구

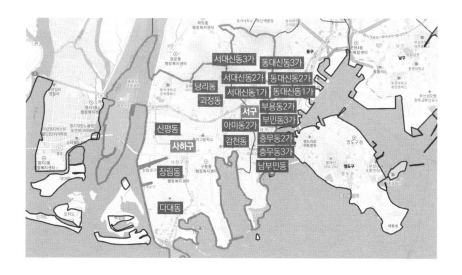

부산광역시 중구, 영도구

		구역명	현 단계	건립 예정 세대수	시공사	뉴타운 여부
중구	대청동4가	대청1구역	기본계획	–		
		대청2구역	기본계획	–		
	동광동5가	동광1구역	기본계획	–		
		동광2구역	기본계획	–		
		동광3구역	기본계획	–		
	보수동1가	보수1구역	기본계획	–		
		보수2구역	기본계획	–		
		보수3구역	기본계획	–		
		보수4구역	기본계획	–		
		보수5구역	기본계획	–		
		보수6구역	기본계획	–		
		보수7구역	기본계획	–		
	영주동	영주1구역	기본계획	–		
영도구	남항동1가	남항도시환경1구역	기본계획	–		
	대평동1가	대평도시환경제1구역	조합설립인가	925	고려개발, 대림산업	
	동삼동	동삼제1구역	관리처분	1,462		
	신선동1가	신선1주거환경개선사업	구역지정	–		
	신선동2가	촉진4구역	구역지정	–		영도제1재정비촉진지구
	신선동3가	촉진5구역	조합설립인가	4,491	현대건설, 현대엔지니어링	영도제1재정비촉진지구
	청학동	청학1구역	기본계획	–		
		청학3구역	기본계획	–		
		청학4구역	기본계획	–		
		청학제2구역	기본계획	–		영도제1재정비촉진지구
		양정1가로주택정비구역	조합설립인가	–		
		양정1구역	기본계획	–		
		양정2구역	기본계획	–		
		양정3구역	기본계획	–		
		양정제3구역	이주/철거	903	롯데건설	

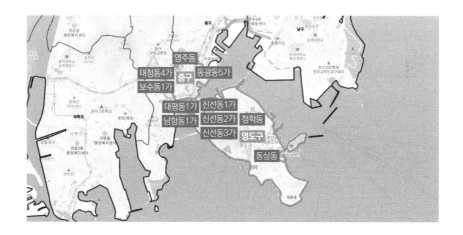

김학렬의 부동산 투자 절대 원칙

ⓒ 김학렬, 2022

초판 1쇄 2022년 4월 15일
    3쇄 2022년 5월 2일

지은이 | 김학렬

펴낸곳 | 에프엔미디어
펴낸이 | 김기호
편집 | 상현숙, 양은희
기획관리 | 문성조
마케팅 | 박강희
디자인 | 채홍디자인

신고 | 2016년 1월 26일 제2018-000082호
주소 | 서울시 용산구 한강대로 109, 601호
전화 | 02-322-9792
팩스 | 0303-3445-3030
이메일 | fnmedia@fnmedia.co.kr
홈페이지 | http://www.fnmedia.co.kr

ISBN | 979-11-88754-59-5
값 | 25,000원

* 본문 지도 중 하단 설명에 * 표시한 것과 특별 부록의 지도는
   카카오맵 이미지(https://map.kakao.com)를 활용한 것입니다.